佛山历史文化丛书

第二辑

《佛山历史文化丛书》编委会 编

吕唐军 著

佛山纺织史

SPM
南方出版传媒
广东人民出版社
·广州·

图书在版编目（CIP）数据

佛山纺织史 / 吕唐军著. —广州：广东人民出版社，2017.9（2017. 10重印）
（佛山历史文化丛书. 第二辑）
ISBN 978-7-218-12012-6

Ⅰ. ①佛… Ⅱ. ①吕… Ⅲ. ①纺织工业—工业史—佛山
Ⅳ. ①F426.81

中国版本图书馆CIP数据核字（2017）第219969号

FOSHAN FANGZHISHI
佛山纺织史
吕唐军 著

出 版 人：肖风华

责任编辑：陈仲达 吴延迪
责任技编：周 杰 吴彦斌
封面设计：集力书装
装帧设计：友间文化

出版发行：广东人民出版社
地 址：广州市大沙头四马路10号（邮政编码：510102）
电 话：（020）83798714（总编室）
传 真：（020）83780199
网 址：http: //www. gdpph. com
印 刷：虎彩印艺股份有限公司
开 本：787毫米×1092毫米 1/16
印 张：16.25 插 页：2 字 数：300千
版 次：2017年9月第1版 2017年10月第2次印刷
定 价：48.00元

如发现印装质量问题，影响阅读，请与出版社（020-83795749）联系调换。
售书热线：（020）83795240

总序一 Preface

沐浴佛山阳光　抚摸历史肌肤

鲁　毅

文化立世，文化兴邦。一个国家、一个民族的强盛，总是以文化兴盛为支撑的。

党的十八大以来，以习近平同志为核心的党中央对文化工作高度重视。习近平总书记明确指出，没有文明的继承和发展，没有文化的弘扬和繁荣，就没有中国梦的实现。他高度重视中华优秀传统文化的传承和弘扬，专程到曲阜孔庙考察，讲儒学对中国传统文化、对当代中国的作用，专门召开中央政治局会议集体学习传统文化，召开文艺工作座谈会，对文艺事业繁荣发展提出殷切期望，在到德国、法国等国家访问时，也都登台演讲中国传统文化。在庆祝建党95周年的重要讲话中，习近平总书记更是要求全党坚定道路自信、理论自信、制度自信、文化自信，坚定不移开辟新天地、创造新奇迹。

未来的城市竞争以文化论输赢。有了文化的积累和支撑，城市才会有活力、有生气，才能在中华文明总谱系中留下独特的文化DNA。

佛山肇迹于晋、得名于唐、盛于明清，历史悠久、文化底蕴深厚，是国家历史文化名城，至今仍保留着“佛山初地”“牧唱遗风”的碑刻，文化脉络更是延绵至今，且在延续传承过程中愈加丰富、饱满，成为城市弥足珍贵的财富：南风古灶、祖庙等古迹历久弥新，陶艺、剪纸、武术、醒狮、秋色、粤剧等文化艺术至今仍熠熠生辉。

佛山历届市委、市政府都高度重视文化的传承与建设，下大气力挖掘、保护和传承城市历史文化：将弘扬优秀传统文化与文明创建有机融合，赋予“创文”新内涵；制定实施《佛山市历史文化街区和历史建筑保护条例》，使之成为佛山获得地方立法权之后出台的首部地方性法规；将传承历史文脉作为城市可持续发展的重要基底，在由城市升级向城市升值再向城市治理现代化跨越的发展历程中，始终坚持文化引领，着力建设文化导向型城市。

这种传承，这种精神，正是成就一座城市价值最宝贵的富矿。

正是这样的一脉相承，敢为人先，回响着历史上打铁手工业叮当声的土地里，孕育出超8000亿元的经济总量，使佛山跻身全国大中城市前列。

正是这样的一脉相承，崇文务实，飘荡着书香粤韵的历史名镇，历来讲究实事求是、善于变通，注重创实业、办实事，造就了佛山跨入全国综合竞争力前十强城市。

正是这样的一脉相承，通济和谐，昔日河涌码头、商铺会馆熙熙攘攘的市井繁华之地，如今已是超700万市民的现代化特大城市。

对于生活在佛山的人而言，了解这些，就是了解佛山的城市自我；对外来人而言，了解这些，就是接触这座城市的“地气”。

“人事有代谢，往来成古今；江山留胜迹，我辈复登临。”观照今时此地的时空坐标，我们当以何种作为，来承接历史和未来，才能挑起时代赋予的重任？在这个命题面前，我们任重道远。

抚摸历史肌肤，沐浴佛山阳光。此次，我们编撰《佛山历史文化丛书》，深望能借此更加全面和系统地反映佛山的历史文化，使之成为佛山对外展示城市个性和人文特色的窗口；也希望能在出版推广中，进一步传承和发扬佛山发展的人文DNA，凝聚共识，使城市更扬帆奋进。

《佛山历史文化丛书》由中共佛山市委宣传部牵头，佛山日报社组织编撰，2016年11月由广东人民出版社出版丛书第一辑10种，2017年出版第二辑10种。本丛书非为史书，而是集记。以历史文化发展为脉络，全面展示佛山的丰富历史文化，力求以科学性、学术性与通俗性为本，融人物传记与历史记载为一体，讲历史故事，叙文化传统，说佛山古今，可谓雅俗共赏。

《佛山历史文化丛书》已出版两辑20种，应该说是佛山厚重历史文化积淀的一个全面展现，是近年来佛山文化建设蓬勃发展的一个生动写照。希望本丛书能引发全社会对文化佛山的了解和认同，激发上下一心、干事创业的精气神；推动建立文化自觉、文化自信，让优秀的文化基因成为佛山经济社会健康发展、提升佛山城市竞争力的重要力量。

作者系中共佛山市委书记

总序二

Preface

佛山——站在文明续谱的桥头堡上

罗一星

假如把两千年来的岭南历史文化比喻为一串人文项链，那么在这串人文项链上就有几颗耀眼的明珠，秦汉时期的南越国文明、隋唐时期的广州贡舶贸易、宋元时期的珠玑巷南迁、明清时期的佛山崛起和珠江三角洲的开发、清代的广州中西贸易，近代中华民国政府的建立，都是既有地方特色也有全国意义的“和璧隋珠”。

“未有佛山，先有塔坡”的谚语，浓缩了“佛山”之名的渊源故事。据说东晋时有西域僧到塔坡冈结茅讲经，不久西还。唐贞观二年（628），乡人见塔坡冈夜放金光，掘地得铜佛像三尊和圆顶石碑一块，碑有联云：“胜地骤开，一千年前青山我是佛；莲花极顶，五百载后说法起何人。”乡人十分诧异，遂建塔崇奉，并因此名其乡曰“佛山”。唐宋时期，中国的经济重心不断南移。尤其是北宋末年以来，建炎南渡、元兵入主，大批的士民渡岭南来。佛山也在此时形成聚落，史称“乡之成聚相传肇于汴宋”。明清时期佛山迅速崛起，成为举世闻名的“天下四大镇”和“天下四大聚”之一，以出产精美的“广锅”而誉满天下。时人“春风走马满街红，打铁炉过接打铜”的诗句，就是对佛山冶铁业盛况的生动写照。佛山在制造业上的成就和中心市场功能，决定了她在中国城市发展史上的重要地位。然而，佛山所具有的价值还不仅在于此。佛山是明清时期因经济因素发展起来的中心城市，不同于传统的郡县城市。在其兴起发展的过程中，传统社会结构与新兴经济因素之间相互调适，兼容发展，透射着理性之光。因此，研究佛山都市化的过程与社会结构的互动变迁，有助于我们对传统中国城市发展多样性的把握，有助于我们摒弃概念化的中国城市发展形态的认知模式。此外，佛山还集中了岭南传统社会的各种文化现象，它们五色杂陈，大放异彩，其典型性远胜于广州，这又使研究佛山的文化现象具有非同一般的意义。

纵观佛山的历史地位和文化价值，每一点都离不开岭南独特地缘人文的滋养，每一页都关联着中华悠久文化的传承。如此既有结构性因素又有精致性内容的文明篇章，值得每一位热爱佛山历史文化的人士投身书写、共同编织。笔者在此仅发其端要，以就教于方家。

佛山是“广佛周期”的双主角之一

历史是时间和空间发展次序的结合体。自17世纪初至19世纪末，岭南区域出现了一个经济发展的高峰期——广佛周期。在广佛周期存在的时间内，以广州、佛山为中心的城市体系得到空间的迅速布局和层级的系统发展，其城市化的程度居全国领先地位。广州、佛山两大中心城市外贸和内贸互补功能的发挥，使因地理和人文环境差异而形成的岭南独特的三种市镇空间结构整合为一体。此时佛山扮演着双重城市角色，既是岭南二元中心市场体系的中心城市，承担广货与北货宏大交流的商贸枢纽；又是国内最大的综合型民生日用品生产基地，提供满足国内及海外的多样性产品需求。从佛山运出的精美广货及其丰厚利润，吸引了十八省商人和四远来谋生的手工业者。“走广”成为全国商人的时髦行动和共同追求。当时“汾江船满客匆匆，若个西来若个东”的大规模商品流转的盛况，常年不辍。

在广佛周期，佛山商业繁荣远胜于广州的情景见诸中外史籍。1701年法国传教士道·塔鲁塔鲁和1703年法国传教士道·冯塔耐，分别到过佛山，他们都描述佛山是一个约有100万人口的巨大聚落，并称佛山既没有城墙也没有特别长官，在汾江河上的大船有五千艘以上。（而1703年英国散商船长汉密尔顿报告称广州城内住有90万人。）康熙时人吴震方《岭南杂记》记载："佛山镇，天下商贾皆家焉。烟火万家，百货骈集，会城百不及一也。"《南越游记》的作者陈徽言也说："俗称天下四大镇，粤之佛山与焉。镇属南海，商贾辐辏，百货汇集，夹岸楼阁参差，绵亘数十里。南中富饶繁会之区，无逾此者。"徐珂的《清稗类钞》也说：佛山的"汾水旧槟榔街，为最繁盛之区。商贾丛集，阛阓殷厚，冲天招牌，较京师尤大，万家灯火，百货充盈，省垣不及也"。清代到佛山的徽州商人也记载："佛山，居天下四镇之一，生意比省城大。"这里说的"会城""省垣""省城"均指广州。在此举例说明清代佛山商业规模比广州大的历史事实，并不是刻意夸大佛山的历史地位，而是指出，佛山城市的历史地位显然被长期低估，应该给予应有的重视和正确评价。

只要对广州、佛山两个市场的商品结构、商人组织和市场网络进行比较研究，就可知广州市场上各省运来的货物绝大多数是清朝允许出口的商品；各省运回的商品更是清一色的洋货，这说明广州商品与对外贸易相联系。佛山市场上，洋货寥寥，广货充斥（或称南货），生产用品和民生日用品占主导地位，这表明佛山市场的商品与国内、省内贸易相联系。各省商人运来的"北货"（或称外江货）在佛山市场与广货大规模交流。佛山林立的外省商人会馆和形成的外省商人聚居区，都表明佛山与广州是两个功能不同的中心市场。

广佛周期开始于17世纪初的明朝末年，迄于19世纪末的清朝末年，历时三百年左右。这一周期以广州、佛山为中心形成一个地跨两广、河海相连的岭南市场体系。如果把岭南中心市场比喻成一座巨大的中外贸易桥梁，那么，广州和佛山，就犹如这座桥梁的两个桥头堡，一头连接海外市场，一头连接国内市场，它们功能各异，自成一体，然又互相联系、互相配合。这种二元中心市场模式，是以佛山城市地位的迅速上升并成为双主角之一而确立的。

佛山是中华铸造文明的重要支点

冶铁业是明清时期佛山的支柱产业，带动了佛山众多制造行业的共同发展。但是佛山冶铁业的真正贡献却是对中华铸造文明的传承和支撑。人类从史前时代进入文明时代，是以金属的发现、金属工具的制作使用为标志的。只有对冶金术的规律性把握和持续控制的技能，人类才能从自在走向自为。世界文明史上，古埃及、古巴比伦、古印度和古中国，是四大铸造文明古国，也是东方铸造文明的典型代表。他们以其先进的铸造技术成为所在区域的核心国家，并依靠铸造技术优势与周边国家进行交流或挑战。中国在夏代开始进入青铜时代，史载“夏禹铸九鼎，九牧贡九金”。铸造技术支撑了礼仪大国的呈现，西周铸造的大型礼器作为镇国之宝，把礼仪文字和刑法文字铸在鼎上，形成了中华独特的铸造文明。中国在战国时期进入铁器时代，锐利的刀剑和犁耙、高大的铁塔和钟鼎，每一件铸铁品，都记录了华夏文明的历程。西汉时中国的生铁冶铸技术传到中亚地区，东汉三国时中国的刀剑传到日本并发展为倭刀锻造技术。日本、越南的铸钟、铸镜、失蜡法、生铁冶铸等技艺也是从中国传入的。正如华觉明先生所指出：“中国以生铁铸造为基础的整个钢铁生产，产生了焕发异彩的钢铁文化，在世界文化史上，青铜礼器制作和两千年的铁水长流，均为中国所独有。所以说，中国的文明是铜和铁浇灌的文明。”

唐代以后冶铁技术不断南移，南汉时广州光孝寺的东西两铁塔的铸造技术已臻完美，塔身铸有上千个佛像，称为千佛塔。南宋著名学者洪咨夔的《大冶赋》，这样讴歌了南方的冶铸产品运输的盛况：“铜往铁来，锡至铅续，川浮舳舻之御尾，陆走车担之属，出岭峤，下荆蜀，绝彭蠡洞庭而星驰，沂重淮大江而电逐。”这里所说的“岭峤”，指的就是五岭山脉。明代后起的广铁誉满天下，佛山承接了中华传统失蜡法铸造技术，又独创了“红模铸造法”，成为与遵化齐名的两大冶铁中心之一。遵化冶铁业在正德八年（1513）被明王朝停办后，佛山更是后来居上，一枝独秀。祖庙现存的大型铜铁礼器中，有明景泰年间铸造的北帝铜像，重2.5吨，是明代国内最大的青铜造像；有明嘉靖年间的铜镜，铜质坚光，形制巨大，为祖庙重器，是明代国内最大的铜镜；有明成化年间的铜钟，重约1吨，钟纽设计为精细的龙身造型，独具匠心，造型精美；有铸于嘉庆年间的大铁鼎，该鼎通高2.6米，以镂空金钱图案装饰，铭文工整古朴，全鼎浑然一体，气势非凡。明清两代，中国铁钟为东南亚诸国所追求。作为庙宇的镇庙之宝，佛山铸造的铁钟尤为当地寺庙所首选，占据了东南亚诸国寺庙梵钟的主导地位。佛山的大铁锅更是备受欢迎。明中叶生活在淮安运河边上的吴承恩，也看到了满载广锅的货船北上的情景。于是在《西游记》里，有了钻进魔王肚子里的孙悟空大喊“我拿广锅把你这妖怪煮成杂碎”的精彩对话。明清时期，广锅出口日本，获大盈利，大者一口价银一两。雍正年间，佛山铁锅大量销往外洋，洋船每船所载多者二万斤，少者五六百斤。“其不买铁锅之船，十不过一二。”清中叶后，出国谋生的广府华侨群体，也把广锅传入美国旧金山、澳大利亚墨尔本。两广总督张之洞就曾在给光绪皇帝的奏折中称：佛山铁锅每年出口新加坡、新旧金山约五十万口。从此英语出现了“WOK”（粤语“镬”音）一词，专指圆形尖底的中国锅（Chinese Wok）。

《左传》有云：“国之大事，在祀与戎。”除了礼器、民生用品和生产器具外，佛山铸造还担负起了皇朝的国防任务。明清两朝均用佛山铸造的铁炮在全国布防，从辽东到宣大边塞，从虎门到广州城防，从水师战船到海关缉私艇，比比皆然。佛山生产的铁炮从五百斤到一万斤皆有，清代道光年间，佛山成为国内供应海防大炮的最大军火基地，广东官府曾一次性订制铜铁炮2400余门。作为支柱产业，佛山铸造业带动了佛山手工业体系的其他上百个金属加工业的发展，佛山的铜铁铅锡金等锻造行业，门类齐全，制造精细。所出产品涵盖了建筑装饰、民生日用的各个方面。入清以后，佛山的手工业进入全面发展阶段，以冶铁业为主干，以陶瓷业和纺织业为辅助，带动了造纸业、成药业、颜料业、爆竹业、衣帽业、扎作门神业的百业兴旺。多样性、派生性、互补性，构成了此时佛山手工业体系的有机结合形态。

世界科技史泰斗李约瑟认为，欧洲的生铁铸造技术是从中国传入的。因为在中世纪，只有中国能提供巨额数量的铁和钢。由此可见，中国的铸铁技术在古代和中世纪曾长期处于领先地位。而自16世纪至19世纪持续兴旺的佛山制造业，既是中国铸造技术和产品输出的高地，更是中华铸造文明的重要支点。它支撑着几千年来中华铸造文明的光荣延续，支撑着中国作为东方铸造文明大国地位的世代辉煌。

佛山既是岭南文化的核心基地，也是中华传统文化的宝库所在

岭南文化有四大内容在佛山诞生发展，它们是明儒心学、状元文化、祖庙文化和粤剧文化。

明儒心学发端于江门，而传播于西樵。明儒心学为明代广东新会学者陈献章（号白沙）所创，陈白沙提倡“道心合一”，以静坐体认天理为宗旨。湛若水（号甘泉）师从陈献章十余年，成为白沙先生最有成就的学生。弘治十八年湛若水会试第二授官翰林院编修，当时王守仁（号阳明）在吏部讲学，湛若水“与相应和”。其后各立宗旨。“守仁以致良知为宗，若水以随处体认天理为宗。”时称“王湛之学”，分执明中叶理学之牛耳。正德年间，湛若水到西樵山筑舍讲学。当时致仕归家的方献夫、霍韬也相继进入西樵山与湛若水切磋砥砺，日研经书，讲学授徒。湛若水建大科书院、方献夫建石泉书院、霍韬建四峰书院。西

樵山中三院鼎峙，藏修讲学，四方士子入山求学者甚众。霍韬在此时撰著了《诗经注解》《象山学辨》《程朱训释》等书，后刊行于世。当时方献夫致信王阳明说：“西樵山中近来士类渐集，亦颇知向方……甘泉大有倡率讲明之意。近构学舍数十于山，以延学者，将来必有成就，此亦一盛事也。”王阳明对此嘉许称“英贤之生，同时共地，良不易得。乘此机会，毋虚岁月，是所望也”。西樵山中的书院，培养出一批像霍与瑕这样的佛山子弟。湛若水在嘉靖初年复回朝，历任礼、吏、兵三部尚书。方献夫、霍韬亦踵其后，分别于嘉靖年间继任吏部、礼部尚书。此时的南海士大夫均以理学相高，如梁焯（曾任兵部职方司员外郎）成进士后，即游学于王阳明处，并录有《阳明先生问答传习录》传世；庞嵩（曾任应天通判）早年亦游学王阳明门下，以后复从湛若水游。湛若水曾说“北有吕泾野，南有庞弼唐，江门之绪不坠也”，成为南海有名的理学大师；何维柏（曾任南京礼部尚书）年轻时负笈于西樵山，与湛若水、霍韬论学“多所默契”。致仕后创立天山书院，“阐发陈白沙绪论，四方从游者甚众”；冼桂奇（曾任南京刑部主事）登第前即“师事湛甘泉”。致仕归家后筑精舍讲学，遂“以一代理学为世儒宗”。南海士大夫在西樵山研讨理学的学术圈子，还吸引了当时当政的两广官员。例如广东巡按御史洪垣，嘉靖十一年（1532）进士，湛若水在京师讲学时，“垣受业其门”，后出按广东，经常到西樵山求学。这样，湛若水、方献夫、霍韬以及南海士大夫群体，以西樵山为平台，传播易理，弘扬白沙心学，并以其理学上的学问和为官实践，深刻地影响了中国的儒家文化。五百年来，西樵山一直作为中华士子见贤思齐的文化名山而存在。正如明代学者方豪所言：“西樵者，天下之西樵，非岭南之西樵也。”

状元文化不属佛山独有，但以佛山最为杰出。佛山自古科甲鼎盛，南汉的状元简文会和南宋的状元张镇孙名节自持，是佛山士子中初露头角者；而明代不断涌现的状元和会元，则令佛山科名雄视岭南。明成化年间石硝乡的梁储考中会元（官至内阁首辅），明弘治年间黎涌乡的伦文叙状元及第，明正德年间石头乡的霍韬亦夺魁会元。其后，伦文叙之子伦以训亦中会元。黎涌、石硝、石头相隔不到五里，人称“五里四会元”。而伦文叙一家父子四人，文叙连捷会元、状元，以训连捷会元、榜眼，以谅为解元、进士，以诜亦为进士，因而又有“父子四元双进士”之誉。人称“海内科名之盛，无出其右，所谓南伦北许也”。还有明万历年间状元黄士俊亦蟾宫折桂，清末时状元梁耀枢也独占鳌头。明清两代，佛山一共出了5个状元、3个会元。清代佛山科名依然头角峥嵘，时人有“广郡科第之盛甲于粤中，南海科第之盛甲于广郡，佛山科第之盛又甲于南海”之说。以科举出仕的有湖南巡抚吴荣光，四川总督骆秉章，咸丰探花李文田（礼部右侍郎），梁僧宝（鸿胪寺少卿兼军机），戴鸿慈（协办大学士、法部尚书、出洋五大臣之一），张荫桓（户部左侍郎、驻美国公使）。还有在三湖书院就读的康有为和在佛山书院就读的梁启超、署理邮传部大臣梁士诒等。这些人才的出现，使佛山成为名副其实的“气标两广的人文之邦”。为什么佛山状元、会元在明代中叶呈群体性涌现？为什么明代佛山籍大吏在嘉靖朝宠遇优渥？状元文化留下了何种文化基因？要回答这些问题，就要对科举制度进行探讨、对皇权体制进行分析、对中华传统文化进行整体把握。唯其如此，研究佛山的状元文化，就具有了特殊的价值。

祖庙文化为佛山所独有。在中国城市发展史上如果说有一座庙宇与一座城市的命运休戚相关，那就是佛山祖庙。明清时期的祖庙，是当时佛山人的信仰高地和心灵归宿。可以这样形容两者之间的关系：祖庙之于佛山镇，事事相关；祖庙之于佛山人，代代相系。明正统十四年（1449）发生的一场长达半年的佛山保卫战，把祖庙和北帝深植在佛山先民心中。当时为了保卫佛山自明初以来积累的劳动成果，佛山先民有二十二老以祖庙为指挥部，罄其财产，分铺防卫。万人一心，众志成城。终于保住佛山不受掠夺。事平之后，明王朝敕赐祖庙为灵应祠，列入官府谕祭。佛山先民遂把佛山全境分为二十四铺，分区管理，从此佛山脱离乡村形态，走上了城市化的发展之路。祖庙也成为珠江三角洲最大的北帝庙，并诞生了出秋色、烧大爆、北帝坐祠堂等民俗庆会和祖庙建筑群。明清时期，祖庙还是佛山士绅议事决事的中心，佛山民间自治组织明代的“嘉会堂”和清代的“大魁堂”均设于此。至今悬挂于祖庙大殿外的“廿七铺奉此为祖，亿万年惟我独尊”的对联，就是对祖庙在佛山地位的精辟写照。千百年来，祖庙以其独特的人文之光滋养着佛山这片土地，也给这片土地留下了享誉千年的人文瑰宝和古建华章。因此，研究祖庙千百年来亦庙亦祠的发展脉络，可以发现岭南人文的精彩篇章。从这个意义上说，解读了祖庙的文化内涵，就可以理解佛山的民间信仰；解读了佛山的民间信仰，就可以理解中华文化之博大。

粤剧文化的诞生和发展与佛山有直接的关系。粤剧行语有云：“未有吉庆，先有琼花。”“吉庆”是指同治年间设在广州的粤剧吉庆公所，“琼花”是指雍正年间设在佛山的琼花会馆，两个都是粤剧的行会组织。琼花会馆在前，吉庆公所在后，二者有明显的承继关系，然时间相差上百年。粤剧在佛山的诞生，并不是偶然的。戏剧的发展与社会经济发展密切相关。首先，佛山神庙和宗族祠堂众多，需要大量的神功戏酬神。其次，商人和侨寓的大量涌入，使会馆以及单身汉的数量迅速增加，需要演剧酬谢行业神和丰富业余生活。再者，数量庞大的手工业者常常要庆贺师傅诞和满师礼。土著的祭祀需要、侨寓的文化生活需要和工商业者的行业惯例需要三者相结合，为粤剧的诞生培养了深厚土壤。雍正年间，北京名伶张五，号称“摊手五”者南来佛山，寄居佛山镇大基尾。张五以京戏昆曲授诸红船子弟，变其组织，张其规模。创立琼花会馆。琼花会馆建立于雍正年代的事实，可以在1752年陈炎宗修《佛山忠义乡志》之《佛山总图》中标出的“琼花会馆”一建筑得到证实。琼花会馆建立后，规范了粤剧剧种和十行角色，培养了大批粤剧人才，从而使粤剧走向蓬勃发展的阶段。粤剧宛如逾淮之橘、出谷之莺，从而独树一帜。向广州、向珠江三角洲乃至向广西东南部迅速发展。张五从此被粤剧艺人尊奉为“张师傅”。咸丰四年（1854），因琼花会馆戏班参加红巾军起义，清军平毁了琼花会馆。此后粤剧班子均散向四乡及流集于广州谋生，同治年间遂在广州设立吉庆公所。由此可见，佛山是粤剧诞生的故乡，又是粤剧发展的基地。粤剧与佛山社会生活息息相关，互相依存，共同发展，并成为中华传统戏剧的重要剧种。

上述岭南文化的四大内容都在佛山诞生或发展，其成长过程中的“佛山”烙印固然明显，而其对中华文化的影响也是显而易见的。此外佛山收藏的木鱼书、木版年画、扎作工艺品、石湾瓦脊、石湾公仔等文物作品，现存的祠堂和锅耳形建筑以及北帝巡游、出秋色、行通济等习俗庆会和武术、中药、传统广府菜肴等，都具有典型的岭南特色，其中不少属于非物质文化保护遗产，所以说佛山既是岭南文化的核心基地，也是中华传统文化的宝库所在。

唯书有华，赠人如锦。《佛山历史文化丛书》将以各位著者多年的研究成果和独特视角，为您展开丰富多彩、颇具价值的佛山历史文化长卷，让海内外朋友捧如甘饴，感受佛山的内涵与精彩；让生于斯长于斯的老佛山人重拾瑰宝，不忘初衷；让来自他乡的新佛山人感受传统，仰之爱之。笔者身非佛山公，却心萦佛山乡，35年来对佛山历史文化持续关注与爱护，情有独钟，从未释怀。因为我深深地知道，从古到今，佛山一直站在文明续谱的桥头堡上。

作者系历史学博士，中国社会经济史学者，佛山史专家，广州市东方实录研究院院长。著有《明清佛山的经济发展与社会变迁》。

目录

CONTENTS

附　表 175

附 录

第一章

FOSHAN FANGZHISHI

绪论

佛山，岭南重镇，广府文化核心区域，千百年来未曾变更。纺织，曾经的佛山城市名片之一，在很长的时间里与铸造、制陶一起成为佛山地区的支柱。随着近年来产业调整，佛山纺织风光不再，那些曾经的辉煌也随着行业的弱势渐渐被遗忘，就像始建于佛山城区内的广东纺织职业技术学院迫不及待更名变成广东职业技术学院那样，“纺织”二字或主动或被动地从人们的视线中消失、退隐。

现在纺织产品的应用已遍及人们生产、生活的各个方面，早已不仅仅是起当初简单的保暖、装饰作用。不论是纺织产品本身还是整个设计制造过程，高新科技应用比例与其他各行业并无差异，但人们固有的对这个古老行业的认知，会使得人们不自觉地将纺织行业形象固化成低技术含量、高劳动密集的落后模样。由于宣传力度不够，人们对纺织行业认知的固化已严重影响了纺织行业的发展。

今日为佛山纺织写史，除了向世人展现佛山纺织曾经的辉煌外，更是希望将佛山纺织发展历程记录、整理，探寻其发展规律，为此行业在本地的发展提供可参考的依据。

第一节　讨论的范围设定

一、本书所讨论“纺织”的范围

在《现代汉语词典》中，“纺织”一词的解释为：把棉、麻、丝、毛等纤维纺成纱或线，织成布匹、绸缎、呢绒等。而从专业角度解释，狭义的纺织是指纺纱和织造（尤指梭织）；广义的纺织则包括原料获取、纤维制备、纺纱、织造、染整、成衣、其他相关产品的生产以及相关生产工具的制备在内。

本书所讨论的“纺织”是指广义纺织。

二、本书所讨论“佛山”的范围

佛山自得名以来所辖地域多有变化，其中经过非本书所重，本书所论佛山以当下区域划分为准，即以2017年佛山市实际管辖区域为界，共禅城、南海、顺

图1-1　新石器时代的陶纺轮（出土于三水银州遗址，2017年摄于三水区博物馆）

德、三水、高明五区，五区内与纺织相关的人、事、物皆在本书讨论范围。

1.1.3　本书所讨论的时间范围

佛山地区自新石器时代就已有人类聚居，在此地区所发现的从远古到近代各时期人类聚落遗址所处位置多数距离现今人类聚居地比较近，可见佛山地区人类发展的持续与稳定。而在这些遗迹里，多发现有如陶纺轮、骨针、纺车构件等与纺织相关的物件，如图1-1所示为三水区银州遗址所发现的陶纺轮。

佛山地区纺织技术发展始自新石器时代，至明清时期进入高峰，到20世纪八九十年代到达盛期，时间跨度很大。为了使佛山纺织发展脉络更清晰，本书所讨论内容的时间截点设定在1949年中华人民共和国成立日，即讨论自远古到新中国成立前这个时期内佛山地区纺织发展情况。中华人民共和国成立后佛山纺织发展情况则留待后续篇章中做专门研究。

第二节　历史地位和影响

纺织技术在中华民族文化中所处地位之重，可从我们日常使用的文字、词汇中找到直接体现。

在汉族语文中，有大量的文字和词汇与纺织生产有关。在已经发现的甲骨文中，“糸”旁的字有100多个。东汉时期的《说文解字》中“糸”旁的字有267个，“巾”字旁的75个，“衣”字旁的120多个，这些都是直接或间接与纺织有关的字。在现代汉语里，无论是各学科的术语，还是在常用的形容词、副词中，都有许多从纺织术语借用过来的字或词。[1]如“青出于蓝”这个流传了千年的成语，其原文内容所引来源就是纺织早期染料的制取及其特性。此成语最早出自《荀子·劝学》：“君子曰：学不可以已。青，取之于蓝而青于蓝；冰，水为之而寒于水。”[2]其中“青”与“蓝”皆纺织染料。像这样的词语还有很多，如“笼络人心”“缠绵悱恻”“纬地经天”等词。以上种种足见纺织对于文化发展、历史演变的影响。

历史上，佛山纺织在珠三角、在岭南乃至全国都有较高的地位。

“南国丝都”更绝非虚名（尤指顺德）。建于宋徽宗大观年间（1107—1110年）的桑园围足以证明西樵、九江、沙头等地在当时已是植桑养蚕重地。

据《广东省志·丝绸志》记载，民国十一年（1922年），全省桑地面积达187.2万亩，产茧80000吨，创历史最高水平，全省大小丝厂299家、丝车13.6万台，其中机器缫丝厂180家，丝车9万台，加上众多的土丝小作坊和家庭缫丝，全省生丝产量达6278吨，占全国总产量三分之一。而就蚕业而言，中华人民共和国成立前，广东省有38个县有栽桑养蚕作业，但主要分布在珠江三角洲的冲积平原，珠江三角洲的顺德、中山、南海、三水、新会等县的蚕茧产量占了全省蚕茧产量的80%以上。[3]根据《广东省志·丝绸志》记载，以民国十四年（1925年）为例，顺德、南海、三水、中山、新会这五个蚕茧重点县桑地及产茧数量对比如表1–1所示。

表1–1　广东省1925年旧蚕区五县桑地面积及产量

地区（县）	顺德	南海[4]	三水	中山	新会
桑地面积（万亩）	66.5	29.76	3.6	32.8	6
产桑叶（万吨）	86.5	缺	缺	37.8	7.8
产茧（万吨）	3.63	1.2	0.1656	1.587	0.327

表中南海县数据为1922年数据，另外结合刘伯渊1922年所写《广东蚕业调查报告书》所得1922年五个蚕业重点县桑地估算数据如表1–2所示：[5]

表1-2　广东省1922年旧蚕区五县桑地面积

地区	顺德	南海	三水	中山	新会
桑地面积（顷）	4360	2976	300	1000	600

通过表1-1、表1-2可以看到，民国期间顺德、南海、三水三县合计的桑地、桑叶、产茧量占全省总量均超50%。而在1873年，陈启沅在西樵简村创建了中国第一家民族资本的机器缫丝厂——继昌隆。至1924年，仅南海民乐一带就有丝织机1.5万台，约占全省机台数的四分之三。[6]

此外，佛山还是明代广东最大的棉纺中心，根据明嘉靖《广东通志》记载"棉布经纬细密为上，棉花南海乡村最多，斜纹布精密如毳者上，又为胡椒布，亦名象眼、熏纱花布、雪被诸品"。[7]

由此可见，佛山地区纺织业在广东省范围内长期处在领先地位，尤其在中华人民共和国成立前，其对整个广东的经济发展起着关键作用。

第二章

FOSHAN FANGZHISHI

远古时期纺织工具及技术的萌芽

考古学界认为纺织技术是在人类发明弓箭而未发明制陶技术的时间段内出现的[1]。大约在旧石器时代中期出现了绳索和网具；到旧石器时代晚期，缝纫技术出现，原始的布帛登上历史舞台。到新石器时代初期，纺坠和腰机的出现意味着神州大地已开始步入手工工具纺织时代。随着对天然纤维认识的深入和纺织工具的逐步完善进而形成了手工纺织业，为后来我国之后的纺织生产的发展奠定了坚实的基础。

从新石器时代开始佛山发展紧跟历史脚步，各区的贝丘遗址出土的各类纺织工具清晰地告诉了人们这些地区在该时期绝非以往人们惯性认定的“蛮荒之地”。

地理学上把珠江水系岭南地区自北而南分为四个子地理单元：南岭南麓丘陵、冲积平原、珠江三角洲网河平原围田区（网河平原北部）、珠江三角洲网河平原沙田区（网河平原南部）[2]。佛山地区属网河平原北部，在距今3000—5000年的新石器时代网河平原北部已极度繁荣，仅在今南海区内属该时期的贝丘遗址就有52处之多，在这些遗址中不少是已经具备一定规模的聚落遗址，这些聚落的布局已有明显的功能分工规划，聚落中生活区、活动区、垃圾区、墓葬区已清晰划分开[3]。而在佛山禅城澜石河宕、佛山三水银州、佛山南海灶岗、佛山高明古椰等遗址中都发现了与纺织有关的文物。

第一节　石器时期

在传说中，我国远古各项技术的出现一般都会与三皇五帝等相关，相关纺织技术产生的神话传说也是如此。如教人结网而渔的伏羲、始作衣的伯余、教人蚕桑的嫘祖。尽管这些传说中的神话色彩浓重，但当将这些传说中过于玄幻夸张的部分除去后，具体描述技术产生的部分还是有一定可信度的。

《韩非子·五蠹》中描述：“古者丈夫不耕，草木之实足食也；妇人不织，禽兽之皮足衣也。”[4]从这段描述可以看出在远古时期（旧石器时代）人们采集、狩猎等活动情况，可见这个阶段人们还处在茹毛饮血阶段。随着人们对自然界观察的深入，从劳动中获得的经验积累到一定程度后，开始“研发”出最早期的纺织物来提高生产能力和生活水平，如《易·系辞》中所写：“古者包羲氏之王天下也，仰则观象于天，俯则观法于地，观鸟兽之文，与地之宜，近取诸身，远取诸物，于是始作八卦，以通神明之德，以类万物之情。作结绳而为网罟[5]，以佃以渔，盖取诸离。包羲氏没，神农氏作，揉木为耜，揉木为耒，耒耨之利，以教天下，盖取诸益。日中为市，致天下之货，交易而退，各得其所，盖取诸噬嗑。”[6]文中非常清晰地描述了伏羲创先天八卦、制网教人以渔的过程。从现有的考古材料看，这些传说是有一定真实性的。

从人类纺织技术的发展史看，人类早期纺织技术很可能一开始就是“纺织”与“非织[7]”同时出现的。人类在“禽兽之皮足衣也”的年代，“非织”技术就已经出现了，兽皮的鞣化处理可以认为是“非织”技术的萌芽，而用植物粗纤维取代动物筋皮作为缝合材料将兽皮拼接缝合成衣也带来了早期的“纺织”技术。

人类纺织技术的发展与人类其他技术的发展轨迹类似，从最初的就地就近取材到人工培植原料，从纯手工到发明具体工具、设备来完成纺织过程，这段发展经历与其他人类生产生活技术的发展史并无差异。当最初的兽皮、筋、肠、草、荆条无法再满足人类穿着、劳作的需要时，鞣[8]、脱胶、缫[9]、搓、绩、纺、编、织、拍、缝等各种纺织技术通过人们长期的劳动积累后纷纷出现。最早出现的纺织技术到底是上述的哪一种在考古学和古人类学中尚无法给出确切答案，但有一点是可以肯定的，那就是上述这些早期纺织技术之间存在交集，这些技术的发展大多数是相互影响进而逐渐成形的。

以山顶洞人为例，通过考古发现，山顶洞人可能已经掌握了早期鞣皮技术，他们可能用唾液作为转换酶，然后采用直接用口咀嚼的方法来鞣制或半鞣制兽皮。再用石器工具进行裁割，缝制成相对合体的服装。而用来缝合的“线”可能是动物的肠衣、韧带，也可能是植物的韧皮纤维。

对所得物品的再造和再利用直接促使人类各项技术的产生与发展，如人们对兽皮的再造除了直接促生了鞣皮技术外，其他的脱胶、裁剪、搓、绩、缝等等技术也应运而生。而鞣（鞣皮）技术的出现是人们从“饥即求食，饱即弃余，茹毛饮血，而衣皮苇”的极原始状态走出的一个关键标记。因此，我们在讨论某一单项原始纺织技术的时候，往往还须注意到与其相关联的其他原始纺织技术，这样才能更好地理清整个纺织史的发展脉络。

下面以鞣皮技术的产物皮甲为例来做展开，以便了解一项纺织技术的出现与相关发展延伸。

随着鞣皮技术的产生与发展，早期皮衣从单纯直接的毛皮保暖逐步功能细化，演变出在狩猎、战争中使用的防护具——皮甲。

在古书文献中，对于皮甲、甲的出现有相关的描述，如《尚书·费誓》中引《世本》："杼作甲"[10]，在其注中言"少康子杼也"。杼即姒杼，少康子，夏朝第七任王，少康时杼参与了攻灭寒浞恢复夏朝之战，继位后征伐东夷，开拓夏朝版图，将东夷及渤海、黄海、东海一带的各族部落并入华夏族。相传正是在征伐东夷过程中，姒杼发明了用兽皮做的甲，进而打败了使用弓矢的东夷部落。由于皮甲的发明，在夏与东夷的战争中夏部落的武器装备劣势被扭转，最终拥有弓矢等先进攻击武器的东夷部落被拥有皮甲等更先进防御装备的夏部落征服。而无论皮甲还是弓矢，都是纺织技术的衍生产物，即鞣皮与搓绩技术。而现有的考古学发现表明，正是这两项技术的诞生将人类带入了高速发展的快车道。

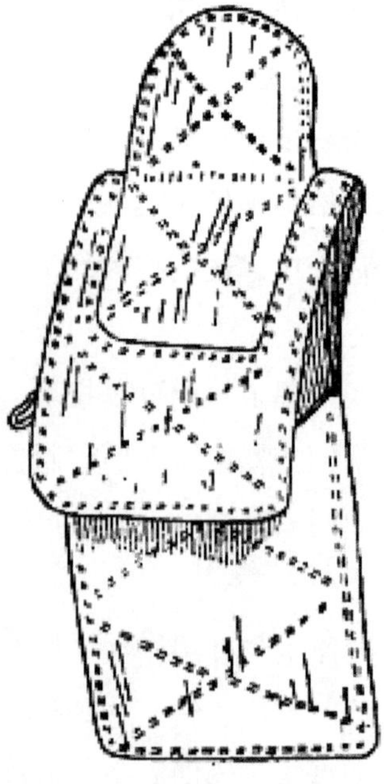
图 2-1　云南傈僳族人曾使用的皮甲[11]

最早的皮甲相对简陋，仅是将皮革裁制加工，形成具有一定形式的整片皮甲。这种最原始的、直接完整的皮甲制品在考古中尚未被发现，但我们可以从民族学的材料里找到类似的标本。新中国成立以前，云南地区的傈僳族还使用着一种原始的皮甲（如图2-1所示为云南傈僳族人新中国成立前曾使用过的皮甲），是用两张约1米长的长方形生牛皮叠缝在一起，在约60—80厘米处开出一个舌形的缝，然后沿缝将割开的皮革掀起，形成圆舌形的领孔，掀起的皮片，又形成保护后颈的护颈。战士使用时，将头套入领孔内，领前的部分垂在胸前护胸，领后的部分披在背后以护背，在腋下钉绳穿结、使皮甲紧贴在身上。[12]

图2-1中的这种皮甲很可能就是姒杼在夏与东夷之战时所发明并使用的皮甲，即鞣皮制衣技术的最早实物例证；而同样在这场战争中出现的东夷部落的弓矢则是搓绩等纺织技术的相关最早实物例证。另外，从对这场战争的描述来看，可以得出这样的一个推论，发明皮甲的夏族掌握了鞣皮技术，而其搓绩技术则很可能落后于拥有弓矢的东夷部落（从战争进程来看，夏在战争初期应该没有弓矢或其弓矢攻击距离远落后于东夷，以至于在发明皮甲之前，夏朝军队与东夷对垒时占不到便宜，只能退回国都）。单从这些纺织技术而言，将东夷称为“夷”似乎不太“合理”，尤其是过去不少的纺织史研究者把弓矢的发明作为纺织技术诞生的标志。仅就这个节点的纺织技术而言，夏与东夷谁先进谁落后只怕还不能随便下结论。若用现代人的视角去回望这场战争，结合当时这些纺织技术判断，也许汹涌征伐东夷的夏人更像是野蛮人。

同样，在古文献描述的更早的一场战争中的器物则更是让人疑惑，如《管子·地数》中记载管仲对蚩尤的描述：“而葛卢之山发而出水，金从之。蚩尤受而制之，以为剑、铠、矛、戟，是岁相兼者诸侯九。雍狐之山发而出水，金从之。蚩尤受而制之，以为雍狐之戟、芮戈，是岁相兼者诸侯十二。”[13]很难想象在石器时代，若真的只有石矛、石斧，轩辕部落是怎样在逐鹿之野战胜拥有一身铠甲、拥有剑、矛、戟、戈的蚩尤部落的。

而在考古发掘方面，现今发现最早的皮甲实物为安阳侯家庄殷商大墓1004号墓南墓道中发现的皮甲残迹。如图2-2所示，仅剩下了皮革腐烂后遗留在土上的纹理，有黑、红、白、黄四色的图案花纹。所发现的两处残迹，最大径都在40厘米左右，看来还是一种整片的皮甲。[15]

图2-2　安阳侯家庄1004号墓出土的皮甲残迹[14]

仅就古代战争中出现的甲胄就可看出，人类发展中的各类技术发展并非直线一维单方向的，而是发散多维多起源并发的。且在发展过程中，还有可能出现灭失、倒退的情况。

一、石球与绳索

由于早期纺织制品均为天然材料，自然环境条件下，天然纺织材料难以长时间保存下来，现今已很难发现人类早期纺织品实物了，只能从与纺织技术相关联的其他物件找线索，而能够从侧面印证人类最早期纺织技术发展的考古实物是——石球。

在山西大同阳高县许家窑遗址（距今约10万年）中出土了1000多个经过打制的石球，考古学家研究认为是当时人们狩猎时所用“投石索”之石。[16]

大量的考古和民族学资料也说明，远在弓箭出现之前还有一种很重要的投掷工具——石球，它不仅制作方便，射程很远，还具有较大的杀伤力。这种石球是利用一定的投掷工具发射的，通常称为投石器和流星索。它在改进狩猎技术、保

图2-3　国内考古中发现的石球[17]

护人类生存和提高生活水平方面都起过积极作用。[18]投索球（流星索）是系有绳索的石球，狩猎时绳索和石球同时抛出击打或缠绕猎物，起到将猎物击晕或缠绕其足使其无法逃脱的作用。

从石球的两种远距离攻击模式来看，绳索都起到了关键的作用。当作单石球流星索时，绳索起到了加速和稳定出手的功能，大大提高了攻击的距离；当作双石球连接索时，绳索除了起到加速和稳定作用外，还有了二次击打和缠绕的功能，既提高了攻击距离，还增强了攻击力度和攻击范围。单球流星索攻击范围是单个石球所到之处，是典型的点攻击；而双球流星索攻击的范围则是两球与中间绳索所形成的连线飞行经过之处，是典型的线扫略攻击，其攻击范围显然要比点攻击大得多。而当人类发明了网之后，更是将攻击范围提升到了面攻击的维度上，大大提高了狩猎能力。

尽管至今在考古遗迹中尚未发现直接连接在石球上的通过纺织技术制作的绳索，但根据已有考古研究判断，在旧石器时代人们通过纺织技术编制的绳索已经使用在石球上的可能性是非常高的。此外，从石球的攻击方式和属性来推理，如果单纯直接用动物皮、肠衣等材料来构成流星索，其稳定性是远远不如采用植物茎皮搓合而成的绳索，尤其是双石球流星索更不适合用带弹性、不稳定的动物皮、肠衣所制的连接索。

从不同地区众多考古遗迹中发现的数量庞大的石球遗存来看，在旧石器时代，石球、流星索这样的工具的使用是有一定共通性的。如在法国多尔道尼贝皮耶尔I莫斯特期洞穴遗址内发现的石球，在地层中平面分布是3个一组，共4组，两两成对，并在一直线上，其一对的间距为1.2米，另一间距为30厘米。从排列的位置来看，与南美印第安人投索球的位置相仿，因此推测上述莫斯特石球可能是与南美印第安人投索球相似的狩猎工具。[19]而在佛山同样有石球文物出土，其中1958—1959年在现南海区西樵山遗址第二、第十发掘点分别出土了两个石球，这两个石球均呈圆形球状，为周面打磨制成，两石球直径均为8.4厘米。[20]如图2–2所示为该遗址出土石球实物照片。

另外根据2007年版《南海区文物志》记载，在西樵镇新河村螺岗小学后山冈边发现贝丘遗址，在此遗址中出土陶片与西樵镇大同灶岗遗址相同，此外还出

出土编号NSP2:55

出土编号NSP10:263

图2-4　西樵山遗址出土的石球[21]

土了西樵山出产的燧石石球。[22]可惜该遗址已受破坏，并未引起考古研究者的注意，至今未能找到相关的考古报告，但书中所载出土石球还是能够拓宽我们对佛山地区石球及相应的早期纺织技术发展的想象空间。实际上西樵山区域出土石球的报道已多次出现在相关考古研究类刊物中，可惜不知何故一直未有对西樵山出土石球做进一步研究的专业报告问世。

与石球相关联的绳索的搓、绩技术是古代早期纺纱技术的源头，搓和绩完全用人手完成。搓合是将准备好的纤维稍作排列置于掌中或腿上，然后用另一手掌按压向一个方向搓转，使得纤维扭转相互抱合形成单纱；再用同样方法将两股单纱并到一起，向反方向搓合，形成股线；再用相同方法搓合股线，形成绳，即投石索中的索。搓合技术的实物例证，是1978年第二次发掘浙江河姆渡居民遗址（距今约6000年）时出土的一些带芯的植物茎皮捻成的线和一段草绳，它们都是使用搓合方法制成的。这可能是目前我国考古发现的年代最早的绳子，草绳直径约1厘米，由两股合成，单股捻向为“S”捻[23]，合股为“Z”捻[24]。这一实物的发现，说明我国进入新石器时代之后，搓合技术已经比较成熟了。

劈绩是搓合技术的发展，它由劈分和绩接两个动作组成。劈分是把经过捶击而松散的植物茎皮，或经过煮练、脱胶的纤维束，用劈的方法再将其细分，以便进一步加工；绩接，是把已经劈分的一段段较细的纤维束并合和续接在一起，成为连续的纱条。劈绩技术主要用在葛、麻纱线的纺制上。葛、麻经过沤煮后，并不能完全脱去果胶，还是有纤维片状粘连在一起，需要用手指或尖锐器物进一步劈分，然后才能绩麻纺纱。从近代各地农村仍然保留的绩麻技术，可看到原始的绩麻方法：将用水浸过的葛麻纤维，用锐器劈分成两头细中间粗的纤维条，然后用指甲将其一端的绪头劈细分成两绺，用其中的一绺连接与之绩接的纤维，并合、捻转连成一根，最后并列两绺，用手向两个方向来回搓捻，即可接续成纱。具体如图2–5所示。

二、网坠与渔网

除石球外，另一种可侧面印证人类早期纺织技术发展的考古实物例证是网坠。和石球相似，渔网网坠虽然不是纺织技术的直接产物，但其可以有效证明相关纺织技术的存在。“作结绳而为网罟，以佃以渔……”，由于网罟之创始，网坠势必随着产生，肯定这是部落时代的遗物，自无多大问题的。[26]而地处珠三角的佛山，古时近海临江，整个地区水网密布，渔猎自然是古人主要获取食物的途

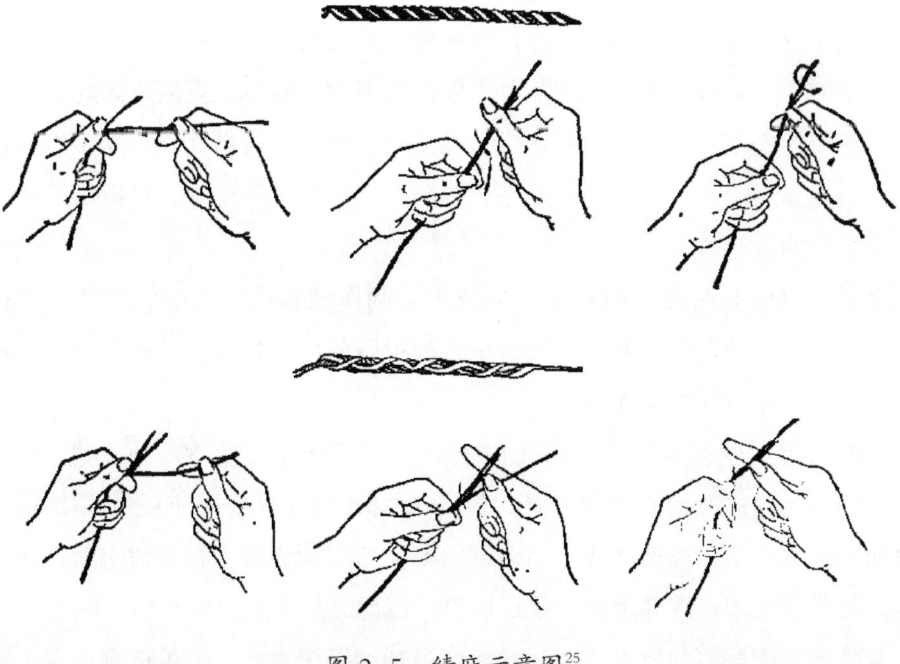

图 2–5　绩麻示意图[25]

径，织网捕鱼亦是常态。

渔网的发明是人类渔业史上的一次重大飞跃，这样的飞跃带来的不仅仅是渔获的增加，甚至有观点认为，渔网的出现，尤其是带网坠的渔网出现，直接导致了渔获的剩余，也就是说，渔网使一个捕鱼者除了果腹之外还出现了剩余，进而加速了私有制的进程，原始社会内部开始有了剧烈的变革。从各影响层面看网的发明及使用就是一场发生在石器时代的人类技术革命。而这次技术革命的根源建立在人类纺织技术的进步——纺织材料的进步（脱胶、搓合、绩接）、纺织物成形手法的进步（有规律地打结、编织）。而渔网也很可能是人类第一件编织创造出来的纺织品，而非在此之前的对自然界中已有的半成品改造出来的纺织品。可以想见，在对渔网的成功发明和不断优化过程中，人类的纺织技术也随之得到长足发展，以至于最终脱离了兽皮、树皮，织出了另一种“布”。

古人类的渔网编织材料来源于自然界中的天然的有机植物纤维材料，主要由芒草、苎麻、葛、丝、棉、树皮纤维等织成。随着渔网工具的大量使用，考虑蚕丝线成本高，因此，主要以麻、葛为主。由于渔网的使用环境特点，用植物纤维所制成的网即便是在使用过程中都较容易破损、腐烂，而作为古物堆埋遗存则更易于腐烂而分解无存，因而在考古报告中尚未有实物发现。由于材料所限，过去传统渔网的“三天打鱼两天晒网”可不仅仅是因为偷懒，也正因为如此，人们为了提高渔网的使用寿命，尝试对麻、葛类渔网进行防水防腐处理，其中一种比较突出且影响深远的方式就是薯莨处理。至此，在纺织发展史中，对纺织品的整理技术开始登场。

除了渔网的材料外，原始的织造技术与制作渔猎用的渔网的编结方法也有着直接的关联。结网编织方式以及编织过程中所使用的骨梭、骨针都直接影响着“未来”织布器械的发明和发展。

而网的用途显然不仅仅只是用于捕鱼，成书于西汉初年的《尔雅》[27]中就有一段对网罟名称的考据：“緵罟谓之九罭，九罭，鱼罔也。嫠妇之笱谓之罶。罺谓之汕。篧谓之罩，槮谓之涔。鸟罟谓之罗，兔罟谓之罝，麋罟谓之罞，彘罟谓之羉，鱼罟谓之罛。繴谓之罿。罿，罬也。罬谓之罦。罦，覆车也。”

此处涉及网罟名称繁多，《尔雅》所提到的网罟之名，不单单有渔罟，也有所谓的鸟罟、兔罟、麋罟、彘罟等捕捉鸟兽之网，可见古时渔猎不分，网罟的功能也兼涉渔、猎两大领域。在《尔雅》的图例说明《尔雅音图》中除了有渔网图示外还有其他兔网、鸟网的图示。

从图2-6、图2-7中可以看到网的大小、形状、结构随着捕捉目标的不同而改变，为了满足各种渔猎需求，用于编制网的方法、技术、材料也自然需要做相应的改进，正是这样的相互作用关系，使得人类发展史中的一次关键技术革命得以完成。

此外，从各地新石器时期遗址中大量出土的石、陶网坠，说明当时已经使用渔网捕鱼。而渔网上使用网坠是捕鱼技术上的一大进步。网坠的作用是使渔网迅速沉入水底，固定住渔网，从而捕捉到鱼。石质网坠取自天然的石材，在石材的腰部稍加砍砸出缺口，用以系网，不致其脱落。陶网坠是在石网坠的基础上发明出来的，人类在发明了制陶技术以后，陶网坠的制作比石网坠的制作要简单方便得多了，因为打砸石网坠比较费时费力，而且破损率也高，更为方便的是陶网坠可以大量制作。[30]

我国出土的网坠的种类大致分

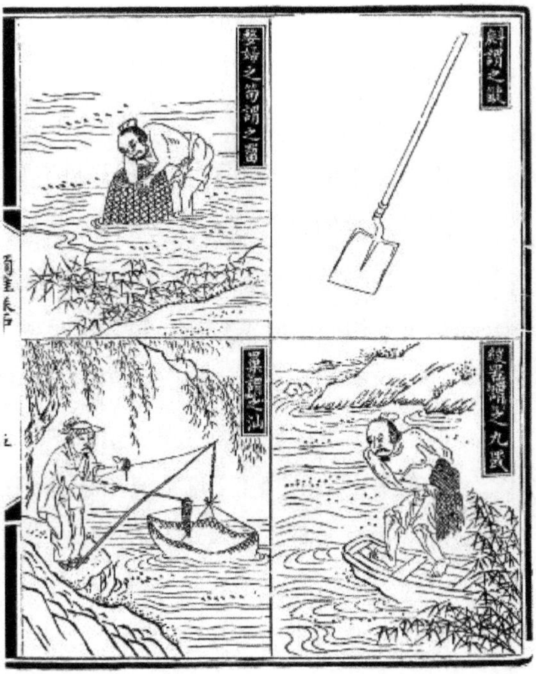

图 2-6　《尔雅音图》中的渔网[28]

图 2-7　《尔雅音图》中的兔网和鸟网[29]

为：圆柱式、方柱式、葵花式、直棒式、椭圆式、定胜式、流星式、马蹄式等类型。材质一般为石质或陶质。

网坠形状无定式，共同点在于器身上均有明显的人工刻凿的一条或多条线槽以便缠绕、固定网线，而器身造型也大多为上大下小，以便在水中稳定下沉。需要注意的是部分被认为是网坠的出土物与手工织绳生产中的“夹缕”有相似之处，如图2-8中13～15则可能为紾丝器。但不论其为网坠还是“紾丝器”，均与纺织技术相关，此类刻槽器物均可反映当时纺织技术（搓合、劈绩技术）的存在。

尽管佛山地区地形、地质从石器时期到现在发生了一定变化，但从全新世以来佛山地区就是河网密布的区域，按同期类似位置、区域考古发现推断，理论上在佛山地区众多石器时期的遗址中应该会有大量的网坠、鱼叉等物件出土。可是，时至今日，在众多佛山地区石器时期遗址考古简报中未曾发现有网坠出土的报告，而鱼叉出土报告也极少，在如此众多距今4000年以上的被定性为以渔猎为主要生存手段的聚落遗址中，却未曾发现与渔猎相关的相应数量的石制、骨制或陶制网坠，这个谜题值得深思。须知道从这些遗址中出土的石器、骨器、陶器、

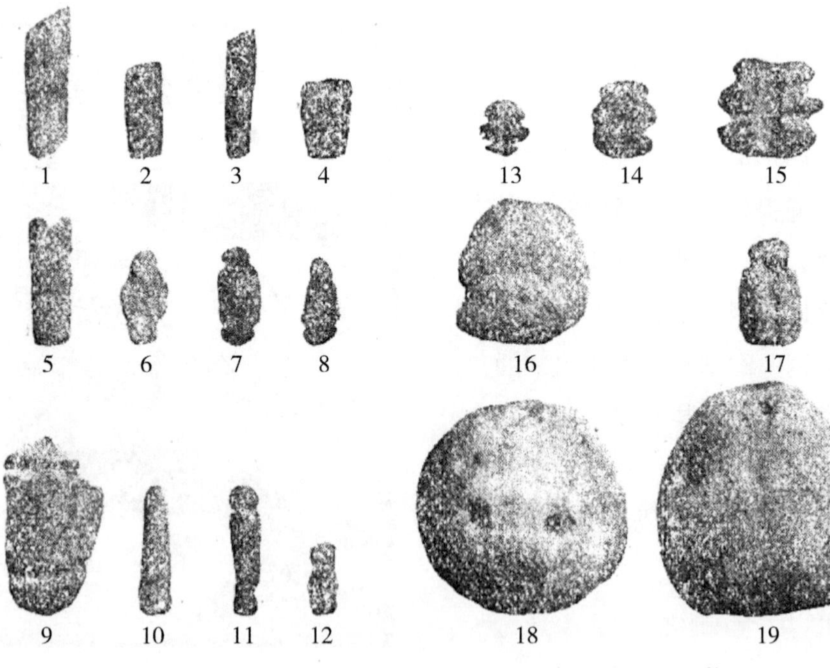

图2-8　国内出土的网坠、石杈及可能的紾丝器[31]

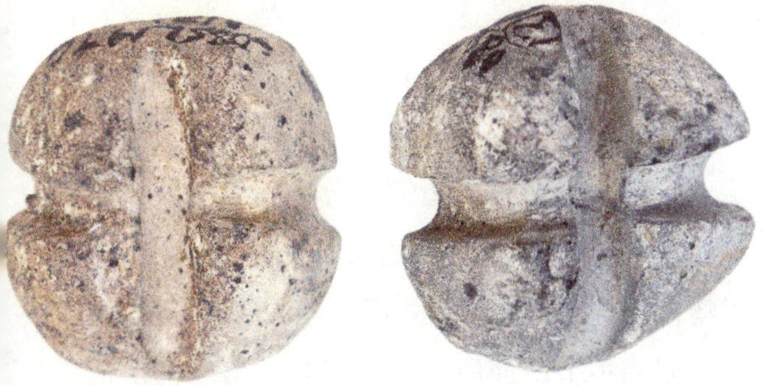

1　　　　2

图2-9　汉陶网坠（2008年出土于麻祖岗遗址，2017年摄于顺德区博物馆）

图2-10　汉陶网坠侧视图（2008年出土于麻祖岗遗址，2017年摄于顺德区博物馆）

象牙制品都有很高的手工制造水平，以此水平要制作简单的渔猎工具——网坠应该不存在任何技术障碍。而且在河宕遗址中已发现用于制作渔网的双孔骨针，这就更进一步说明这个地区4000年以前就已经有渔网的存在了。此外高明古椰遗址相关新闻稿中有出土石网坠的报道，由于未有正式考古报告，暂时无法深入分析。

佛山地区内至今发现的最早的网坠是2008年在顺德区龙江镇左滩龙田村麻祖岗遗址初步发掘出土的汉代陶网坠，具体如图2-9所示。

其中图2-9中标号1的陶网坠为扁椭圆形（图2-10），其侧视图如标号2的陶网坠为近正圆形，均开十字线槽。

左滩麻祖岗遗址位于广东省佛山市顺德区龙江镇左滩村鸡公围侧吴氏大宗祠对面。遗址所在地为鱼塘和菜地，分布面积不详。经勘探（TG1~TG3），发现了商时期文化层，在遗址表面采集了一批商时期的陶器残片和石器，以及少量的宋代至明清时期的瓷片、汉代陶网坠。这是顺德目前所见唯一的先秦遗址，这一发现填补了顺德早期历史的空白。[32]由于麻祖岗遗址至今尚未进行全面发掘，关于这些陶网坠的定代时间为顺德博物馆展示提供。

另外在顺德区勒流镇沙富村汉墓群出土了3件东汉陶网坠，其中最大者长5厘米、宽4.5厘米，双面刻十字线槽。[33]具体如图2-11所示。其造型与图2-9标号2的陶网坠相近。

图2-11　东汉陶网坠（出土于沙富汉墓群，2017年摄于顺德区博物馆）

需要说明的是这几个陶网坠是与陶纺轮同处出土，似乎暗合了陈达农先生在《我对网坠的刍见》一文中提出的："……'网坠'与纺轮同时出土较多，与鱼钩、鱼镖、鱼叉同时出土较少，可见它与纺轮有着密切的联系"的观点。[34]对此类物件的定性也许还需要更深入的研究分析。

回到本节前面所提出的问题，整个佛山地区未曾发现早于汉代的网坠，但却发现有编织渔网用的非常精致的双孔骨针，这看似矛盾的存在也许我们可以用另一个角度去解读——即假设佛山地区的捕鱼方式以秦汉时期为界发生了很大的改变，在秦汉以前佛山地区的渔网是不需要网坠的类型，而到了秦汉以后佛山地区的渔网则变成有网坠的类型。这种转变并非因为制网技术的原因，而是因为其他因素的变化导致。

最有可能导致捕鱼方式改变的原因是捕鱼水域的改变。如果在秦汉以前，佛山地区的人们主要是出海捕鱼或沿海岸捕鱼，他们所使用的网很可能是如《中国渔业史》中所提到的那些不需要网坠的"海网"。而到了秦汉以后，佛山地区的人们主要捕鱼水域变成了内河水域，这时所用渔网就变成了内河水域所用的带网坠的网。

而导致捕鱼水域改变的原因有两种可能，其一是自然水域发生变化，也就是说佛山地区在秦汉时期地理面貌发生了较大改变，佛山地区逐渐远离海岸线，此地区的人们因为自然地理的变化而改变了其捕鱼方式；另一种可能则是佛山地区的捕鱼人群发生了改变，甚至是整个佛山地区的居住人群发生了变化，在秦汉以前在佛山地区居住的是使用不带网坠的海网出海或沿海捕鱼的人群，而秦汉以后在佛山地区居住的则是变成了使用带网坠渔网在内河水域捕鱼的人群。

从古地理和广东地区移民史中所反映的情况来看，秦汉时期无论是地理还是移民，佛山地区都发生了一定变化，其中移民情况尤为突出。其表现事件就是秦攻取南越、赵佗立南越国、汉灭南越国。具体是何原因最终导致佛山地区出现这样的捕鱼方式的改变非本书讨论重点，在此不做展开。

在李士豪、屈若搴合著《中国渔业史》中收录了三种极其珍贵的网图：《大网布海全图》《翻缯布海全图》以及《长网图》，三幅皆为海网制式。

从图2-12、图2-13可以看到，这两种海网为固定式网，用插椿固定在海岸边利用海岸潮差原理捕鱼。具体如《中国渔业史》中对《大网布海全图》《翻缯布海全图》所做的说明：

大网“插椿三根于海，前两椿各系二索，分系网之上下唇，又环系以浮筒，使张其口，后一椿只用一索，系于网尾，使不随流翻裂，另复系一筒，作为钩网之用。”

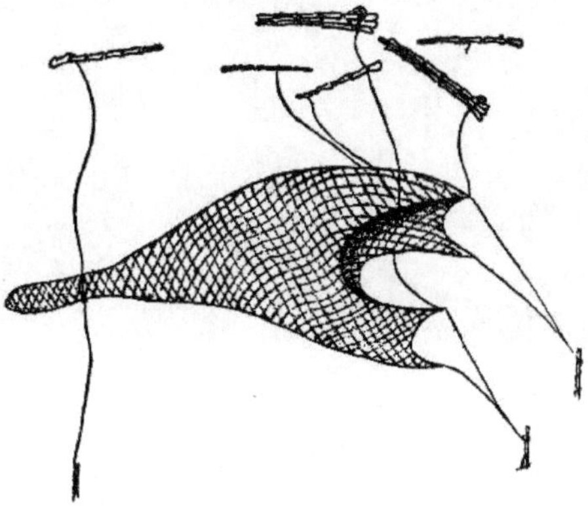

图2-12　大网布海全图[35]

翻缯“先以两竹楸插入海泥中，以系缯之四隅，上两隅以竹筒系之，使张其口捕鱼。翻缯形如大网，惟尾无根索，留使自翻。潮水涨时，缯口顺流受鱼，潮退则缯之末段全翻折入缯心，潮力紧推，全缯之里面翻作表面，而前潮之鱼在内者，自能打一结束缯尾，不因翻潮而倒出，故名之曰翻缯。”

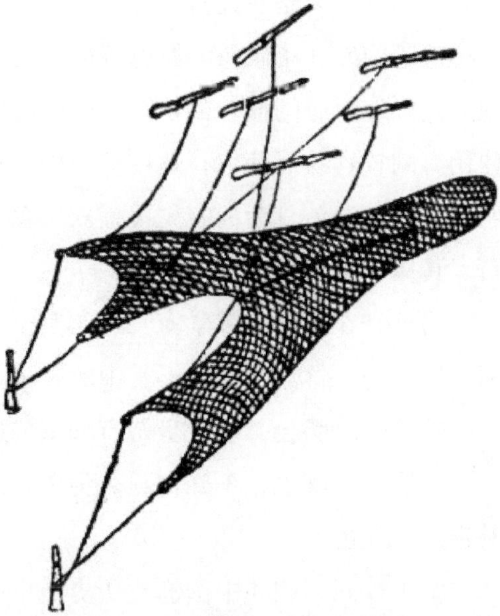

图2-13　翻缯布海全图[36]

对比“大网”和“翻缯”可知大网为单向受鱼，而翻缯则可随潮向受鱼。尤其是翻缯，其固定完成后就基本无需再人工进行调整，可自动随潮流而动，设计简洁合理且功能强大。从这些网的使用方式来看，网的规模、网内部结构的变化、网的材料、网的具体使用都较内河用网不同，可以推想如果当时佛山地区所使用的是海网，所织海网相对内河用网

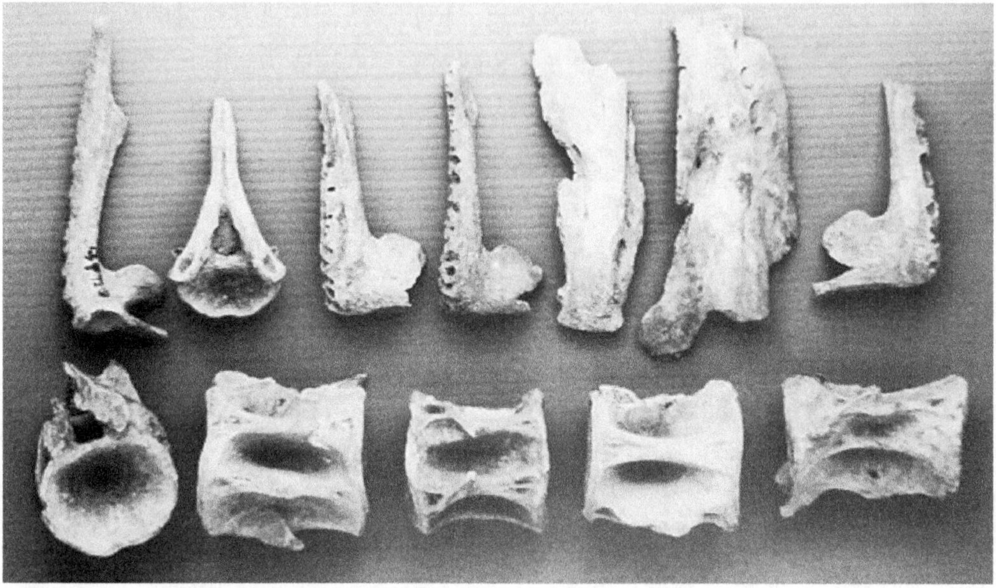

图2-14　佛山河宕遗址鱼类脊椎骨、头骨、牙床[37]

要复杂许多，而这些海网的使用并不需要网坠。

推断石器时期佛山地区可能使用海网的依据除了在佛山河宕遗址发现的用于编织渔网的大型双孔骨针外，同样在佛山河宕遗址中第三文化层中的大窖穴中动物遗骨中发现了硬头海鲇这样的深海鱼类的遗骨，此类深海鱼类遗骨亦是佛山地区先民使用海网捕鱼的依据。硬头海鲇会在每年春夏之际洄游到近海湾产卵，使用海网较容易捕获。在这些窖穴中的兽骨和鱼骨部分可见经烧烤过的痕迹，说明这些兽骨、鱼骨为河宕先民捕获、食用后弃置在窖穴中的，而非自然存留的化石。具体如图2-14所示。

另外，在明代文献学家王圻与其子王思义编纂的《三才图会》中将渔具分为网、罾、钓、竹器四大类，其中的罾（罟）中有坐罾，如图2-15所示。

在《三才图会》中对坐罾有如下描述：

“罾，亦网也，不知何易名为罾，二制俱相似，惟坐罾稍大，谓之坐者，以其定于一处也。”

清末沈同芳在《中国渔业历史》中有对坐罾更详细的描述：

“罾用长竹四根，接合成十字，竹杪四出如长爪，罾网每寸三眼，以麻为

图2-15　坐罾[38]

之，槴[39]皮猪血染色，见方三丈，四隅系于爪端，悬如仰盂，岸边置设木架，上铺木板，架前有横轴一根，长四五尺，另用长木作锐人字架，前后各一，下端合装于轴，上端相去成九十度，直角连之，以绳前端系罾，后端系大石一块，并绳两条，大石着地，罾即出水。”

而这样的坐罾在现今佛山的乡村依然能看到，和村里河涌搭配，形成独特的风景。

此类网罾同样无须网坠，但适用范围较窄，在石器时期的佛山地区可能已经存在但不会是主要的渔猎工具，当时应仅为补充工具而已。

至此，我们可以这样总结佛山地区渔网编织技术的发展变化。在新石器时期，河宕文化时期，佛山地区的人们已经掌握了编织渔网（很可能是海网）的技术，并且以此获取了丰富的渔获。到了秦汉时期，佛山地区捕鱼方式发生了改变，使用网坠的渔网开始出现。

图2-16　佛山市顺德区桑麻村坐罾（2016年摄于顺德桑麻村）

三、骨针、骨梭

如果说石球、网坠从侧面印证了人类早期纺织技术的发展，那么骨针、陶纺轮作为纺织工具则是更直接的见证。

图2–17所示为河宕遗址第三层出土的骨针，此针通体磨光，靠首部器身钻两个穿透圆孔，末端尖圆。长13厘米、宽1.3厘米。[41]根据上述数据，结合照片，按照比例关系可以推测此针针孔大小在0.4厘米左右。从这个骨针的整体尺寸形状和针孔径大小可以判断此器物是用于编织渔网而非缝制衣物所用。在河宕遗址中共出土骨针8件，其中器形完整的有3件，完整的3件中有两件为双孔骨针，另一件为无孔骨针（如图2–18所示）。而这类双孔骨针在广东省内仅见于肇庆高要茅岗遗址。

除河宕遗址外，在灶岗遗址亦发现有骨针，其形状与河宕遗址所发现骨针出入甚大，具体如图2–19所示。

此外，在银洲豆兵岗遗址中更是出土了一枚骨梭，作为早期编织技术的重要构件，骨梭的发现意味着该时期该地区有可能存在早期原始织机。如图2–20所示。

图2–17　大双孔骨针（河宕遗址出土）[40]

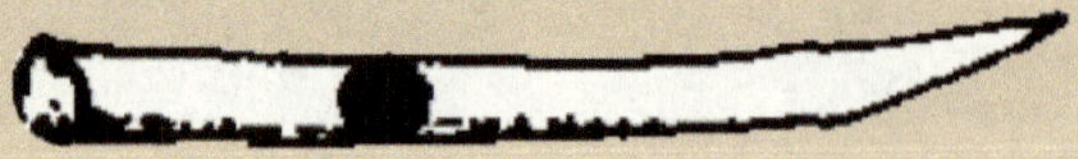

图2–19　骨针示意图（西樵灶岗遗址出土）[43]

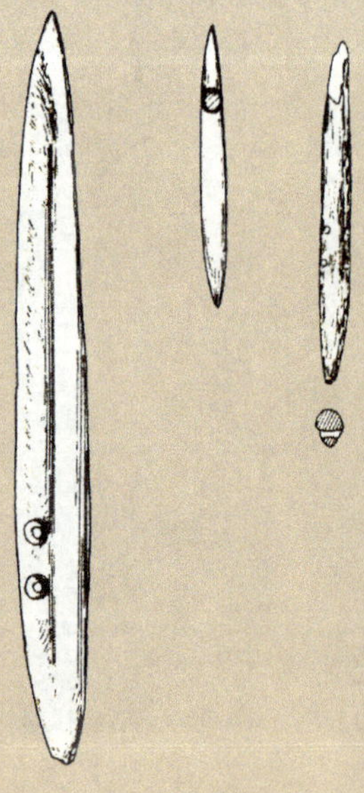

图2–18　河宕遗址出土的骨针[42]

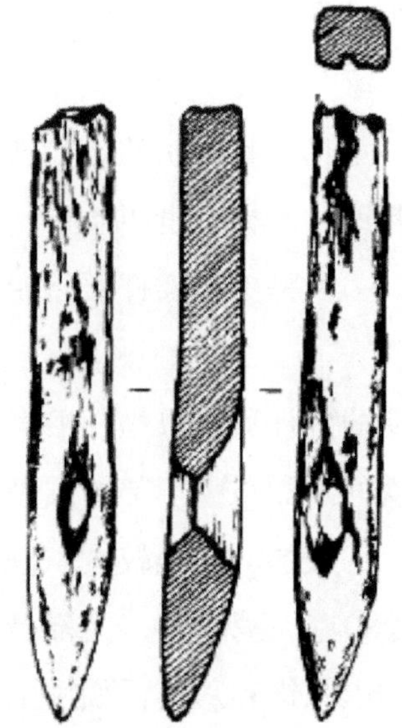

图2-20　骨梭正面、剖面、背面示意图（三水银洲豆兵岗遗址出土）[44]

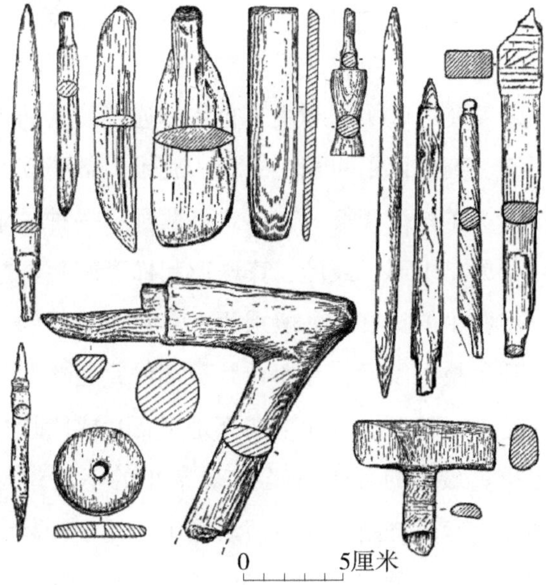

图2-21　河姆渡遗址第四层出土木器[47]

该骨梭器身呈方柱形，上穿一个椭圆形小孔，前端磨成圆锥状，把手一端已残。残长8.2厘米。[45]由于该时期织机其他构件多为木质，在考古中较难发现有实物遗存，现有考古报告中关于此时期的纺织织机的出土报告以浙江余姚河姆渡遗址最具代表性。在河姆渡遗址中出土了大量木质工具，其中部分木器被认为是原始纺织的构件。[46]如图2-21所示为河姆渡遗址第四层中出土的各类木器。对上述这些木器进行组合，可构成一种原始的织机——腰机。

同样类似的木器，2006年9月在佛山高明古椰贝丘遗址亦有发现，而古椰贝丘遗址更是被评为2006年度全国十大考古新发现。可惜时至今日，10年时间里，没有任何一份正式的与古椰贝丘遗址相关的考古报告，至今可查的仅为几份新闻稿件。

四、纺轮

除了骨针、骨梭、纺机构件之外，另一个能直接反映该时期纺织纺纱技术的考古实物例证就是——纺轮。纺轮与插置其上的木杆一同构成了我国远古人们纺纱的唯一工具——纺坠，由于时代久远，考古发掘中已很难发现置于纺轮中心孔隙处的木杆，而纺轮由于材质多为石质或陶质，因而得以留存。

纺轮（纺坠）是利用其自重和连续旋转而工作的纺纱工具。其最初的名字已不可知。商周以来叫瓦、线垛、旋锥、棉坠等，在近代各地的农村，也叫捻坠、绳拔子、羊骨头棒等。其形式有两种：一种是单面插杆，一种是串心插杆。后者又可分为：矩形、鼓形、算珠形和梯形四种。[48]

纺坠中的捻杆，一般采用木、竹或骨质的。比较早期的捻杆通常只是一根直杆，到了战国以后，开始在其顶端增置屈钩，并易之以铁的。而纺坠下部的圆盘（纺轮），新石器时代早期都是用石片或陶片打磨而成。一般的，外径较大，偏于厚重，最重的可达150余克，最小的不足50克，平均为80克。稍晚的，大都是使用黏土专门烧制。外径渐渐缩小，偏于轻薄，有的还加以纹饰和彩绘，如佛山河宕遗址出土的123件陶纺轮中有纹饰的超过了半数。（如图2–23所示）到了新石器时代中晚期，最大的纺轮重约60克，最小的重18.4克。再到了新石器时代晚期以后，随着纺纱技术的发展，在同样外力情况下，要求纺更精细的纱，纺轮又向比较薄的方向发展。而使其侧面呈现扁平或梭子的形状。纺轮做得薄其目的在于既要减轻重量，以适于纺较细纱，又要保持适当的转动惯量，使其在加捻时有较大的扭转力矩，所以外径不能减小，这是非常符合力学原理的。具体如图2–22所示。

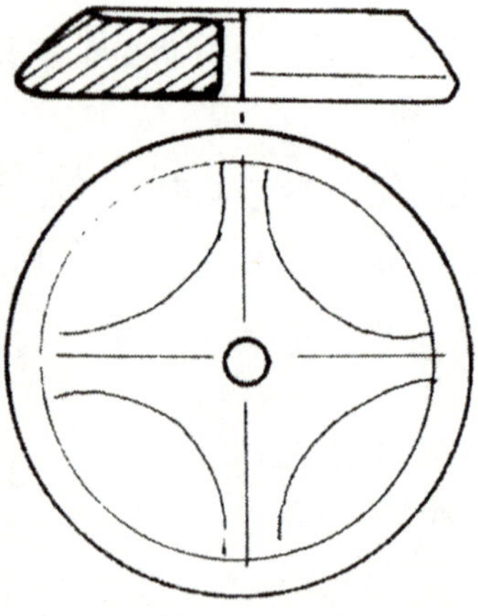

图2–22　佛山河宕遗址甲T9–3纺轮结构图[49]

纺坠的使用方法，有吊锭法和转锭法两种。吊锭，是把纺坠吊起来使用，单面插杆和串心插杆的，都可使用这种方法。先把松散的纤维放在高处，或抓在左手之中，从其中扯出一段纤维，以手指捻合成纱，与捻杆上端连接，然后捻动捻杆的一端，带动纺坠在空中旋转。同时不断地从手中释放纤维，使纺坠一边转动，一边下降。待纺成一段纱后，及时上提，用手捎纱缠在捻杆上。捻转捻杆时，一般是利用右手拇指、食指。如捻上端，纺坠按

图2–23　河宕遗址出土的陶纺轮[52]

顺时针方向转动，成纱得“Z”捻。如捻下端，纺坠按逆时针方向转动，成纱得“S”捻。[50]

现知我国发现最早的纺轮，是在河北省武安县磁山遗址中发现的，距今约7000年。

佛山地区石器时期各遗址发现了数量众多、类型丰富的纺轮。其中以河宕遗址出土的陶纺轮最为突出，从河宕遗址出土的各种形式陶纺轮共计123件（包括残件30多件）。[51]（具体的河宕遗址纺轮统计见附表一）

而佛山其他与之相近时期的遗址如灶岗、鱿鱼岗、豆兵岗等遗址出土的陶纺轮基本与河宕类似。如图2–24、图2–25、图2–26所示分别为灶岗、鱿鱼岗、豆兵岗出土的陶纺轮。

佛山此时期各地的陶纺轮在外形、材质、装饰（花纹）上都非常相似，其剖面多为扁梯形，且器上所刻花纹也多是“十”字纹、“十”字加弧线纹或同心圆重圈纹这几类花纹。从这些方面可以看到当时在佛山这片土地上，纺织技术发展

图2-24　灶岗遗址出土的陶纺轮（摄于南海区博物馆）

图2-25　鱿鱼岗遗址出土的陶纺轮（摄于南海区博物馆）

图2-26　银洲豆兵岗遗址出土的陶纺轮（摄于三水区博物馆）

很有可能是同步且各聚落相互间是有交流有联系的。

表2-1 佛山地区先秦时期纺织相关出土文物统计

	骨针	骨梭	网坠	纺轮
河宕	11	0	0	113
鱿鱼岗	0	0	0	66
灶岗	1	0	0	3
豆兵岗	0	1	0	4

此表中数据以现有已正式发布的发掘简报为统计依据，其中灶岗、豆兵岗纺轮的数量统计在报告中未得见，其数据为报告中所列出纺轮数统计。另外佛山高明古椰贝丘遗址的报告未发布，因此未将其收录在内；此外，佛山为数众多的贝丘遗址并未正式发掘，更无法做一一统计对比了。

五、石拍与树皮布

树皮布，一种无纺布，与纺织丝布一样，都是发源于中国且都是具有世界性影响的重大发明。[53]

石拍，制作树皮布的主要工具，考古学中见证树皮布文化的关键实物例证。对于石拍的使用定性，考古学者早期观点大多认为是陶拍，即用来制作陶器上的印纹的工具，但随着出土石拍的数量增多，类型定义逐渐稳定下来，更多的学者认为石拍应该是制作树皮布的主要工具之一。实际上从很多出土的石拍的重量、形状上判断，如果用于拍印陶器的话显然重量过大，不利于操作。从国内外现有的考古遗存以及民族学中现存少数民族、部落留存的树皮布制作技术及工具看，现阶段，将石拍定义为制做树皮布的工具应该是有较大可信度的。

图2-27所示为东莞蚝岗贝丘遗址出土的石拍，此石拍为残件，残长5.8厘米、宽3.2厘米、厚1.1厘米。单面沟槽，18条纵向沟槽等距排列；另一面为素面。石拍顶部有等距折沿，石拍侧沿没有凹槽。

根据现有研究，世界上最早的石拍出现在深圳咸头岭遗址，[55]距今约6000—7000年。[56]在咸头岭沙丘遗址出土了6个石拍、4个纺轮、7个石球，[57]其中石拍和

图2-27 石拍（东莞蚝岗贝丘遗址出土）[54]

石球均出自其新石器时代堆积层，距今时间下限为6000年。纺轮则出土于商时期堆积层。[58]除咸头岭外，深圳大黄沙、深圳大梅沙、中山龙穴、中山白水井、东莞蚝岗、珠海草堂湾、珠海宝镜湾、珠海水涌、香港虎地湾、香港万角咀等地区均出土了新石器时期不同阶段的石拍，可见在环珠江口地区新石器时期石拍的普遍存在，也从另一角度说明了此地区新石器时期树皮布制作技术的存在。尽管至今佛山地区未有关于石拍的出土报告，而作为环珠江口地区的主要成员之一，佛山地区无论从地域位置推断还是从文化序列承继推断都不应完全与树皮布文化脱离联系。

国外学者指出在中世纪欧洲文化向世界扩张以前，地球上撒哈拉以南的非洲中部、东南亚与印尼、新几内亚与美拉尼西亚、波利尼西亚、中美及南美洲大部分地域，仍然维持树皮布文化的传统。[59]这说明了在早期人类几种衣服的制作系统上，树皮布有着极广泛的影响及重要性。树皮布技术起源于中国的南部，其重要的意义不亚于中国长江流域蚕丝编织的发明。[60]从表2-2中可以看到环珠江口地区先秦时期树皮布石拍出土情况。

表2-2 环珠江口先秦时期石拍出土统计[61]

出土地点	遗址年代	数量	材质	形制及刻纹
深圳咸头岭	距今6000—7000年	25	砂岩	长方形，单面刻纹
深圳大黄沙	距今5000年	4	砂岩	长方形、圆形，单面刻纹
深圳大梅沙	距今6000年	2	砂岩	长方形，单面刻纹
中山龙穴	距今4000—5000年	3	砂岩	长方形，双面刻纹
中山白水井	距今5000年	1	砂岩	长方形，单面刻纹
东莞蚝岗	距今5000年	9	砂岩	菱形，单面刻纹
珠海草堂湾	新石器时代中晚期	1	砂岩	菱形，单面刻纹

（续表）

出土地点	遗址年代	数量	材质	形制及刻纹
珠海水涌	新石器时代中晚期	1	砂岩	长方形，单面刻纹
珠海宝镜湾	新石器时代中晚期	4	砂岩	半圆形，单面刻纹
香港虎地湾	距今4000—5000年	缺统计	砂岩	长方形，双面刻纹
香港万角咀	新石器时代中晚期	缺统计	砂岩	长方形，双面刻纹
香港涌浪	新石器时代中晚期	缺统计	砂岩	长方形，单面刻纹

树皮布的整个制作过程完全依靠手工完成，所需要的工具简单，比如钩刀、砍刀、木槌、木棒。人们一般在夏秋时节剥取树皮，因为这个时候的雨量充沛，天气潮湿，易于剥取工作的进行。历史上用于制作树皮布的树木多是桑科，常用的有构树、面包树、厚皮树、黄久树、无花果树等，其中以构树树皮生产的衣服质量最好。树皮纤维布制作一般要经过扒树皮、修整、浸泡脱胶、漂洗、拍打成片、晒干、缝合等几个步骤，最终使树皮韧皮纤维粘连在一起。成形的树皮布可以用来制作被子、垫子、衣服、帽子甚至腰带。[62]

过去人们习惯性地认为树皮布是落后、愚昧的标志，但如果理性分析整个人类发展史，树皮布技术的产生同样是人类文明进步的象征，其意义可以比肩任何一项人类早期发明。

在我国古代汉文史籍文献中，对上古时期“南蛮”、越、濮等南方本地居民“岛夷卉服”“织绩木皮”等的描述并不少见。在那些明显带有偏见歧视倾向的描述中我们还是能看到南中国先民服饰文化的部分重要史实——树皮布的存在。

如《尚书·禹贡》所载载：

“淮海惟扬州。彭兹既猪，阳鸟攸居。三江既人，震泽底定。莜荡既敷，厥草惟夭，厥木惟乔。厥土惟涂泥。厥田惟下下，厥赋下上，上错。厥贡惟金三品，瑶、琨、莜荡、齿、革、羽、毛惟木。岛夷卉服，厥饶织贝，厥包桔柚，锡贡。沿于江、海，达于淮、泗。”[63]

对于东南扬州的“岛夷卉服，厥帘织贝”，顾颉刚注：“卉服，孔颖达说即草服，南方居亚热带，岛民以草编织成衣服”。即上古东南本地居民着装为“树皮草服”的树皮布衣。

又如在《风俗通义》《搜神记》《后汉书·南蛮西南夷列传》等中描述皆如是：“……盘瓠得女，负走入南山，止石穴中。生六男六女，因自相夫妻。织绩木皮，染以草实，好五色衣服，制裁皆有尾形。衣裳斑斓，语言侏离，其后滋蔓，号曰蛮夷。”至晋—刘宋期间的顾微《广州记》记载：“阿林县[64]有勾芒木，俚人斫其大树半断，新条更生，取其皮绩以为布，软滑甚好。”

到了明代，南海大镇人邝露在其《赤雅·卉服》中这样描述：“南方草木可衣者曰卉服。绩其皮者，有勾芒布、红蕉布、弱锡衣苎麻所谓。”[65]

邝露，明末广东著名诗人；生于世代书香之家，大镇邝家为南海大族，至今朝议世家邝氏宗祠依旧屹立于大镇。邝露工于诗词，通晓兵法、骑马、击剑、射箭，又是古文物鉴赏家和收藏家。还精于骈文；此外还是篆、隶、行、草、楷各体兼擅的有成就的书法家，其草书字迹劲秀，师法王羲之而自成一格。南明唐王时任中书舍人，永历帝时出使广州，清兵入粤，邝露与诸将戮力死守，凡十余月，城陷，不食，抱琴而死。

《赤雅》为邝露早年在粤西、广西游历时所著，记录了广西少数民族地区民族风情、山川地貌、古迹名胜、珍禽异兽、趣事逸闻。被后世人誉为明代的《山海经》，亦可以说是一部汇集几千年南方少数民族民间传说的奇书。尽管书中用文有不少文人浪漫之气，但其对服饰描述应无异议。而《赤雅·卉服》中对南方少数民族服装的描述，也印证了《尚书·禹贡》中“岛夷卉服”就是本地居民的树皮布衣。

而时至现代，畲、苗、土家、瑶、黎等族以及台湾岛上少数民族或多或少还保留了树皮布原始制作技艺，而作为发源地的环珠江口地区现在则早已无法觅得树皮布的踪迹了。

在佛山高明古椰遗址相关的新闻中有出土石拍的报道，但由于至今该遗址考古未发任何正式报告，仅在《高明文物》一书中发现应为石拍的古椰遗址文物照片，具体如图2-28所示。

从上图可以看到，图中上侧左二的物件有明显的石拍的特征，其整体造型呈长方形，上下两端倒圆，为明显人为制成的规整形状（便于安装于手柄之上），

图2-28　高明古椰遗址出土石拍[66]

而石身上凹槽平行规整。照片中与疑似石拍之物同放置的其他石块则表现明显的砺石特征，这些石块整体外形随机，没有明显的人为打磨痕迹，石身上的凹槽交错不规整。由此可见图中上侧左边二物件为石拍无疑。

如前文所述，佛山地区作为环珠江口地区的成员，其古地理、生态环境条件与东莞蚝岗、中山龙穴等遗址并无差异，推论新石器时期树皮布及相关制作技术曾在此出现绝非妄言。此外，在西樵山佛子庙遗址出土的有槽砺的石有可能是石拍，出土的4件砺石中有一件有四道平行磨槽，槽宽约5毫米，整件砺石残长4.5厘米、宽4～4.5厘米。[67]如图2-29所示。

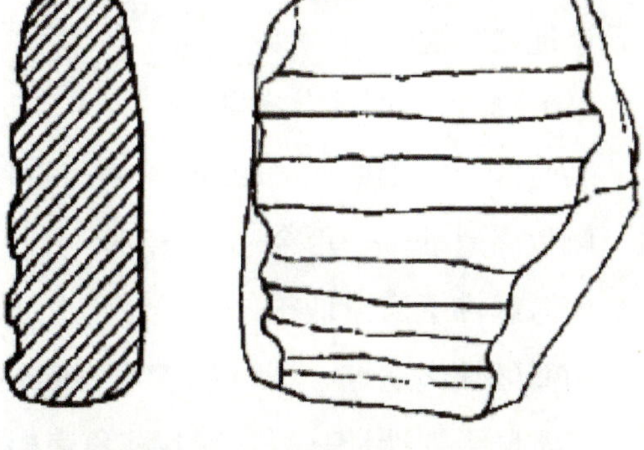

图2-29　佛山市西樵山佛子庙遗址出土砺石[68]

这块砺石的磨槽相对平行，槽中部内凹不深，石外形平整，原形状应为长方形，尺寸大小与环珠江口出土石拍尺寸大小接近。此外对于石器时代人类工具一器多用并非少见，因而设想佛子庙所发现砺石有石拍之功能并非虚妄之举。

树皮布文化是人类古纺织技术发展中非织技术发展的主要代表。也是少数能够维持原貌流传下来的古纺织技法之一，其对于纺织史研究有着极其重要的影响，树皮布在其发源地的诞生、发展、消失是未来研究南方地区纺织史的一个关键课题。以下几个关键问题非常值得深入研究：

（1）环珠江口地区是否为树皮布文化起源的唯一起点？

（2）树皮布技术的演变历程在国内、其他国家及地区的异同。

（3）佛山地区在历史上是否同时存在了以石拍为代表的树皮布无纺文明和以纺轮为代表的纺坠有纺文明？[69]

（4）树皮布文化退出环珠江口的原因。

（5）树皮布技术发展推演。

本书将对后三个问题做展开，以便让大家对佛山地区纺织发展中的关键转变时期有一个直观的认识。

佛山地区现有的已做考古发掘的新石器遗址有：河宕遗址（禅城区）、佛子庙遗址（南海区）、灶岗遗址（南海区）、鲋鱼岗遗址（南海区）、银洲遗址（三水区）、古椰遗址（高明区）。而佛山地区探明的贝丘遗址在50处以上，大多未曾进行考古发掘，很多仅做初步界定后就再无跟进发掘研究。例如高明古椰遗址，若不是因为广明高速建设等原因必须进行抢救性发掘，这个作为2006年中国十大考古发现的贝丘遗址、国家保护级遗址也只会是佛山地区众多标记在册的贝丘遗址之一而已。

这6个遗址的时间分布如下：

高明区古椰遗址——距今4000—5000年区。

鲋鱼岗遗址——距今3500—3800年。

南海区佛子庙遗址——早于灶岗遗址，约新石器晚期偏早。

南海区灶岗遗址——距今5500—6000年。

三水区银洲遗址——二期与鲋鱼岗相近，早于商代早期。

禅城区河宕遗址——距今4000—5500年。

其中佛子庙遗址和银洲遗址均未做碳14测定，年代为按器形特点推算。

按时间早晚排列分布，这些遗址的时间顺序大致如下：

佛子庙—灶岗—河宕—古椰—银洲—鱿鱼岗

需要说明的是这个排列仅是大致顺序，由于遗址时间跨度大，实际上多个遗址都存在同时期的年代文化层。

表2-3　佛山地区遗址纺轮、石拍统计

遗址	纺轮	石拍	相对西江位置	双肩石斧
佛子庙	有	可能有	东岸	有
灶岗	有	无	东岸	有
河宕	有	无	东岸	有
古椰	无	有	西岸	有
银洲	有	无	东岸	有
鱿鱼岗	有	无	东岸	有

从表2-3中可以看到，佛山地区的这些遗址都发现了具有典型西樵山文化特点的双肩石斧，说明这些遗址在当年发展过程中是有关联的。在西江的东岸，只有处于最早期的佛子庙遗址中发现了疑似为石拍的砺石，其他遗址均未发现石拍或形状上有可能是石拍的砺石。另外在西江东岸的这些遗址中都发现了纺轮。而在西江西岸的古椰遗址发现了石拍而没有发现纺轮。

据此，初步判断佛山地区新石器时期可能同时存在着石拍无纺文明和纺轮有纺文明，这两个文明可能隔江共存了一段时间，且相互之间是有交流的，而且两个族群很可能同源（从陶器和骨器来判断）。

4000年前，树皮布在还没来得及被文字记载前就从环珠江口地区彻底消失，除了古椰遗址的那块石拍，曾经兴盛的树皮布文明并未给现在的佛山地区留下其他痕迹，但不论是本地纺织史研究还是传统历史研究，都不应忽视这个曾经在此地存在过的文明。

而树皮布文化的传播，路线现在已较清晰。向西经广西入云贵进而向泰缅发展，向南经海南岛、越南至南洋诸岛，向东过福建经台湾到达太平洋中各岛再到

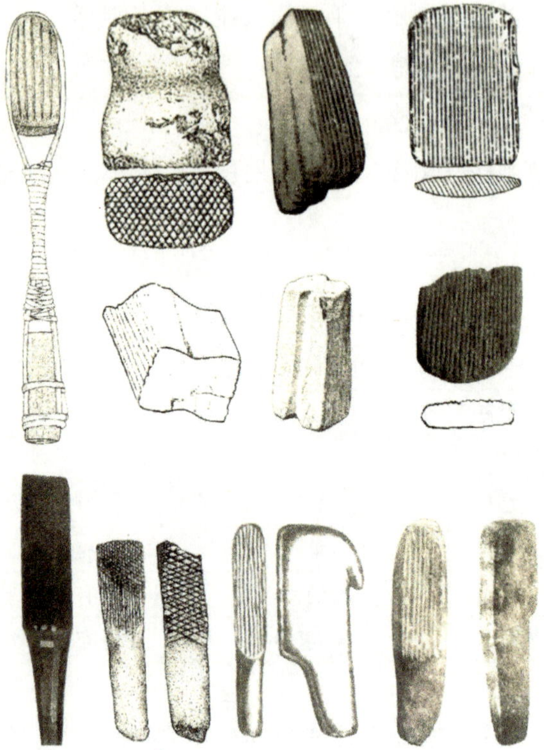

图2-30　世界各地发现的石拍[70]

南美洲。在这些地方所发现的石拍很好地证明了这一点（如图2-30所示）。而树皮布文化在这些地方其中某些地点得以继续留存下来。

离环珠江口最近的保存有树皮布文化的是海南岛，岛上黎族至新中国成立后仍保存有树皮布的制作技艺。此外台湾的阿美人亦有保留树皮布制作技艺。[71]

除了上述两岛外，华南地区也有多处树皮布文化的残存。川滇黔高原所在西南地区自古是濮越杂处之地，越人支系庞杂，滇越、夷越、腾越等相继活动于这一带，随着汉晋以后西瓯、骆越等支系的西迁，西南越人后裔相继发展演变，他们的生活习惯和文化习俗成为当代之傣、布依、侗、水、壮等壮侗（壮傣）语族各民族文化，他们包含了大量的百越民族特有的文化积淀，云南西双版纳傣族树皮布文化就是其中之一。据西双版纳博物馆的调查，傣族是华南大陆保存完整树皮布工艺的少数族群之一，傣人在选好构树段后，用特殊的木锄将树皮缓缓剥下来，之后用大型木槌捶打树皮，捶打过程中不断淋水于树皮之上，直到将树皮拍打成具有柔软性和延展性的树皮布，并缝制成帽子、衣服、裤子、毡子、坐垫、被子等丰富的树皮布产品。

其次则是越南，越南是东南亚半岛少数保存树皮布工艺民族志的地区之一。越南的50个民族中，绝大多数为越芒语族，其中京（越）族人口将近90％，为古代百越一支骆越民族的后裔，居于越南中北部，此外中南部还有南岛语系的印度尼西亚语族的占人。树皮布工艺见于中部山地民族布鲁—云侨族，属于南亚语系的孟高棉语族。布鲁—云侨族的树皮打布工艺与傣族非常类似，这里的本地居民用刀背将树皮从树上剥下来后，要在水中浸泡10天，然后晾干，再拍打成柔软的树皮，之后树皮布被裁缝成各种所需的服饰。[72]

从这些民族所制成的树皮布看，这些民族的所保留的树皮布制作工艺应该仍属较原始的树皮布工艺，素色、直接拼接。这也证明了这些民族在传承树皮布文化过程中的发展进化的空间被限制了，以至于工艺一直停留在早期发展状态。而海南岛保留树皮布文化的那一支黎族以及台湾的阿美人均遇到了类似的情况。又或者这些民族保存这些树皮布文化仅仅是对先祖的尊敬，将其作为传统保留下来，而并没有将这些当作实际生活必需品来对待。因而这些技艺得以保持在较原始的状态。

而在太平洋群岛中的美拉尼西亚、波利尼西亚则是一个孤例，这里的树皮布文化不仅得到了保留，还进一步发展出一套更复杂的树皮布制作、使用体系。就如其他纺织文化那样，完成了从原料获取—原料制作加工—面料染整处理—服装缝制，这样一套完整的服饰制作体系。

在17世纪西方航海家、传教士进入太平洋群岛之前，树皮布、贝壳服饰是这一带岛上民族的唯一选择。而这里的人们把树皮布技艺进一步发展完善了。如西萨摩亚群岛上当地居民所制作的带印花图案的精美的树皮布，其观感早已不是之前树皮布给人们留下的那种原始和粗糙感了。

从图2-31中这幅1816—1817年间西方人的画作可以看到太平洋群岛上的树皮布制作已经达到了一个很高的水平，无论面料质感还是印花都已与现代面料无明显差异。

当然，太平洋群岛最初留给“文明”人的印象是“裸国”，那些岛屿上的本地居民们更多的是以袒裸上身的形象示人，仅下身穿一树皮布裙或类似丁字裤的裤装。这似乎与他们高度发达的树皮布技术又非常矛盾、冲突。但如果放下我们固有的价值衡量体系和标准，试想一下一个接近完全封闭、独立发展的文明，其文化体系显然不会按照我们所认为的“方向”“标准”来发展。当17世纪这些被认为野蛮、愚昧、落后的当地居民们大方、坦荡地迎接来自“文明”国度的人们

图2-31　身着树皮布裙的夏威夷国王之妻（Louis Choris画作）[73]

时，他们得到的确是来自文明的殖民与侵略。

本书用此篇幅来记录仅在佛山地区出现了一块的树皮布文化，是因为树皮布文化从佛山地区的消失十分有代表性，与其他从此地区消失的文化不同，树皮布文化在其他地方被保留了下来并且还得到了发展。而那些在佛山地区有文字记载之前就已经完全消失的文化，若我们还想要去了解、认知的话，也许参照着树皮布文化的发展演变轨迹做模拟推演，我们能重新发现一些被忽略的线索、痕迹。另一方面，树皮布文化是已知发源于珠三角地区且流传到世界各地的一种古老文化，并至今流传。

第二节　神话传说的印记

人类早期发展中大多数事、物都会被赋予一定的神化之力，而纺织技术的最初诞生也是如此。

以下为我国早期与纺织相关的神话传说。

一、伏羲作网

《三皇本纪》记载：

“太白皋庖羲氏，风姓，代燧人氏继天而王，母曰华胥，履大人迹于雷泽而生庖羲于成纪，蛇身人首，有圣德，仰则观象于天，俯则观德于地，傍观鸟兽之文与地之宜，近取诸身，远取诸物，始画八卦以通神明之德，以类万物之情，造书契以结绳崐之政，于是始创嫁娶，以俪皮这礼，结纲罟以教佃渔，崐古曰宓羲氏。”

伏羲又作宓羲、庖牺、包牺、伏戏，亦称牺皇、皇羲、太昊，《三皇本纪》中称伏牺，姓风氏，所处时代约为旧石器时代中晚期。为三皇之首。

伏羲其中一个主要的功劳是教民作网用于渔猎，大大地提高了当时人类的生产能力。对于伏羲作网，后世文献书籍中多有记载，大体与《三皇本纪》同。

到了明朝，董斯张《广博物志》又稍微有所发展：

“伏羲作裘，轩辕臣胡曹作衣，伯余为裳，因染彩以表贵贱，舜始制衮及黻深衣，禹作襦裤。”[74]

至此，发明皮裘也正式纳入伏羲的功绩中。

二、黄帝、胡曹、伯余作衣

对于衣服为何人创“作”，即便是神话传说中也没有统一说法。其中主要的作衣传说集中在黄帝、胡曹、伯余三人，尤其是胡曹与伯余。

《吕氏春秋·勿躬》：“大桡作甲子，黔如作虏首，容成作历，羲和作占日，尚仪作占月，后益作占岁，胡曹作衣，夷羿作弓，祝融作市，仪狄作酒，高元作室，虞姁作舟，伯益作井，赤冀作臼，乘雅作驾，寒哀作御，王冰作服牛，史皇作图，巫彭作医，巫咸作筮。此二十官者，圣人之所以治天也。”[75]《淮南子·修务训》：“胡曹为衣。”高诱注：“《易》曰：‘黄帝垂衣裳。’胡曹亦黄帝臣也。”[76]明杨慎《凤赋》：“史皇作斧扆，绘凤之羽；胡曹黹衣裳，画凤之文。”

胡曹是黄帝的臣子，来自上古胡部落，擅长制衣，为中国历史上第一个制作衣服的专家，是衣服的发明者。

而另一位作衣的同样是黄帝的臣——伯余。《淮南子·氾论训》：

“伯余之初作衣也，緂麻索缕，手经指挂，其成犹网罗。后世为之机杼胜复，以便其用，而民得以揜形御寒。”[77]

不管是黄帝、胡曹还是伯余，始作衣的时间节点都定在了黄帝时期。

到了明朝，罗欣所著《物原》有了这样的记载：

“有巢始衣皮。轩辕妃嫘祖始育蚕辑麻以兴机杼而成布帛。唐尧加以希苎木棉草布毛希。虞舜加以锦绣。秦始皇作夹缬。伏羲作裘。轩辕臣胡曹作衣，伯余为裳因染采以表贵贱。舜始制衮及黻深衣。禹作襦袴。伊尹作夹袄。傅说做袍，唐高祖作半臂，马周作襕衫，宋太祖始学制南蕃海青[78]截褶。”[79]

到此时，整个传说中的纺织发展过程基本完整了。从纺纱到织布，从上衣到裙、裤，从外衣到内衣，纺织的主要体系架构均有其出处了。

三、嫘祖始蚕

嫘祖，又作累祖，中国远古时期人物。为西陵氏之女，轩辕黄帝的元妃。传说她发明了养蚕，史称嫘祖始蚕。

史书中关于嫘祖的记载可见于《史记·五帝本纪》：

“黄帝居轩辕之丘，而娶于西陵之女，是为嫘祖。嫘祖为黄帝正妃，生二子，其后皆有天下。”[80]

此外，在《山海经·海内经》中记载：

“黄帝妻雷祖，生昌意，昌意降处若水，生韩流。”[81]

但在汉魏三国以前的文献史籍中，暂未查到有描述嫘祖为先蚕的记录。汉时祭祀先蚕为苑窳妇人、寓氏公主（《后汉书·礼仪志》中有记载），直到魏晋仍然延续此礼。然而到了北齐，官方祭祀先蚕对象变成了黄帝轩辕氏，再到北周时，则正式出现了以太牢祭祀先蚕西陵氏。至此嫘祖正式成为先蚕，即官方指定的蚕神。在《隋书·礼仪志》中有详细记载北齐、北周、隋皇家祭祀先蚕的情况，具体如下：

“后齐为蚕坊于京城北之西……置先蚕坛于桑坛东南，大路东，横路之南。

坛高五尺，方二丈，四出，阶广五尺。外兆方四十步，面开一门。有绿襜襦[82]、褠衣[83]、黄履，以供蚕母。每岁季春，谷雨后吉日，使公卿以一太牢祀先蚕黄帝轩辕氏于坛上，无配，如祀先农。”

“后周制，皇后乘翠辂，率三妃、三㚤、御媛、御婉、三公夫人、三孤内子至蚕所，以一太牢亲祭，进奠先蚕西陵氏神。礼毕，降坛，昭化嫔亚献，淑嫔终献，因以公桑焉。”[84]

“隋制，于宫北三里为坛，高四尺。季春上巳，皇后服鞠衣，乘重翟，率三夫人、九嫔、内外命妇，以一太牢制。币，祭先蚕于坛上，用一献礼。祭讫，就桑位于坛南，东面。尚功进金钩，典制奉筐。皇后采三条，反钩。命妇各依班采，五条九条而止。世妇亦有蚕母受切桑，洒讫，还依位。皇后乃还宫。自后齐、后周及隋，其典大抵多依晋仪。然亦时有损益矣。”[85]

至此，西陵氏成为官方祭祀的蚕神。

到了宋代，罗泌在《路史·疏仡纪》卷十四《黄帝纪上》中记载：

“命西陵氏劝蚕稼，月大火而浴种。夫人副祎而躬桑，乃献茧丝遂称织维之功，因之广织以给郊庙之服。”

“帝之南游西陵氏殒于道，式祀于行。以其始蚕，故又祀先蚕。”[86]

另外在1992年《四川文物》刊出当时盐亭县当地人于1946年手抄的据说是唐代赵蕤于大唐开元二十一年所写《嫘祖圣地》碑志。[87]于其碑文中提到了当时嫘轩宫中祭祀嫘祖、马头娘菀窳和寓氏公主三尊神像。但需要注意的是此碑志的出现非考古发掘亦非实物古碑发现，而是一名村民自称于1946年手抄的。由于未能考证其真伪，故本文不录入该碑志。在此非常希望相关考古研究人员能尽快对此碑志进行考证研究，以便给其他行业研究者以参考标准。

而在现存的蚕神庙、蚕丝娘娘庙中，蚕神往往不止一个，而是三个。至于是否就是“嫘祖、马头娘菀窳、寓氏公主”，在那些庙内多未明确标识。在佛山南海顺德地区的蚕神庙内，亦多有同时供奉着三座蚕神像的情况。若再细查文献，我国各地曾存在过的蚕神也不仅仅为这三个。

四、苑窳妇人、寓氏公主

苑窳妇人、寓氏公主根据学者考究当为东夷传说中的民间蚕神[88]，但汉代定为朝廷礼典，是我国古代除嫘祖外明确有文记载皇家祭祀的蚕神。

汉卫宏《汉官旧仪下・中宫及号位》：

“皇后春桑皆衣青，手采桑以缫三瓮茧。春桑生而皇后亲桑于苑中，蚕室养蚕千薄以上；祠以中牢，羊豕祭。蚕神曰苑窳妇人、寓氏公主，凡二神。群臣妾从桑，还献于茧观；皆赐从采桑者乐，皇后自行。凡蚕丝絮，织室以作祭服。祭服者，冕服也。天地宗庙群神五时之服，皇帝得以作缕缝衣，皇后得以作巾絮。而已置蚕官令丞，诸天下官下法，皆诣蚕室，与妇人从事。故旧有东西织室作治。”[89]

《晋书・礼志上》引《汉官旧仪》：

“汉仪，皇后亲桑东郊苑中，蚕室祭蚕神，曰苑窳妇人、寓氏公主祠。”

《宋书礼志》引《晋书》记载类似文字：

“汉仪，皇后亲桑东郊苑中，蚕室祭蚕神，曰苑窳妇人、寓氏公主，祠用少牢。”

苑窳妇人——按字面解为在田园种植瓜木的妇人，在东汉，这位未曾留下姓名的普通妇人成为了“先蚕”，也就是蚕桑主神，可见其当时传说应为发明蚕桑之人，后人为纪念她而将其奉为蚕神，东汉、西晋期间成为蚕桑主神。

寓氏公主——寓氏，学者考为嵎夷，[90]既东夷一带。公主，按干宝《搜神记》说法为：

“汉礼，皇后亲采桑祀蚕神，曰苑窳妇人、寓氏公主。公主者，女之尊称也；苑窳妇人，先蚕者也。故今世或谓蚕为女儿者，是古之遗言也。”

可见苑窳妇人、寓氏公主并为蚕神应该自远古就已有之。但从后周开始，历代皇室以嫘祖为祭祀的先蚕（蚕神），而其他蚕神则不再是皇家祭祀的蚕神了。

五、马头娘

典故出自晋干宝《搜神记》，内容如下：

“旧说太古之时，有大人远征，家无余人，唯有一女，牡马一匹。女亲养之，穷居幽处思念其父，乃戏马曰：‘尔能为我迎得父还，吾将嫁汝。’马既承此言，乃绝缰而去，径至父所。父见马惊喜，因取而乘之，马望所自来，悲鸣不已。父曰：‘此马无事如此，我家得无有故乎？’亟乘以归。为畜生有非常之情，故厚加刍养，马不肯食。每见女出入，辄喜怒奋击，如此非一。父怪之，密以问女。女具以告父，必为是故。父曰：‘勿言，恐辱家门，且莫出入。’于是伏弩射杀之，暴皮于庭。父行，女与邻女于皮所戏，以足蹙之曰：‘汝是畜生，而欲取人为妇耶？招此屠剥，如何自苦？’言未及竟，马皮蹶然而起，卷女以行。邻女忙迫不敢救之，走告其父。父还求索，已出失之；后经数日，得于大树枝间。女及马皮尽化为蚕，而绩于树上，其茧纶理厚大异于常蚕。邻妇取而养之，其收数倍，因名其树曰桑。桑者，丧也。由斯百姓竞种之，今世所养是也。言桑蚕者，是古蚕之余类也。”[91]

自晋后，“女儿化蚕”“马头娘”神话随着《搜神记》传播开来，后世民间将马头娘奉为蚕神。不过与嫘祖、苑窳妇人、寓氏公主等不同的是，马头娘未曾成为过皇家祭祀的“先蚕”。在佛山顺德龙江地区，桑蚕盛期供奉马头娘是常见之风俗，此俗至20世纪90年代方渐消隐。

第三节　小　结

对于这一时间的记载，介乎于神话与史实之间，大量的出土文物清楚地告诉我们在新石器时代手工业生产的情况。而至今仍然流传的各种神话故事、传说也从另一个维度清楚地告诉人们当年纺织业发展的轨迹。

佛山纺织同样用大量的考古遗迹、考古文物清晰地告诉人们其不可忽视的早期发展史。

第三章

夏商周—南北朝
原料的开发与技术的成熟

这段时期对广东地区风土人情的古籍记载增多，但具体描述广佛一带的文献资料依旧不多。此外，由于区域划分的关系，要将文献中广州与佛山区分开或是将佛山地区与珠三角其他城市区域分开是有较大难度的。因此，本章在做古籍文献引用时，会较多地使用整个珠三角地区相关古文献资料来做旁证。

在此时期内，有几个关键历史事件是非常值得关注的，其一是楚平百越，其二是秦征百越，其三是南越国立，其四是汉武平越，其五是夫人治越。这五个关键历史事件是从战国至隋朝大一统前这段时间内正史明确记载涉及广东地区的军事、政治事件，这个过程也是正史所记载的广东所在的南越地区融入大一统的过程。从历史进程最终结果以及相关考古资料看，除楚平百越存在一定争议外，其他事件所载基本为信史。而这五个历史事件直接影响了百越地区的文明发展进程，现有研究基本都认定这些事件“为相对落后的南越地区带来了中原地区的先进文化”，过去这种基调几乎贯穿了各个南越历史研究的相关领域。但就佛山地区乃至广府、南越地区纺织发展历史研究而言，也沿用这样的基调进行似乎有些不妥。即便是在非常有限的描述南越地区纺织技术的文献中，我们还是很容易发现当时南越地区有着非常出色的纺织技术，南越的葛、麻布经常会被要求作为贡品上贡。此外，直到元朝，被尊为“布业始祖”的黄道婆，她的纺织技艺也是师承黎族。可见岭南纺织技术，尤其是棉纺织技术在很长的一段时间内都不曾逊色于岭北，在某些单品纺织技术上甚至领先于岭北。

此外有些历史疑点也是需要深入探讨的。从古文献看，在楚“南攻百越”之前的商周时期乃至更早的时代，南越地区和夏商周等朝及岭北、中原地区都有交通联系，如《山海经·海内经》称：“九疑山舜之所葬。”《海内南经》也称：“苍梧之山，帝舜葬于阳。”[1]如果真如后世描述南越为化外之地，帝舜又怎可能葬于此？唐《通典》亦记“夏禹声教，至南海交趾”，商代据《逸周书·王会解》记载，“臣请……正南，瓯邓、桂国、损子、产里、百濮、九菌，请以珠玑、玳瑁、象齿、文犀、翠羽、菌鹤、短狗为献”，这里明确列出多个百越地区的国名及相关土产。可见百越地区当时与中原地区相互联系并非像一些后世书籍所描述的那样隔绝。

另一方面，当年百越所属范围也绝不仅仅是南岭以南，实际上当时南岭以北的湖南、江西、福建乃至华东部分地区亦是百越所属。而楚攻百越，江西、湖南等地越人势力被迫退回岭南，与中原地区的联系也被楚国截断。而在湖南发现的春秋墓群多被战国时期楚墓群洞穿，即表明楚国兴起，截断中原和百越（主要是岭南越族）的沟通。

联系从现有考古发现看，在古番禺或其附近，出土楚式墓及楚式铜兵器也不少，显然是军事行动频繁的象征，此外如墓葬在墓坑底部设腰坑或头坑，放随葬品，这是楚文化的影响（肇庆、四会、清远均有发现）。广州地区出土秦墓中亦常见楚式铜器，如西村石头岗出土楚式龙纹铜镜。楚式武器在广州地区的发现，如楚式剑、楚式矛，又和越式剑、越式矛十分相似，也说明楚文化的影响，故先秦楚文化代替周文化影响南越是有考古上的证据的。[2]但就影响的流向，还是值得我们进一步考究的。而位于江西萍乡的田中古城，根据其文物标本的类型学考察，田中古城有可能建于西周早、中期，甚至更早，而该城的废弃年代应在春秋晚期。田中古城出土标本均与典型的楚文化无关，其主体文化面貌与衡阳、资兴、耒阳一带具有强烈共性，显示出明显的本地居民特色。故田中古城从考古学文化属性的角度来说，无疑是一座百越文化古城。[3]现有资料表明田中古城是于春秋晚期突然被毁后废弃，城中出土青铜器几乎全为兵器，可以想见楚国“南攻百越”对萍乡境内的越族采取的是直接武力征服，由此推断，其所征伐越地城尚不留，更莫论文化、史籍等资料了。而历史总是如此相似，在楚“南攻百越”几百年后，秦灭楚，而楚国所著史籍皆毁，以至于后世描述楚国也是熟悉的“其发展起步落后于中原各国……”

如何去研究、评价一个地区的历史？除了要有客观、公正的心态与标准外，还应结合该地区的实际情况去分析，就如当年越使诸发见梁王时所言：“彼越亦天子之封也。不得冀、兖之州，乃处海垂之际，屏外蕃以为居，而蛟龙又与我争焉。是以剪发文身，烂然成章以像龙子者，将避水神也。今大国其命冠则见以礼，不冠则否。假令大国之使，时过弊邑，弊邑之君亦有命矣。曰：‘客必剪发文身，然后见之。’于大国何如？意而安之，愿假冠以见，意如不安，愿无变国俗。”各族所处地域的不同必然会带来文化风俗的不同，若仅以此异同来论先进与否显然是有失公允的。

夏商周—南北朝是中国古代纺织技术发展的关键时期，在经过了旧石器—新石器漫长的经验、技术积累期，到了青铜时代，随着国家的形成，人口增长速度的加快也带来了其他生活、生产相关各项技术的快速发展，其中纺织技术更是如此。佛山地区所在的珠江三角洲地区在新石器时期纺织技术已完成了量的积累，和其他地区一样，也在积蓄力量等待着质的飞跃。而且还有一种可能是越地的纺织技术已经先于中原地区在这个时期完成了质的转变，无论是纺织材料的开发与应用，还是纺织工具的发明与创造，抑或是具体纺织技术的发展与完善。

越人善制布可从一些文献中侧推，如《后汉书·皇后纪上·明德马皇后》："太后感析别之怀，各赐王赤绶，加安车驷马，白越三千端。"唐李贤注："白越，越布。"[4]可见至汉时，已以"越"代"布"，可见其盛；而皇后以"越"赐贵妃，可见其珍。

此外，古人惜字，往往一"布"一"葛"就有多指，一"絺"一"綌"亦可为多物，具体织物到底是为何物常常需要多方引证方可辨析。因此本章尝试以纤维原料为分节浅析这个时期佛山及周边地区纺织发展情况。

第一节　桑蚕丝织

中国第一个王朝——夏由于缺失了详细文献记载和直接考古实物出土，使得今人很难直接了解其情况。而至商周时期随着各个诸侯国、方国相互兼并，南北各地纺织技术在战争、人口流动过程中快速传播和普及，而自有文字记载的大一统国家商朝的出现，使得纺织品功能也不再仅仅是过去御寒、修饰，一定程度上纺织品还充当了"货币"的角色。随着纺织业的发展，国家管理机构中出现专门管理纺织生产的部门和职官，如《周礼·天官》中所载，[5]涉及纺织的官职有典丝、典枲、内司服、缝人、染人等。[6]

其具体设置在原文中记载如下：

典丝，下士二人、府二人、史二人、贾四人、徒十有二人。

典臬，下士二人、府二人、史二人、徒二十人。

内司服，奄一人、女御二人、奚八人。

缝人，奄二人、女御八人、女工八十人、奚三十人。

染人，下士二人、府二人、史二人、徒二十人。

追师，下士二人、府一人、史二人、工二人、徒四人。

屦人，下士二人、府二人、史一人、工八人、徒四人。

从上述官职的设置及其职能判断，在周朝丝织、麻织已经普及，织物染色、服装缝制已经出现了专门的分工，服装类型也有了内外衣、朝服、祭祀服装之分。尽管这些是宫廷内服饰，但还是可以看出当时纺织服装生产分工之细。

其中典丝之职容易理解，即为掌管丝织物点检、织造的官员。蚕丝的利用为我国古代重要发明，养蚕缫丝这一伟大成就对人类在纤维开发进程中起着关键作用。考古发现最早的与蚕丝相关的文物是浙江河姆渡遗址发现的距今大约6000年前的蚕纹象牙杖首饰上刻有类似蚕蠕动的虫纹，且虫纹上所刻环节数与家蚕相同，[7]具体如图3-1所示。

而现在最早的人工养蚕实证是1926年于山西夏县西阴村仰韶文化遗址中发现的距今4000多年前的半个可能为三眠蚕的蚕茧，[9]此茧经美国Smith-Sonion学院鉴定亦确认为蚕的茧。

近期科研人员采用质谱检测方法在河南舞阳贾湖遗址一期的M436和M451两个样品中检测到了蚕丝蛋白残留物。检测结果表明贾湖遗址的墓葬中存在以蚕丝纤维为原料的随葬品。研究者认为古时贾湖地区气候温暖潮湿，发达的农业，丰富的手工技艺以及原始的纺织工艺都表明早在8500年前，贾湖居民很可能已经开始使用蚕丝纤维，并将其织造成了精美的丝织品。因此，根据实验得到的生物分子证据，中国最

图3-1　蚕纹象牙杖首饰（河姆渡遗址二期发掘出土）[8]

早使用蚕丝的时间应不晚于8500年前。[10]

至于丝织实物则是1958年于浙江钱山漾出土的距今4700年的丝带和绢片，这些丝织物经鉴定其所用丝均出自家蚕。实物如图3-2所示。

图3-2　丝带（钱山漾遗址出土）[11]

南越一带至今未曾出土先秦时期的蚕茧、丝织物或相关的其他文物，而在文献中，能找到的涉及南越较早桑蚕记录是晋人郦道元所著《水经注》卷三十七“泿水”条目的描述：

“建安中，吴遣步骘为交州，骘到南海见土地形势，观尉佗旧治处，负山带海，博敞渺目，高则桑土，下则沃衍，林麓鸟兽，于何不有？海怪鱼鳖，鼋鼍鲜鳄，珍怪异物，千种万类，不可胜记。佗因冈作台，北面朝汉，圆基千步，直峭百丈，顶上三亩，复道回环，逶迤曲折，朔望升拜，名曰朝台。前后刺史、郡守，迁除新至，未尝不乘车升履，于焉逍遥。骘登高远望，睹巨海之浩茫，观原薮之殷阜，乃曰：斯诚海岛膏腴之地，宜为都邑。建安二十二年，迁州番禺，筑立城郭，绥和百越，遂用宁集。”[12]

文中描述步骘所见“高则桑土，下则沃衍”，“桑土”按《禹贡》所述：“桑土既蚕，是降丘宅土。”按唐孔颖达疏：“宜桑之土既得桑养蚕矣。”[13]知桑土即宜于植桑的土地。可见当其时在番禺及附近已经随处可见桑树了。而按文中记载时间年号为建安，为东汉末年汉献帝的第五个年号，共二十五年（公元196—公元220年），由此可见至少在东汉末年广佛一带已经开始植桑养蚕了。

在1983年广州象岗南越王墓中发掘出土了大量的丝织物、麻织物，在象岗南越王墓西耳室出土了丝织衣物，这些丝织衣服出土时绝大部分已腐朽残损。从出土情况观察，当时入葬的丝织物数量，完全可以同湖南马王堆轪侯墓相媲美。[14]早期研究者认为这些丝织物大多为内地输送过来，非南越原产。考虑到广东境内至今未有早于秦汉的桑蚕丝类相关文物出现，前人有此推论并不为过。但若结合当时南越一带发达的纺织业、极高的纺织技术水平以及繁荣的商品贸易经济（海上丝绸之路），再加上当时南越与汉王朝的关系并非长期融洽，完全认定当时南越无能力生产这类丝织物显然是不恰当的。更何况南越王墓出土的大小器物显示其入葬时几乎全部用丝绢包裹捆扎，而西耳室丝织物陪葬品更是整批堆放，数量巨大，品类丰富（出土有超细绢、黑油绢、云母砑光绢、绣纱、方目纱、纚纱、绉纱、菱纹罗、锦、绒圈锦、组等），[15]其中超细绢、黑油绢、云母砑光绢、绣纱更是其他地区较为少见的品种。由此可见，南越国应已有完整的养蚕、缫丝、织造手工业。

在广州象岗南越王墓中还出土了一大一小两件青铜印花铜版，此印花铜版为全国同期汉墓仅见，也进一步旁证了最晚在南越国时期，至少在古番禺境内，丝织技术的存在。

这两件印花凸版出于墓内西耳室中部南墙根处，其西侧就是大量丝织品。出土时通体裹丝绢。其中一件保存基本完好，另一件较差。较大者基本保存完整，形体扁薄呈板状，正面花纹近似小树形，有旋曲的火焰状纹；纹线凸起，大部分十分薄锐，厚度仅0.15毫米左右；仅铜器下端柄部纹线较厚，约为1毫米。凸纹与铜器底板的垂直距离约1毫米，在凸纹之间形成凹槽或凹面。花版背面有一穿孔小钮。全器长57毫米、宽41毫米。较小者形体扁薄呈板状，出土时已碎为四块，粘对拼复。花纹近似“人”字形，正面也有凸起的云纹。凸纹厚度约为0.2毫米，比较大者稍厚。凸纹与铜器底版的垂直距离约0.8毫米。全器长34毫米，最宽18毫米。[16]详细如图3–3所示。

图3–3　象岗南越王墓青铜印花铜版（摄于西汉南越王博物馆）

尽管在西耳室西端出土的大量丝织品已全部碳化，但织物的组织结构、花纹仍然可分辨。当中的印花纱的局部花纹——白色的火焰状纹与较小的青铜印花版的火焰纹是一致的。此外织物上用朱砂涂印的小圆点纹更是经历了两千年仍然色泽鲜艳。这些小圆点纹样直径在0.5～0.8毫米之间，但在发掘中，未发现这种小圆点纹相应的印花凸版。此外，这两件青铜印花铜版纹样与长沙马王堆一号墓出土的金银色印花纱的定位纹、主花纹极其相像，不过在马王堆汉墓中并未发现有印花铜版。

从象岗南越王墓出土的丝织物数量之大、品种之高档（朱绢、菱纹朱罗数目很多，普通丝绢更是用于包裹铜、铁、陶器，其奢侈程度让人惊叹），以及印花纱与印花铜版的存在，足以证明南越国时期岭南地区的纺织水平与岭北并驾齐驱。此外需要提出一些题外之话，象岗南越王墓出土“文帝行玺”龙钮金印和“赵眜”“泰子”两枚名章，即说明墓主为南越文帝赵眜，但无论是司马迁的《史记》还是班固的《汉书》中所记南越文帝均叫赵胡。究竟为何会出现这样的错误现在已经无从考究，但无论如何司马迁与赵眜为同时代人，理论上是不可能将与自己同时期存在的一个诸侯国国君名字记错的，其中谜团只怕已是无解。由此可见经千年流传至当下存世的史书中，对于当时岭南地区描述的真实性确实是值得我们思考的。

尽管至今佛山乃至岭南地区具体的桑蚕丝织起源时间现在可确定的节点为秦末至西汉初年，与岭北动辄四五千年的历史无法相提并论，但正是有了“印花纱+印花铜版”和“高则桑土”这些积累的存在，才会有佛山地区明清至20世纪70年代前兴盛的桑蚕丝织业。

第二节　葛麻蕉竹

葛麻蕉竹非同种，只因古文中四者曾皆以布称，且在部分文献中出现相互混淆的情况，因而置于一组，便于文献引用，同时亦便于对比细分之。

葛，豆科藤本植物，茎皮纤维长度可达10毫米。是较早被广泛开发利用的植物纤维纺织原料，葛及其相关纺织品屡见于各类古籍文献中，较具代表性的，当属《韩非子·五蠹》中的“尧之王天下也，茅茨不翦，采椽不斫，粝粢之食，藜藿之羹，冬日麑裘，夏日葛衣，虽监门之服养，不亏於此矣”。[17]可见早在远古时期我们的先民已经取葛制衣了。而在江苏苏州南部的吴县草鞋山新石器时代文化遗址（距今约6000年）其最下层出土文物中就有葛织物，经当时上海纺织科学研究院、上海市丝绸工业公司鉴定其纤维原料为野生葛，纬线起花的罗纹纺织品，花纹为山形和菱形的斜纹图案，组织结构有绞纱罗纹、嵌入绕环斜纹等。[18]这是考古发现最早的葛织物。

在《墨子·辞过》中有如下描述："古之民未知为衣服时，衣皮带茭，冬则不轻而温，夏则不轻而凊。圣王以为不中人之情，故作诲妇人，治丝麻，梱布绢，以为民衣。为衣服之法，冬则练帛之中，足以为轻且暖；夏则絺綌之中，足以为轻且凊，谨此则止。故圣人之为衣服，适身体，和肌肤，而足矣。非荣耳目而观愚民也。"[19]在这段规劝君主戒除奢侈的文字中提到了葛织物的两种分类：絺、綌。《说文》云："綌，粗葛也。絺，细葛也。"[20]

在先秦两汉时期，越地所制葛布已多为贡品奢物，此情况至少延续至唐宋时期。《汉书·地理志》记载："粤地……处近海，多犀、象、毒冒、珠玑、银、铜、果、布之凑，中国往商贾者多取富焉。番禺，其一都会也。"其注引韦昭曰："……布，葛布也。"[21]《汉书·高帝纪》载："春三月，行如雒阳。令吏卒从军至平城及守城邑者皆复终身勿事。爵非公乘以上毋得冠刘氏冠。贾人毋得衣锦、绣、绮、縠、絺、紵、罽，操兵，乘骑马。"此载将葛细布——絺与锦、丝织品并列，西汉初年政府明令禁止商人穿着这些奢侈之物。[22]

麻，另一种自新石器时代就被开发利用的植物纤维种类。细分则有大麻、[23]苎麻[24]和苘麻，[25]三者皆很早便已成为我国人工种植的常用纤维原料，三者在植物学中分属不同科。在古时，较粗的大麻、苎麻、苘麻布一直是寻常老百姓的主要衣料。在福建崇安武夷山发现了距今3000年的麻布，其中3块为大麻布，1块为苎麻布。[26]除了在福建崇安外，在河北、北京、陕西、湖南、江苏等地都出土了商周时期的大麻或苎麻织物，可见在当时这几种麻纤维的利用已非常普遍了。而在浙江吴兴钱山漾更是出土了距今4700年的苎麻纤维织物。[27]

前文所引《周礼·天官》中纺织相关的官职内，"典枲"就是掌管麻织物的专设官职。其职为"掌布緦、缕、紵之麻草，以待时颁功而授赍"。

百越地区所生产的细苎麻布在两汉时期就已是达官贵人所追求的奢侈之物，可见其生产水平之高。其中上品是一种入筒细布，在南宋周去非《岭外代答》中有如此描述之文字："一端长四丈余而重止数十钱，卷而入之小竹筒，尚有余地。以染真红，尤易着色。"[28]可见其精致，且价格不菲。但是纺织这种细布费工费时太多，早在南朝刘宋高祖刘裕就曾经禁止生产，在《南史·宋本纪上》有这样的记载："广州尝献人筒细布，一端八丈，帝恶其精丽劳人，即付有司弹太守，以布还之，并制岭南禁作此布。"[29]

蕉，我国主要产芭蕉、香蕉（甘蕉）、蕉麻（麻蕉），这三种在植物学上均属芭蕉属，在我国的种植史至少有两千年以上。三种蕉均可提取纤维进行纺织，由于香蕉果实为重要农产品，因而越地古人更多是取芭蕉、蕉麻叶鞘纤维来进行纺织。而广东地区环境得天独厚，尤为适合种蕉，著名的蕉麻和蕉布曾是本地重要的特产，可见"广人重蕉"绝非虚言！东汉杨孚《异物志》记载[30]："芭蕉，叶大如筵席，其茎如芋，取镬煮之则如丝，可纺绩，女工以为絺綌，则今交趾葛也。"[31]西晋嵇含《南方草木状》记载："其茎解散如丝，以灰练之可纺绩为絺綌，谓之蕉葛，虽脆而好，黄白不如葛赤色也，交广俱有之。"[32]

蕉布作为越地独创的纺织品，暂时在考古中未曾没有发现实物，但仅凭古书记载就可知当年越地种植非食用蕉进行纺纱织布的盛况，且此盛况更是延续近两千年（实际蕉布起源时间应该更早）。南朝梁朝沈约[33]《咏甘蕉》诗中云："抽叶固盈丈，折本信兼围。流甘�椰实，弱缕冠絺衣。"

顺德、南海在历史上均曾为蕉业产区，植蕉纺蕉麻具体情况将在后续章节中详细讲述。

竹，和蕉布一样，竹布也是越地独创的纺织品，同样在考古中也未曾发现实物，亦同样在古书中记载了许多相关记录。东汉杨孚《异物志》记载："篔筜，[34]生水边，长数丈，围一尺五六寸，一节相去六七尺，或相去一丈，庐陵界有之。始兴以南，又多小桂，[35]夷人绩以为布葛。"[36]可见在东汉以前韶关以南地区的越人就已经开始用桂竹纤维来制作纺织品了。在三国时期韦昭注《汉书·高祖纪》中也提到："竹皮，竹筠也。今南夷取竹幼时绩以为帐。"

越人取竹为布的技术的发展在古文献中也能寻到其轨迹。在西晋嵇含《南方草木状》中记载："箪竹，叶疏而大，一节相去六七尺，出九真。[37]彼人取嫩者，硾浸纺绩为布，谓之竹疏布。"[38]此时脱胶取竹纤维的方法是"硾浸"，即施物理外力的冷处理原始脱胶方法来得到可纺纱织布的纤维。到了东晋裴渊《广州记》记载："今曲江县及蜀中俱有此竹，围尺五六寸，节相去六七尺，夷人煮以为布，始兴以南尤多。"此时的脱胶方法发展到"煮"这种相对进步的热处理方法来制备纤维。再到了南北朝刘宋时，戴凯之《竹谱》记载："岭南夷人取其笋末及竹者，灰煮绩以为布，其精者如壳焉。"此时的脱胶方法进一步发展到了"灰煮"，也就是在高温脱胶的基础上加入草木灰或石灰等碱性助剂，使得脱胶效率提高，而制成的竹布更是达到了"其精者如壳焉"的程度。

第三节　棉

棉是另一种从百越地区传向中原的纺织原料。百越地区植棉纺布的历史至少有3000年以上，其中海南岛地区使用棉做纺织原料的历史可能更早。现今发现百越地区最早的棉布为1978年福建崇安武夷山船棺出土的棉布，其被鉴定为多年生木棉。

古籍中比较明确的棉花、棉布记载是三国时期吴国万震《南州异物志》[39]记载："五色斑布以丝布、古贝木所作。此木熟时状如鹅毳，[40]中有核如珠珣，[41]细过丝锦。人将用之则治，出其核，但纺不绩，在意小抽相牵引，无有断绝。欲为斑布，则染之五色。织以为布，弱软厚致，上毳毛。外徼人以斑布文最烦缛多巧者名曰城，其次小粗者名曰文辱，又次粗者名曰乌驎。"在这段文献中详细描述了棉花的形象，也明确记录了南方徼外人能生产非常复杂的提花五色斑布。

晋裴渊《广州记》[42]记载："蛮夷不蚕，采木棉为絮，皮员当竹，剥古缘藤绩以为布。"

棉自宋元开始才在岭北逐渐推广开来，其发展利用远迟于岭南，究其原因，有可能与早期的多年生木棉无法在岭北培植有关，直到一年生草棉引入才改变此状况。

佛山地区所处位置曾长期为棉区，明代时期棉纺织手工业已经遍及佛山南海各乡村。具体情况将在后续章节详细探讨。

第四节　小　结

从夏商周至南北朝，这一时期佛山地区乃至广东在现今留存的古籍文献中出现的频率很低，基本上存在于主流文化之外，这个和中华民族融合发展过程的阶段性有关，也与文化的阶段主流性有关。

就纺织而言，从现有遗存的考古实物和文献中可以发现，广东地区或者说南越地区的大多数纺织技术发展是同步于其他地区甚至是超前于其他地区的发展的。如棉、麻、葛、竹等纺织纤维的发展与应用就是如此。

此外，南越地区在远古曾经发展出一种非织物系统——树皮布，这一系统在人类发展过程中曾发挥着很重要的作用。但这一系统不知何种原因停止了前进的脚步，停留在了其初次完善的阶段。这种情况也屡次出现在其他系统乃至于文明的进化中。现在我们将此系统当作考古特例来研究，殊不知当初若此系统未曾被迫停下脚步，世界又会是一个什么样子？

因此，我们不应用现在的标准去衡量这些因为某种原因失去了发展空间和资源的文化与文明，历史有其必然性，也有其偶然性，任何割裂了空间和时间的对比都是无意义的。

第四章

隋唐宋元时期的融合与转型

这是一个中国从地理到文化上统一、融合的时期，如果说秦汉两朝从实际地理意义上确立了大一统的概念，那么隋唐两朝则是在这片土地上的人民心中确立了大一统的概念。正是有了这种大一统的概念，各项工程技术才得以快速发展，纺织亦不例外。隋唐时官方加大对岭南地区的开发，南北交流也更趋频繁，而广佛之地得海运之便发展更是蓬勃。相对于岭北在汉末魏晋南北朝时期的动荡，岭南在这个阶段战祸较少，从南越赵佗时期开始的“与越杂处、和辑百越”政策基本得到延续，社会主格局呈平稳、安定、繁荣之势，待到隋唐大一统之时，珠江三角洲地区的越汉融合彻底完成，形成了一个稳定的民系——广府人，广府文化在此时期成形并沿东、西、北江向外延伸、发散影响力。此后各时期迁移至广府地区的各族人都会在最短时间内转化为“地道”的广府人，可见广府文化的生命力之强大，而“广府人”亦早已超越了单纯的民族概念了。

这个时期的佛山地区已经逐渐成为中国南部主要的手工业聚集地，纺织、制陶、铸造，佛山地区已经俨然发展成为集“轻工业”“重工业”于一身的岭南重镇。而作为广府文化核心区域，广佛地区也渐渐成为岭南的文化高地，这也更进一步加快了佛山的发展进程，佛山也正是此时得名。

第一节　桑蚕丝织的快速发展

广东地区的桑蚕丝织发展史有比较多的不确定部分，如第三章中所言，从以往文献直接记载中看，在汉朝以前广东地区（不含海南岛）是没有桑蚕丝织的，“蛮夷不蚕，采木棉为絮”基本是当时的主流共识。唯一有可能是当时广东地区有植桑养蚕记录的是三国东吴步骘所见的番禺地区“高则桑土”。至于实物出土，南越王墓中的丝织物、印花铜版，无论是质还是量上都足以媲美同时期国内其他地区的同类文物，而独一无二的印花铜版更是留给后人留下了无限的想象空间。可惜除南越王墓外，广东境内并没有再发现汉以前其他关于桑蚕丝织的文物。而南越王墓中所出土的那些高档次丝织品如若能将其中的花纹纹样清晰、准确、完整地还原，必然对广东地区桑蚕丝织的起源和后续走向研究有更清晰的指引。

隋唐时期丝绸生产分官营与民营两种。

隋朝官方设织染署，到了唐朝官营的丝绸生产机构则更复杂，其大体设置如下图所示：

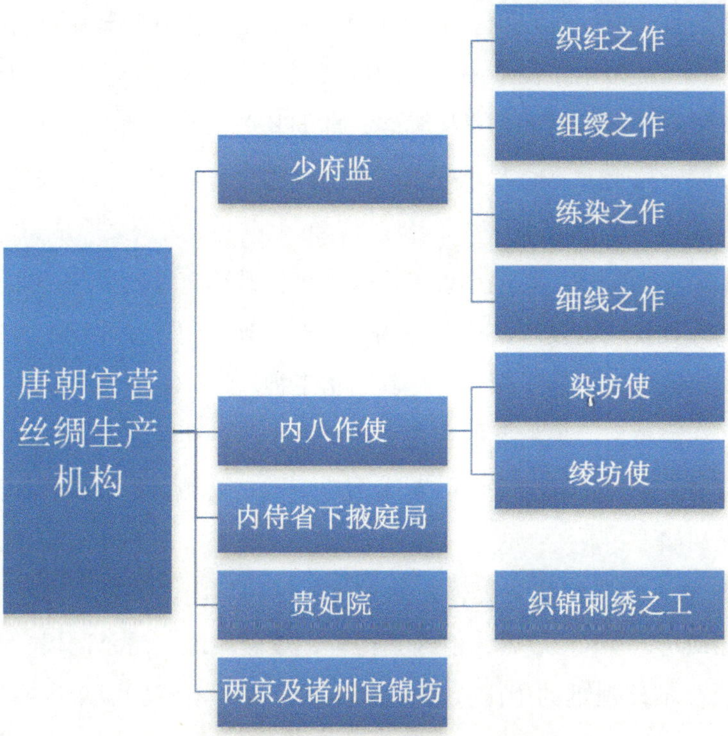

图4-1　唐朝主要丝绸生产机构

民间丝绸生产作坊发展也极快，如该时期定州何明远的织绫作坊有绫机五百张，其数量比不少官方丝织坊还要多，可见这个时期整个中国丝绸业的兴盛。

自唐朝，广佛一带丝绸业兴起，从很多不同类型文献中都能找到广佛丝业的相关信息。其中有一则杂记故事很能反映这个时期广佛一带丝业的发展。唐苏鹗所撰《杜阳杂编》中记录了一段颇为传奇的故事，故事原文如下：

“永贞元年，南海贡奇女卢眉娘，年十四，眉娘生而眉如线细长也。称本北祖帝师之裔。自大足中流落于岭表，后汉卢景祚、景裕、景宣、景融兄弟四人皆为帝师，因号为帝师也。幼而慧悟，工巧无比。能于一尺绢上绣《法华经》七卷，字之大小不逾粟粒，而点画分明，细于毛发。其品题章句，无有遗阙。更善作飞仙盖，以丝一缕分为三缕，染成五彩，于掌中结为伞盖五重，其中有十洲三岛、天人玉女，台殿麟凤之象而外，执幢捧节之童，亦不啻千数。其盖阔一丈，秤之无三数两。自煎灵香膏傅之，则虬硬不断。上叹其工，谓之神助，因令止于宫中，每日但食胡麻饭二三合。至元和中，宪宗皇帝嘉其聪慧而奇巧，遂赐金凤环以束其腕。知眉娘不愿住禁中，遂度以黄冠，放归南海，仍赐号曰逍遥。及后神迁，香气满室，弟子将葬，举棺觉轻，即彻其盖，惟有藕履而已。后入海人往往见乘紫云游于海上。是时罗浮处士李象先作《卢逍遥传》，而象先之名无闻，故不为世人传焉。”[1]

《杜阳杂编》是一本笔记小说，内容大多记载珍奇宝物异事，非传统史书。但卢眉娘其人及其刺绣技术，绝非虚构，以至于到了明崇祯年间的《南海县志》依然还有其记载。而广佛一带亦曾祀其为绣工神。[2]

此外，在阿拉伯商人所著的描述该时期在中国的所见所闻的《中国印度见闻录》第二卷里，描述了唐僖宗年间黄巢围攻广州，屠城，烧毁广州周边的桑树的记录，原译文如下：

“广府[3]居民起来抵抗黄巢，他便把他们困在城内，攻打了好些时日。这个事件发生在回历264年。最后，他终于得胜，攻破城池，屠杀居民。据熟悉中国情形的人说，不计罹难的中国人在内，仅寄居城中经商的伊斯兰教徒、犹太教徒、基督教徒、拜火教徒，就总共有十二万人被他杀害了。这四种宗教徒的死亡人数所以能知道得这么确凿，那是因为中国人按他们的人数课税的缘故。黄巢还把那里的桑树和其他树木全都砍光了。我们特意提到桑树，是因为中国人用桑树的叶子喂蚕，一直喂到蚕把自己包裹起来为止。因此，这一事件，就是阿拉伯各国失去货源，特别是失去丝绸的原因。”[4]

从上述记录基本可以印证以下几点史实：

（1）在唐朝时期广州已为重要的外贸港，常驻广州的外国商人超12万人。

（2）在唐朝时期广州城附近有大片桑树林。

（3）在唐朝时期广 州附近有丝绸业存在，且规模不小。

另一本该时期的阿拉伯著作《黄金草原》也记录了这段史实：

“敌人砍伐了围绕广州城的桑树种植园。过去人们在那里细心地培植这些桑树，因为这种树的叶子用作产丝的蚕的食物。所以，破坏桑树阻碍了中国丝绸的生产，中断了向穆斯林国家的出口。”[5]

这也进一步说明了广州城附近地区存在大片的桑树种植园，而广州城附近地区所产的丝绸有可能被大量用于对外贸易。

自隋唐起广府地区丝绸业逐渐兴起，由于唐时政府对民间丝绸作坊管制相对宽松，此时的佛山地区的民间植桑、养蚕、缫丝、丝织也逐渐发展起来，虽然唐朝末年黄巢之乱较为严重地破坏了广府地区的丝绸业，但由于已经有了良好的基础，加之五代时期岭南地区社会整体情况要比岭北地区平稳许多，这段时期广府地区的人口并没有因为战争而消减，反而相对稳定，来自北方的移民增加，而广府文化的包容性也使得这批移民快速融入，使得广府地区无论是人口增长、经济增长还是生产力及技术增长都进入一个快速发展期。

现今，在日本东京国立博物馆收藏了这个时期广东丝绸织物实物——广东锦，此锦是用染花丝经织成，具很高的印染水平和丝织水平。该藏品原为绢幡，幡长295.7厘米，宽33厘米，幡的中间为絣锦。具体如图4–2所示。

从此文物图片中可以判断此幡原中部为一长条状絣锦，其中絣锦长度有可能与幡相近，现絣锦只留存约40厘米长，而幡残长则为295.7厘米。絣锦纹样为波浪纹间类火焰纹，纹样古朴。具体絣锦效果如图4–3所示。

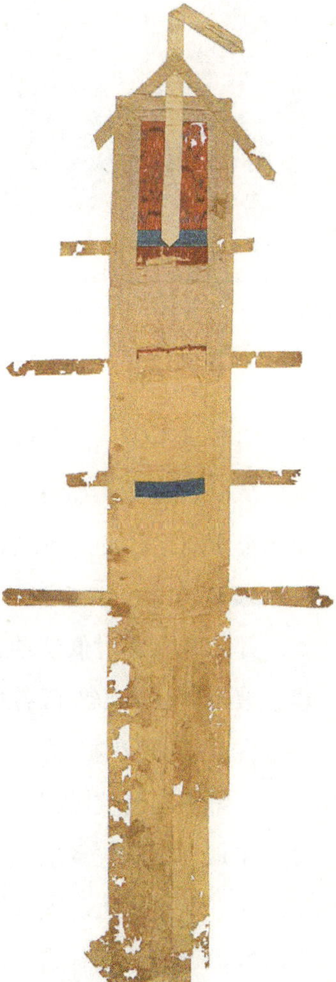

图4–2　唐代广东幡（图片来源：东京国立博物馆网站）

絣这个词，在《说文》中解释为“氐人[6]殊缕

图4-3　唐代广东幡中赤地絣锦
（图片来源东京国立博物馆网站）

布也”。[7]《华阳国志》中记载：“武都郡又氐叟，殊缕布者，盖殊其缕色而相间织之。絣之言骈也。”[8]而扎经染色织物就是分区域将经丝扎染后再相间织成絣，由于织物经间不能准确对花，故而纹样朦胧，产生一种“和云伴雾不分明”的效果。[9]从图4-3中可以看到此广东赤地絣锦工艺之轻薄精巧。

除了絣锦小幡外，日本东京国立博物馆还收藏了另外一件唐代时期的广东纺织精品——广东锦褥。如图4-4所示。

如图4-4中此类平纹暗花组织在唐以前一般称为绮，入唐后则被称为绫，是唐朝丝织较盛行的丝织品类。从图案上看，此绮之花纹倒是颇有外域之风，与图4-3中絣锦风格明显不同。由此区别也可见唐时广东地区与外域交流之广泛。

从以上这些实物可以清晰看到唐代广东丝织水平之高，而作为当时广东主要的桑蚕丝织地区的广佛地区，其丝织水平更是当时广东之翘楚。

人口的增长也加快了广府地区土地的开发，人们因为居住及植桑养蚕的需要，开始开发相对低洼地区，这样带来了水利、堤围的建设。到宋代，桑园围始建。桑园围是佛山地区各处所建堤围最南者，也是最大、最长者。

在清《桑园围总志》记载了这段《合围绅士公记》：

“桑固围地枕沿河为西北两江水道必经之所，环樵阳平原，沃野全址俱隶南海，先是无堤防，乡之民散处高阜，架木巢居。岁视旱涝以为丰歉，一遇积两洪流泛滥，田原胥淹。溯其建围之始，文籍无稽，闻诸故老云：宋朝有官广南路宪张入粤，道出九江，适当水发，目睹居民若牺露宿。抵省后即谕县，传集里民，筹建基堤，以防水患。题奉俞允，差工部侍郎何公执中，动项兴筑。本围东自吉水上金鸡坦起，下至晒谷墩止。西自凤窝界起下至甘竹止。俱筑上堤，拥护田

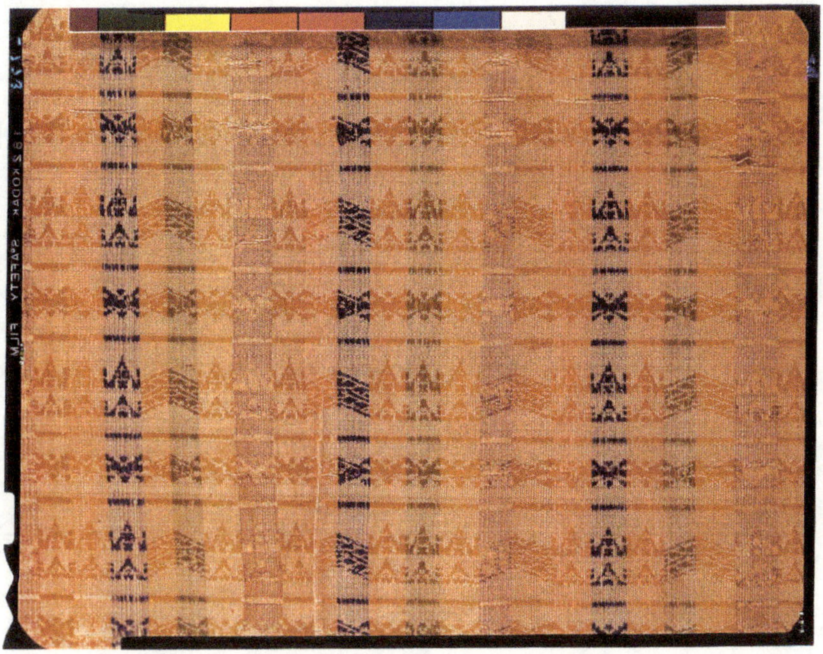

图4-4　唐代广东白山菱文绮锦褥（图片来源东京国立博物馆网站）

宇。底宽十二丈，面宽六丈。围形如箕，腹在北，箕口在南，即甘竹与龙江龙山三堡地方为下流宣泄之区。堤工三载告成。河清堤上向有何相公庙，岁久倾，藤蔓丛生，故址揖然尚存，第与志乘所载不同。越四年大路峡決，漫及本围，因添筑吉赞横基以御上流。自是围基工程，岁修小決责成附近居民，大修派之通围。吉赞横基不问工程大小，俱系全围合力修筑。”

按照堤围修建的过程，往往会是从小堤而起，后逐渐成为大堤。由分段逐渐连接成为联堤、合围。堤围的修筑需要比较多的劳动力和对水势、水患比较多的掌握后才能进行。因此桑园围的修筑绝不是一次性完成的。[10]据前人分析，广东的堤围发展是“私基以起，逐后村族日众，联合组织，扩大圈筑，遂成公基，进而联防合作之统筹”。由分散的小围逐渐而联筑成大围的。[11]而桑园围内有古基和古闸的遗迹，这也是证明桑园围的真正修筑可能要早于宋代。宋代桑园围大体情况如图4-5所示。

宋绍兴元年（1131年），朝廷向四川、广东、湖南、江苏、浙江等地征绢

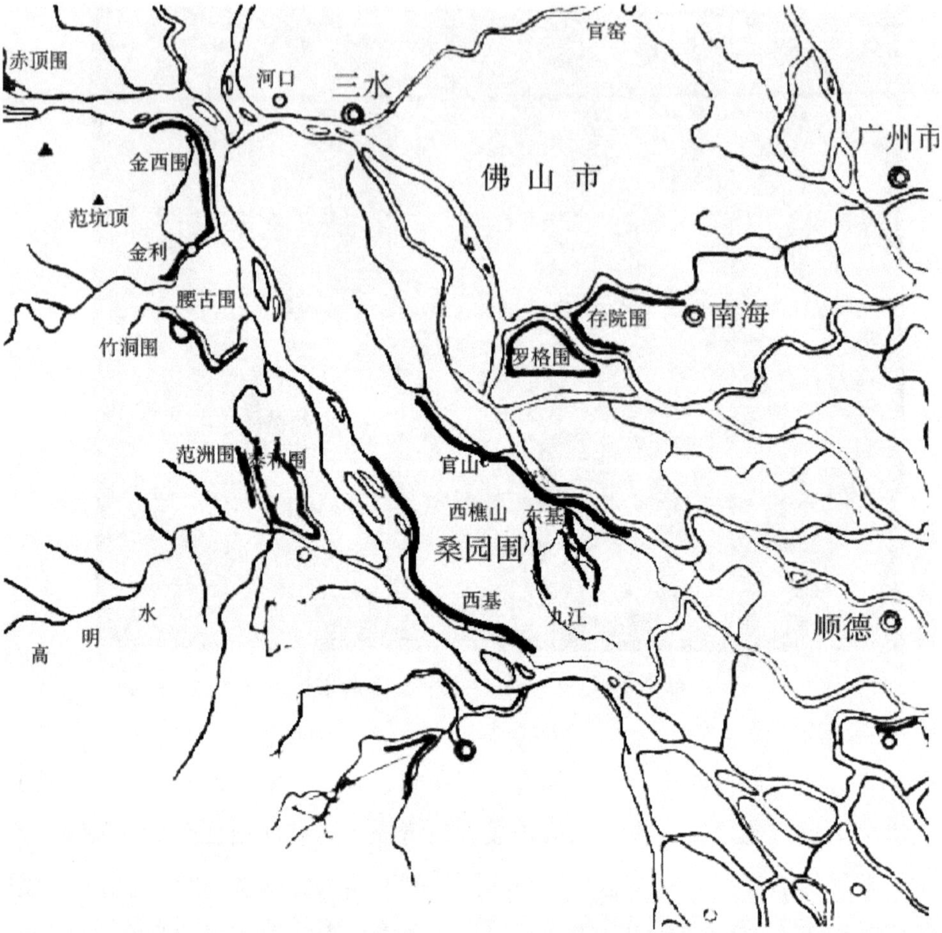

图4–5　宋代桑园围基围及三角洲基围建设分布图[12]

达273万匹，虽然未分别记载出广东征绢的具体数量，但广东既然有规定征缴任务，就说明当时的桑蚕生产已有较大的发展，佛山地区自然也不例外。

桑园围的建设带来了自宋朝开始佛山南海、顺德地区植桑养蚕缫丝的飞速发展，同时也带来了佛山丝织业的兴盛。

植棉与织布方面，隋唐时期广东地区已出现并逐渐盛行种植原产于印度的一年生亚洲棉，此时南海地区棉织情况可以用唐代诗人王建的《送郑权尚书南海》一诗来认识。诗文如下：

送郑权尚书南海

七郡双旌贵，人皆不忆回。戍头龙脑铺，关口象牙堆。
敕设薰炉出，蛮辞咒节开。市喧山贼破，金贱海船来。
白氎家家织，红蕉处处栽。已将身报国，莫起望乡台。

王建约为唐德宗—唐文宗时期人，其中白氎就是细白棉布，诗中“白氎家家织”可知当时南海地区棉布机织已很普遍。

至宋时，广东全境植棉纺布已经相当普遍了，从宋元丰初年（1078年），广州知府陈绎之子陈彦辅，因纵容广州军人织造木棉布牟利而获罪，可见织布成为一个获利丰厚的行业。待到南宋，周去非在《岭外代答》中详细描述了岭南地区植棉及棉的许多具体细节，原文如下：

“吉贝木，如低小桑枝，萼类芙蓉花之心，叶皆细茸，絮长半寸许，宛如柳绵，有黑子数十。南人取其茸絮，以铁箸碾去其子，即以手握茸就纺，不烦缉绩，以之为布，最为坚善。《唐史》以为古贝，又以为草属。顾‘古’‘吉’字讹，草木物异，不知别有草生之古贝，非木生之吉贝耶？将微木似草字画，以疑传疑耶？雷、化、廉州及南海黎峒富有，以代丝纻。雷、化、廉州有织匹幅长阔而洁白细密者，名曰慢吉贝；狭幅粗疎而色暗者，名曰粗吉贝。有绝细而轻软洁白，服之且耐久者。海南所织，则多品矣：幅极阔，不成端匹，联二幅可为卧单，名曰黎单；间以五彩，异纹炳然，联四幅可以为幕者，名曰黎饰；五色鲜明，可以盖文书几案者，名曰鞍搭；其长者，黎人用以缭腰。”[13]

吉贝即为棉花，而在很长的时间内，番禺农民还将棉花称为吉贝。

绍兴进士龚茂良为英州安置时，春游端州的即兴之作《端州一日有四时》就很真实表现当时岭南气候和穿着习惯。

端州一日有四时

晴云当午僧挥扇，晓雨生寒人着棉。
此是岭南春气候，一日常有四时天。

元朝时期，据《元一统志》记载，广州路的南海、东莞各县普遍种木棉树。自元一朝，植棉纺布在全国范围普遍推广。[14]

第二节　其他纺织行业的发展情况

从唐宋开始，丝绸、棉逐渐开始成为佛山地区纺织业的大宗，但其他纺织行业并非马上就退出历史舞台，实际上自远古延续而来的制麻、蕉、竹等手工业依然延续了很长时间。

根据《唐六典》记载：唐时岭南道东部各州（在今广东省境内），其纺织品可分为两大类：一种是产量较大，作为赋调的，如广州的棉布；另一种产量较少，列为贡物的，有广州的竹布。[15]

一、竹布

《新唐书·地理志》岭南道条目下记载有："厥赋：蕉、纻、落麻。厥贡：金、银、孔翠、犀、象、彩藤、竹布。"而其中南海郡"土贡：银、藤簟、竹席、荔支[16]、皮、鳖甲、蚺蛇胆、石斛、沉香、甲香、詹糖香。"[17]由于赋调中并未细分具体是哪个郡县上调的"蕉、纻、落麻"，因而还不能具体细分判断唐时佛山地区制蕉、麻、竹、棉等布的情况。且古人在蕉、葛、竹布上的用词也多有混淆，如范晔《后汉书·王符传》记载："葛子升越，筒中女布。"[18]李贤注引沈怀远《南越志》曰："蕉布之品有三：有蕉布，有竹子布，又有葛焉。"因此准确细分文献中所载这个时期蕉、葛、竹、麻、棉各类纺织品情况时仍然需要找到更多的资料多做对比分析方可。

同样在《新唐书·地理志》岭南道条目下还记载有："韶州始兴郡[19]下，本番州，武德四年析广州之曲江、始兴、乐昌、翁源置。寻更名东衡州，贞观元年又更名。土贡：竹布、钟乳、石斛。"[20]可见此地出品竹布甚为优良，被作为贡品上贡。

宋僧赞宁的《笋谱》则记载了宋代岭南连州利用竹笋制布的情况："白竹

笋：连州抱腹山中多生此竹，茎径白，节心少许绿，彼土人出笋之后落籜撒梢之时，采此竹以灰煮水浸，作竹布鞋。或槌一节作帚，谓之竹拂。若贡布一尺，只重数两也”。

由此可见唐宋时期竹布仍然盛行，制作技艺基本定型（灰煮水浸）且成品较为精致，绝非粗俗之物。

二、麻

隋唐时期广西地区为麻的主要产地，且宾州[21]、容州[22]、郁林州[23]所产麻布均为贡品，而同期广东的韶州[24]和封州[25]所产麻布也为贡品。可见当时岭南地区麻织技术非常高，而广东生产麻布则主要集中在粤西和粤北。在岭北棉尚未推广的时候，麻长期为主要纺织纤维，以至于桑麻一词几乎等于所有纺织纤维的代名词。

到了宋朝，原产麻区受丝、棉冲击不大，而广东麻布生产则发展到新州、连州、雷州、英德府等地。

有一首宋诗描述了当时新兴一带种植桑麻的景象：

新兴即事

仁义桥边杨柳斜，洗亭岗畔种桑麻。
龙山水绕祖师塔，夏院云埋宰相家。
十仙园里寻常到，恰似桃源一洞花。

该诗是宋丞相蔡确被贬新兴时所写。其人其事本书不做讨论，但其所作此诗足证宋时广府周边植桑麻已是常态。

元代记载岭南麻类种植加工的《大元混一方舆胜览》记肇庆路“绩蕉竹、苎麻、都洛等布”。而据《唐六典》和《元和郡县志》记载当时壮族人民所织出的蕉布、苧布、竹子布、吉贝布、班布、都洛布、麻布、丝布、食单布等九种布料，已被朝廷列贡品。而此时连州的麻布更因质量上乘而成为皇家服饰。“苎蕉可为王服，岁贡十筒。”

三、蕉葛

此二类在此时期的广东仍多有生产，在唐时官方记载，广东蕉、葛布为贡品，端州、潮州有蕉布向京都进贡。

宋周去非《岭外代答》所载："水蕉，不结实，南人取之为麻缕。片干灰煮，用以织缉。布之细者，一匹值钱数缗。"[26]可见当时人们已经种植专门用于取纤维的非食用蕉树了。

元时重农桑，葛蕉生产情况应无太大变化。

第三节 小 结

关于佛山纺织业的记载自隋唐开始在文献中崭露头角，但这个时段的著述并不系统，多为逸闻。尽管生产量已经不小，但影响力却还是有限的，可以说仍处在积累期；尽管已经有不少贡品成为典藏精品，可惜能掌握的话语权却实在有限。以至于到了唐宋，还是有人认为"广府佛山是个穷山恶水之地"。

第五章

FOSHAN FANGZHISHI

明清民国粤丝的兴盛

这是岭南地区完成从政治、经济全面超越的时期，自明开始，广东地区在各个领域展示其在国中的存在感。在厚积数千年后，广东地区尤其是广府地区迸发出惊人的创造力。

佛山地区作为广府核心地，发展之盛实为惊人，天下“四大聚”“四大名镇”绝非浪得虚名，而佛山纺织各业在此期间为佛山乃至整个广东的发展做出了不可磨灭的贡献，以至于直到20世纪90年代佛山市进行产业结构调整前，佛山纺织还始终是佛山发展的主要动力。

从另一个角度分析明清时期佛山各行各业发展之迅猛，其根源得益于长期重文之风，翻看佛山镇、南海县、顺德县、三水县、高明县两朝地方志，在并不算宽广的佛山地域里，官办学堂林立，私学更是几乎稍大的村就有，而各村祠堂除了祭祀祖先外另一个主要功能就是村内的学堂，在这样的硬件下，加上人们崇文之风，使得佛山地区成为在科举年代广东省内成绩最彪炳的地方。而梁储、伦文叙、方献夫、霍韬、庞尚鹏、李待问、黄仕俊、吴荣光、李文田、李可琼、梁耀枢、骆秉章、戴鸿慈这一个个影响深远的名字清楚地告诉人们，当年佛山地区是怎样一个藏龙卧虎之地。正是有了这样的文化积累，再加上广府人向来敢为天下先的性格，才会使得佛山有了后续发展的辉煌。而当下佛山重商轻文之风日盛，对比过去，不由得让人叹息。

在明清民国时期，丝、棉已成佛山地区纺织业的绝对龙头，麻与葛类织物在九江、龙江、大良一带还有一定的生产。在规模上，佛山地区桑蚕、缫丝、丝织等业均逐渐成为当时全国的主产区，尤其是丝业，顺德更是号称南国丝都，足见其生产规模。特别是生丝的制备，在清末民初，广东的生丝出口占到了全国生丝输出总值的46.2%，以至于当时全省的商业发展、金融发展、人民的生活状况都和生丝贸易直接关联。在高峰时期（1923年），全省丝业从业人员达到300万之多，而当时广东的总人口为3000万。全省仅是从事养蚕业的人口根据《华南丝绸业调查》统计就达到了2188600人。佛山丝业更是全省半壁江山，如仅顺德丝厂的女工当时就达7万多人。粤丝贸易的繁荣使得当时的广东国民经济远超其他省份，粤丝经济连带推动了广东地区机械、化工等各行各业的发展。可以说，粤丝贸易就是近代广东经济命脉，真可谓荣亦因丝，衰亦因丝！

此外，在近代中国机械化生产史中，丝业的机械化生产亦是走在最前头，从19世纪70年代开始，仅用了十几年，当时广东的机器缫丝比例就已经超过了90%。不仅如此，在实现缎丝近代化机器大生产的基础上，广东在生丝品质的改良上也是走在全国最前列的。20世纪初，广东首先接受美国丝业商团的建议实行生丝改良，生产出适合美国市场需要的新式括丝，从而比国内其他地区抢先占领了美国这个世界最大的生丝消费市场。就在粤丝改良的当年，广东生丝由于在美国市场上大受欢迎，出口量远远超出其他省份和地区。

另一大宗——棉业，就植棉而言，广东地区并没有进一步发展，而其他省份则普遍推广植棉，其中长江三角洲地区的松江、苏州、常州三地成为重点产棉区。到了清初广东历史上第一次出现需要岭北供棉，可见广东本地植棉业的衰落。但广东的棉布织造业即使到了清末仍然颇负盛名，而佛山则从明代起，在很长的时间里都是广东最大的棉纺中心。

丝、棉二宗基本撑起了整个明至民国时期的佛山纺织乃至广东纺织业，也撑起了整个广东地区近代发展，其盛况是令人难以想象的！

第一节　关键合围

桑园围，又名樵桑联围，位于现南海区和顺德区境内珠江干流西江下游，分东、西围抵御北、西江洪水，因围内尽是桑基鱼塘而得名。自北宋末年修建之时起，桑园围就肩负着保护“广府粮仓”之重任。

桑园围的水利建设发展当中，自宋代修建东西围和吉赞横基形成一个开口围后，到明代初期已经不能适应由于西北江河道变化和发展所带来的水患影响。明代洪武23年、24年、28年连续的三次大水造成桑园围基决，大水泛滥。特别是明洪武28年（1395年）的大水，造成吉赞横基基决，全围被淹，损失巨大。

据明之纲辑《桑园围总志》记载：

“明洪武二十八年乙亥六月初九日，吉赞横基被潦冲决。各堡有九江陈公博民号东山叟，慷慨有才。渭夏潦岁至倒流港为害最剧。乃度其深广工程，伏厥上书议塞倒流港。旨下有司属公董其役。洪流瑞激，人力难施，公取数大船实以石，沉于港口，水势渐杀。遂由甘竹滩筑堤。越天河，抵横岗，络绎亘数十里。经始丙子秋告成。丁丑夏各堡人士为建祠九江，颜曰谷食。新会黎贞记之，贞号秫坡。陈白沙尝称之曰：吾邑以文行教后，进百余年秫坡一人而已。”[1]

明洪武二十九年（1396年）桑园围在东南处水口合围闭口，而闭口围这一形式也证明是当时解决反复内涝的良方。正是这一合围，桑园围保田护秧的作用得到极大提升；也正是这一合围，桑基鱼塘开始在历史舞台上发挥重要作用。

明时基塘农业以池塘养鱼业为主，到中后期池塘养鱼业发展成商品性生产，养殖面积不断扩大，出现了基塘式养鱼区。根据史志的记载，明代中后期珠江三角洲西北部地区养鱼业发达，其中南海县的九江，顺德县的龙山，龙江等地以九江为中心，构成了相连的基塘养鱼区。

尤其是自明弘治十四年（1501年）起，九江乡民“奉旨承西江两岸鱼埠”。从此，西江鱼花的生产和销售权全部归九江专有。自此该乡以经营鱼花为主的养鱼生产迅速发展，基塘养鱼区已形成。

至鸦片战争前，珠江三角洲地区蚕桑业发展迅速。其间掀起“弃田筑塘，废稻树桑”的热潮。自清初广东生丝开始输出，外销量日增。清乾隆二十四年（1759年），清王朝封闭了漳州（福建），定海（浙江）和云台山（江苏）等对外贸易商港，广州成了全国唯一的对外贸易港口，外国商人集中来广州采购生丝及其他的丝织品，这些导致了粤丝销路日广，外销量不断增加，丝价上升，经营蚕桑的收入大大超过经营稻田，从而掀起“弃田筑塘，废稻树桑”的热潮。实际上到了1831年，南海九江乡境内就已经没有田了，所有田都转为鱼塘，而粮食则完全靠外乡粜了。再到咸丰年间，整个珠江三角洲都掀

图5-1　闭口后的桑园围[2]

起了“弃田筑塘，废稻树桑”的热潮，如南海县的沙头堡居然连学田五十二亩都改成桑基了。

清代后期基塘的不断完善还在于基与塘比例的固定化，基塘工程技术也逐步成熟。据清末《粤中蚕桑刍言》记载了以下几项基塘工程技术措施：[3]

1．基与塘保持适当比例。

基塘比例不同，系统大循环的投入不同，产出就会产生差异，历史上先后有八水二基，七水三基、四水六基、五水五基，甚至有水面宽、基面窄的瓦筒塘。到清代后期，经过南海农民的总结四水六基的比例最合理。

2．培泥之法。

即上泥，也称为“屏泥”。鱼塘每年有两三次的“肉泥”作业，年末排尽塘内之水捉尽杂鱼后，“即使挖泥上基面培桑也”，此时可以重新规划鱼塘深度与基面品度，使基塘保持合适比例。

3．镶坳之法。

即用塘泥培护基脚，以防泥土倾泻入池塘，影响鱼塘的深度，这是保持基与塘之间比例的措施之一。

4．盘基之法。

将过高的基，“必须用锄盘低，可使之平挫如旧”。盘出之泥“就近倒于基内勘边”，以“镶阔基面”。上述的技术措施是基塘系统运行中的重要环节，基与塘始终保持适当结构和比例，起到调节水、土、肥的作用，使基塘保持稳产高产，发挥水利功能。

经过长期种桑养蚕的经验，人们发现养蚕沙（蚕粪）是塘鱼很好的饲料。种桑养蚕一多，蚕沙量多，塘鱼的饲料也多，于是大量发展养蚕的同时，淡水鱼业也大量发展起来了。由此桑基鱼塘这种特殊生产方式经过长期生产实践，逐渐形成起来，并很快传遍珠江三角洲各地。这一后来被联合国教科文组织评为“环保金奖”的生态循环生产系统，在当时给佛山地区乃至整个珠江三角洲带来了极高的农业生产效率。就如清末《高明县志》所记载的：

“桑种园苑者肥美，田原者次之，年收六造，末造曰寒造。秀丽围近年业蚕之家将洼田挖深，取泥覆四周为基中回，下为塘，基六塘四，基种桑、塘蓄鱼、桑叶饲蚕、蚕矢[4]饲鱼，而利俱全，十倍禾稼。”[5]

而桑基鱼塘的发展正是佛山地区植桑养蚕、缫丝丝织、纺纱织布都有了飞跃式发展的基础。

第二节　棉纺兴衰

根据明嘉靖三十二年《广东通志》记载：“棉布南海乡村为最多，经纬细密者为上。”[6]所用棉有一年生草棉和多年生树棉。可见，明代时期棉纺织手工业已遍及南海各乡村。至清初，南海县已出现专门进行棉布棉纱交易的纱墟布市。纺纱织布业从自给自足的农村自然经济逐步向商品经济转化。

一、植棉纺纱时代的结束

佛山地区植棉纺纱的起源时间点现已很难考究，至明朝，根据《广东通志》记载，当时广州府各县都已有种植一年生和多年生的棉花。而纺纱业最发达的地区是佛山南海九江一带。直到清朝初期，佛山地区的棉织业用纱都是采用自纺土纱。在佛山，棉纺织已出现手工业工场，有行业分工和行会组织。但分散在农村的家庭棉纺织手工业仍占绝对优势，织成布匹多拿往墟市出售。据《九江乡志》称：九江的纺纱业已有多年历史，土人纺出土纱，渡江至鹤山古劳墟出售，后因渡船屡遭倾覆，改在九江设乔涌墟为土纱集散地，逢三、六、九为期，历数十年不衰。清嘉庆至道光中，珠江三角洲所产棉花已不足纺纱业需要，仰给于长江流域各省者居多。[7]

在很长的一段时间内，佛山地区棉纺和棉织基本是分开的，织造棉布匹头的老板和纺工之间，通常总是由老板供给纺工棉花二斤，收回棉纱一斤。[8]这些纺工即纺户，是广州佛山附近城乡的广大居民群众，他们依靠织布场主即老板供给的棉花以纺业为生，从两斤棉花对一斤棉纱的交换办法中取得一定的收益。这样的结果就是那时附近城乡居民以家庭副业形式经营棉手纺业得以广泛和有力地发展。[9]

据道光年间的《筹办夷务始末》中记载，当时粤海关调查统计数据，外国棉花进口（主要为东印度公司）量每年约为513000担，约合51300000斤。根据东印度公司监理委员会议事录中指出这些棉花主要是在广东省内消费。[10]

到18世纪末19世纪初，英国东印度公司将大量的印度产棉花运至广州，佛山地区的棉纺织生产大多开始采用这种印度棉花。

19世纪30年代，外国棉纱开始进入广东市场，随之发生了一系列动乱事件，广州周边地区的广大居民（传统纺纱手工业者）群起反对进口洋纱并引发了严重骚乱。

1854年，佛山纺纱业基本停业，棉纺织业用纱靠外来供给。这其中一个关键事件是红巾军起事，骚乱直接影响佛山，也使佛山纺纱业彻底停业（结束）。此时输入的主要是英国棉纱。其中1863年在香港出版的《中国商务指南》一书中写道："自从一八五四年广东省的骚乱，大大损害了广州的繁荣，并破坏了佛山，使织工和其他工匠逃散以来，印度棉花的消费已大量减少。印棉的地位一部分由英国棉纱替补……佛山被破坏使当地纺业停顿，故对外国棉花的需求亦为停止，转而引进英国棉纱。"

1908年，按《南海乡土志》记载，南海各墟经香港购入的洋纱金额每年达十余万元。

1914年，第一次世界大战的爆发使英国进口棉纱锐减，棉纺织业开始用上海纱和日本纱。

1920年左右，南海县人周雨耕把上沙通津坊联昌花纱店（开设于民国初年）迁入市内交通更方便的汾流街（即今永安路）营业。[11]由于佛山有织造土布店家百余间，多数是小型厂店，资金不大。周雨耕采取赊销形式拉拢这些土布店，小厂贪其赊销，虽稍贵一点，亦乐于与周雨耕交易。因此本市中、小布厂的用纱，大部分由周雨耕经营。他购进的花纱直接在上海办庄订购，成本比别家花纱店要低。因此在这几年间，联昌花纱店的利润大增。至日寇侵华前周雨耕已成为佛山的巨富了。

1929年，在佛山的布庄纱号能购到如上海的"红人钟""仙女""蓝凤"等牌子的国产纱以及"双鱼""荡舟""彩球"等日本牌子的棉纱。

1943年，日军侵略导致佛山大部分布厂倒闭。当时日本侵略者对佛山实行统一配售棉纱，导致当时棉纱价格暴升，一扎20支棉纱就可以兑700斤大米。

1946年，抗战结束后，美国棉纱对中国倾销。

二、棉织厂

明清时期佛山地区的棉织机基本为传统腰机，操作时需要将经纱的一头固定，另一头缠在腰间，然后用手带梭引纬，一天只能织一丈左右。

咸丰年间，兴宁人陈晃楼、陈撷仁等商人在佛山开设布店的同时，派人在江西吉安学习木质高型织布机制作方法和织布技术，学成后回兴宁推广使用，这是兴宁县织布机由织粗纱到织细纱的一次革新。[12]

1911年，兴宁人萧水安在叠滘乡昌平里（现珠泗村）开设“安胜布厂”，拥有脚踏手织木机70台（当地称白招牌，亦称为客家机，比本地腰机销量高很多。早期此类织机操作时双脚交替踩踏木板提综开口，左右手投梭引纬；后再进一步改良，改进成一手拉绳打梭，另一手拉筘打纬来进行织造，综框也从两片综发展的多片综。）并雇工织布。为南海县第一间棉纺织手工业工场。此后，兴宁、梅县、五华、龙川等地客家人陆续到南海开织布厂，产品称为客家布，以耐穿着著称。佛山棉织业的另一起源是清末绸绫行衰落后转织棉布，所用织机为绸绫织机改造而成。

1912年10月冯康恕、冯雪耕投资7万元在九江开设“永新火力机器织造厂”，为南海县棉纺织业最早使用机械动力的织布厂。自此，平洲、夏教、官窑、大沥、丹灶、小瑭等地相继办起布厂。

1929年，仅叠滘乡年产布品就达到了三万六千匹。

1932年—1936年是南海县棉纺织手工业发展的鼎盛期，当时有一定规模的布厂有：

叠滘乡——致祥新、福安胜、广纶昌、旷兴隆。

夏教乡——妙纶、宏益、平民、成记。

平洲乡——巧经纶、纬经纶、公栈。

官窑乡——广祥兴、南经、永康、粤民。

大部分布厂采取“放机收布”的生产方式，即布厂业主把布机租给各家庭织户，不设工场和厂房集中生产，只雇用少数浆染男工和上机头工。而业主定期到各家庭织户上门剪布发纱。织户的工钱由剩余的纱抵偿或业主发工钱。平洲乡的“巧经纶”“纬经纶”“公栈”等布厂放机均达350台以上，叠滘乡共有大小布厂58间，手织木机4000余台，从业人员8000多人，“家属以此为生者万余”。产品以细布、素色布、柳条布、格布为主。

1935年官窑乡“广祥兴”布厂拥有手烧锅炉1台，柴油发电机2台，日本丰田织布机40台，电动铁木布机110台，以及蒸汽加热染色、蒸汽干布、电动烫布等完整的纺织染整设备，是当其时佛山境内较具规模的机械化生产的染织厂。在日寇侵华时期，该厂被迫停业，除了将丰田布机和部分染织设备藏起避过此劫外，其他木制机械全数被毁。抗战胜利后该厂迁至广州河南，改名“永艳色”。

1938年10月，时南海县沦陷，所有布厂停业，大批手织木机被烧毁。

1946—1948年，布厂逐渐复产，但与1938年前的规模无法相比，即便是叠滘最大的布厂“华通”也仅开有不到50台织机。

1949年，美国棉布对华倾销，加之金融动荡，南海地区棉纺织业濒临绝境。自1949年后，在政府扶持下才逐步恢复。

以上为南海县（现南海区）内的棉纺织厂情况。

在佛山镇，1833年美国裨治文[13]所写*Description of City of Canton*一文中对佛山的棉纺也有如下描述：

“从事织造各种布匹的工人共约五万人，产品需求紧迫的时候，工人就大量增加。工人们分别在大约二千五百家织布工场做工，平时每一工场平均有二十个工人。”[14]

当其时佛山镇棉织业规模之大，实是后人所无法想象的，而在后人研究中，研究者往往认为佛山镇当时发达的是丝织业，并不存在大规模的棉织业，而裨治文所记录的这些史实则清晰地告诉人们当时的情况。

民国十年（1921年）当时佛山镇内（现禅城区）栅下铺开有祥利织造厂，为南洋烟草公司的创办人之一的简照南妻潘杏浓创办，该厂应为当时佛山镇第一家机械化织造厂，[15]有女工200人。按用工规模，此厂的纺织机台数应至少过百。

在民国版《佛山忠义乡志》中有这样一段描述文字：

“按土丝织品滞销由于洋庄丝出口日多，复重抽坐釐，原料值昂，成本既重，销售良难。至土布则日趋发达，花样改良货色鲜美，为原日机房工人研究之力。惜棉纱颜料仍仰给外人，漏危不塞致外溢利权，岁逾巨万，诚宜讲求树棉制纱化成颜料诸法，原料既备且精工作，则佛山织造足以有声世界也。”[16]

从此段文字可知当时（民国）土丝织制品受到外国产品的倾销打击，已经销售困难了，而土布生产此时因为技术改良而日趋发达。但由于棉纱、染料受制于人，使得佛山（镇）的棉纺织业利润被压缩。文字当时期望如果能解决棉纱、染料本地化，则“佛山织造足以有声世界也”，足见当时佛山（镇）的棉纺织业规模之大。

此外，据《光绪二十四年[17]三水口华洋贸易情形论略》记载：

“土布为本地女工用印度纱织成，赴西南早市发卖。其手巧工勤者，每年可缴五十匹之多”。

可见三水当时也有一定的棉纺手工业规模。

三、毛巾厂

在现今南海里水镇，流传着这样一个故事：

“清朝年间，里水就已有千家纺巾，那时主要产‘高丽巾’，不起绒毛，质感粗糙。随着洋务运动深化，上海毛巾织造技术革新，质感柔软亲肤的‘祝君早安’绒软毛巾迅速占据市场。眼看父老乡亲赖以维生的‘高丽巾’陷入困境，陈春泉亲到省佛华洋百货商场做‘市场调查’，而后毅然北上上海求艺，回来后仿制了六七架上海的织巾机，创办起了‘捷兴’毛巾厂。闯出一片生天的陈春泉兼济天下，将所学技术工艺全授予乡邻，一时间，里水织巾作坊如雨后春笋般遍地开花，遍及其水墟及丰岗、麻奢、河村等10多村庄，陈春泉亦因此被后人誉为‘里水陈启沅’。”

清光绪二十年（1894年），陈春泉在南海里水创办捷兴毛巾厂，之后，大小毛巾工场以至家庭织造户迅速兴起，民国24—26年间（1935—1937年），里水墟和麻奢、沈村、丰岗、河村、赤山等乡村织户林立。日本侵华时期，由于原料、市场俱被切断，大多数毛巾工场不得不停产。抗战胜利后，毛巾业迅速恢复，并于1947年前后超过战前水平，仅粗具规模的独资经营厂家即有公兴、联艺等十多家，地域从里水扩展到官窑、松岗、大沥、盐步等区。赖此维生者不下3000人，有毛巾织机1000多台。但从1948年起因受金融动荡、市场混乱的沉重打击，生产迅速下跌，至1949年9月，从业人员不满1000人，织机减少大半。

捷兴毛巾厂即南海毛巾厂前身，在中华老字号——南海毛巾厂（现佛山市南海毛巾有限公司）的企业档案里，创始人一栏中，依旧写着"陈春泉"。

据民国版《佛山忠义乡志》记载，在佛山镇麟角里，亦有机械染织毛巾工场，文中未记载工厂详细情况，但介绍了当时毛巾行业的情况：

"按毛巾用机织成，现省城业此者几及百家，闻此中人言获利颇厚，每购纱十元织成毛巾出售平均可得十二三元之盈利。多用女工每织巾一打得工值三角，日可获四五角，惟初学时需费数元。"[18]

可见清至民国这段时间广佛一带毛巾业相当繁荣且利润丰厚。

四、染织行（染整）

在洋纱输入中国以前，供应广东和广西东部的土布，大部分来自江西吉安府。经赣江，通过梅岭骚道，循广东的北江，经三水运至广州附近的佛山。土布在佛山染成广东人最喜爱的青布，名叫"长青布"。这种布经常大量地向新加坡及广东人常到的海外各个地方输出。[19]

在民国版《佛山忠义乡志》中也明确记载了染布行为"本乡有名工业"。[20]

佛山染整行业的闻名，与"长青布"有很大关系。

五、主要棉织产品及销售

明嘉靖时期，佛山地区棉布产品有：斜纹布、胡椒布、象眼布、熏纱花布、雪被等。到了清末则有柳条布、间色布、方格色布等。当时的布品幅宽在9寸到1尺1，而匹长则有三四丈，俗称大布土布。而改良脚踏手织机后，产品变化多，品种丰富，包括有薯莨布、京青布、色织格布、柳条布、斜布、竹纱布和蚊帐布等，产品幅宽也做到了1.6～2.2尺，匹长在7.6～9.6丈，纱线染色用直接染料和硫化染料。

1935年，官窑“广祥兴”布厂用上海棉纱织出：珠线帆布、电光布、细竹纱布以及各种提花布。而“广祥兴”的每天销售额是达到了200～300匹。其中龙头细布销往广州“永艳色”布庄，而色织格布、呢布、珠线帆布等则销往“荣记祥”布庄。

明清时期佛山地区棉纺织品的销售除了去定点的布庄外，另一部分则流向了各类专业布墟，如1657年版《九江乡志》记载：

“九江设乔涌墟作棉纱交易的地方，逢三、六、九为期，每墟以数百计，经数十年”。

到了道光年间，南海县则有了官窑墟、紫洞新墟、横江墟、西樵布墟等“以布易棉，以纱易棉”的商品交换墟，交换的主体是布商和纺工。

专业的布市在清咸丰十年出现，在叠滘溥利围西基堂由麦卓南、江景中、陈见行等集资开设。从此十四坊自产布匹归新布市，各地相应出现包买商大量收购棉布。[21]

另据《南海乡土志》记载：“输出品有毛月布（大蓝），由大沥大范运省销行东北二江，每年十二万元，白布由金利司金溪运往省销行各埠，每年四万元。”

六、小结

明—民国时期，佛山棉纺织行业的兴替与前面各朝不同，洋货的涌入、从手工到机械的转型，棉纺织行业曾迎来一个跳跃式发展期，可惜战争一次次将这个行业蹂躏，终至全面崩溃，以至于到了现代，人们在做相关史学研究之时，甚至怀疑其是否曾经真实存在过，此情此景着实让人叹息。

诚然当其时的佛山棉纺织业与佛山丝绸业比起来有差距，但其为后来佛山棉纺织业所打下的技术基础是不应被人们忽视的。

第三节　蚕桑丝绸

如果要找一个名词来代表明—民国这个时期佛山地区经济动力源，那“丝绸”这个词再合适不过了。在这个时期，尤其是清末民初，丝绸给佛山整个地区所带来的金钱和荣耀是任何其他产品所不能代替的。植桑、养蚕、缫丝、丝织所有各业都同时在那个西风东渐的动荡时期转变、适应求存求发展，这中间所发生的各种故事比以往任何一个时期都要精彩，也更让人回味。其中甘苦确实值得所有人好好铭记。

国际近代缫丝工业尽管从19世纪上半期开始起步，但是一直受到蚕桑业的制约而未能得到充分的发展。19世纪五六十年代，更由于欧洲的蚕体微粒子病流行，防治乏术，缫丝业的原料来源愈发紧张，缫丝工厂很多被迫停业关闭，生丝原料更加依赖于从东方一些国家的进口。这种被当时的中国人称为“蚕瘟”的蚕体微粒子病，早在19世纪20年代就已经在欧洲出现，起初缓慢扩大，而后迅速蔓延，摧毁了法国和意大利的蚕桑业的收成，使得两国的生丝生产遭到致命的打击。1853年，法国生产了2100吨生丝，次年下降为1790吨，到1855年，跌到了600吨上下。蚕病蔓延之前，意大利生丝产量达到3500吨，到1863年下降为1607吨，1865年仅剩区区826吨，几乎下跌了75%。蚕病也袭击了一直作为欧洲生丝来源之一的土耳其和叙利亚的蚕桑产区。欧洲生丝需求的巨大亏空，导致了对新供应源的热烈追寻。在这种情况下，已经打开了国门的中国，那长期受到压抑和麻痹的丝绸生产与出口能力被迅速唤醒，表现出前所未有的发展势头。《南京条约》签订，五口通商以后，中国的生丝输出额迅速扩大。养蚕制丝业受到生丝大量输出的刺激，与棉业的衰退形成鲜明对照，表现出从未有过的繁荣景况。[22]

正是在这样的背景下，“南国丝都”上演了一出跌宕起伏的大戏！

一、植桑养蚕

桑基鱼塘这一模式的出现和逐渐优化是一个漫长的过程，从北宋开始到明万历年间桑园围合围，桑基鱼塘最终拉开了佛山近代丝绸业发展史的序幕。而桑基鱼塘（桑基果塘）并非独立存在，而实际上是整个配套水利农业工程的一个组成部分，其与水网、堤围、引水渠、水闸等构成了一个复杂的综合工程体系。对佛山地区后世的农业乃至其他行业的发展影响极大。

由于宋元时代珠三角地区人口剧增，使得珠江口的围垦加快，导致珠江出海口快速收窄，西江下游的水利形势在元末明初时开始恶化，出现了倒流港潮水倒灌，这对地处于西江下游的桑园围威胁很大，西江下游的九江、龙山、龙江、甘竹等地的田土受浸情况极为严重。明代洪武二十七年（1396年），九江乡人陈博文主持了堵塞倒流港的工程，将桑园围变成了闭口围。这对龙山、龙江、甘竹等顺德乡村的农业影响最大，受益也最大。据嘉庆版《龙山乡志》记载：顺德龙山、龙江人"追思其德亦莫不曰：此陈氏子之赐也"，[23]为了纪念陈博文的功绩，人们专门在龙山的大墟设立他的牌位，每年都要祭祀他，追念他的功德。

桑园围倒流港的筑塞，不仅防止了潮水的倒灌，最重要的是堤围的高度从0.3丈增加到0.5丈以上，人们就能永久性地从高岗向低地迁居。原来，宋代建桑园围之后，0.3丈的土围，在潮水大涨时还能浸泛田土。所以当潮水到来时，人们还需要从低地平原的住所迁回在高岗上的住所，这显然影响了蚕桑业的发展。待到倒流港筑塞之后，这种情况才得到了彻底解决。就如《龙山乡志》中所记载："考宋元以前山外皆海，潦水岁为患，民依高阜而居，未盛也。越明代修筑诸堤，于是海变桑田，烟户始众。至今沃壤千顷，水贯其中，四面民居环绕，至数万家，鸡犬鼓柝之声相闻。"[24]明代桑园围一带的蚕桑业在人口和耕地都增加的基础上有了很大的发展。

明代顺德其他地方的水利建设，也为县境内的蚕桑业发展打下了基础。根据万历《顺德县志》记载：到明代万历年间顺德境内有堤围16条，比前代新增14991丈。而根据民国《顺德县志》记载明代崇祯年间（1628—1644年）顺德境内还进行了大成围、大洲围的建设。此外，明代洪武年间由九江乡人陈博文主持修建的鸡公围，到了万历四十七年（1619年），人们将土围建成石堤。古塱的马营围，建于万历年间，长达1673丈，就如咸丰《顺德县志》所言，这些堤围"为东南近数十乡障"，而这些堤围，在清代都是"内包桑基鱼塘"，在明代就已经如此。

随着人口的快速增长，耕地的增长，亩产的提高，以及水利条件的改善，为商品性农业的发展创造了条件。

明初，南海等八个县已有夏税畦桑40751株。南海县的农民一年衣食的支出都是依靠种茶和蚕桑，小黄桑则零散分布于东莞、香山、增城等县。[25]到了明万历九年（1581年），根据《广东通志》记载，鱼塘面积分别为顺德县40084亩，南海县48326亩，三水县10250亩，高明县7810亩。到崇祯十五年（1642年），顺德县种桑面积已增长到58094亩。

到了明末清初，桑基鱼塘发展很快。当时的南海县九江地区“剪伐塞路，及除老树扶桑麻，十去七八”，桑树种植非常茂密，顺治年间《九江乡志》中记载：“蚕桑，近来墙下而外，几无隙地，女红本务斯为盛。”[26]顺德的基塘区包括龙江堡、白藤堡、北水堡、马宁堡、容奇堡等地，“民务农桑，逐商贾之利”，“白藤桑树有墟，百货所凑”。顺德诸堡与南海的九江、金瓯、绿潭、巧头、大同、海洲、镇涌等堡相连，都是“鱼桑为业”。康熙年间，这里桑树种植极密，一般为亩植桑苗5000～7000株，在康熙版《顺德县志》中描述当时桑基景象为“今且桑而海矣”，稠密的桑林远望去就像一片海洋，其景象蔚为壮观。而屈大均在《广东新语》中记载的描述当时九江的情形则更甚：“地狭小而鱼占其半，池塘以养鱼，堤以树桑，男贩鱼花，妇女喂蚕，其土无余壤，人无敖民，盖风俗之美者也。”[27]可见自桑园围闭口后到清初，南海、顺德一带蚕区格局已经形成。

而清末《高明县志》所记载的：“桑种园苑者肥美，田原者次之，年收六造，末造曰寒造。秀丽围近年业蚕之家将洼田挖深，取泥覆四周为基中回，下为塘，基六塘四，基种桑、塘蓄鱼、桑叶饲蚕、蚕矢饲鱼，而利俱全，十倍禾稼。”[28]而在三水，种桑养蚕则主要集中在白坭一带。

清末民初珠三角地区的鱼塘面积扩张至约为65万亩，其中南海、顺德二县就占了55万亩；桑基面积约为140万亩，顺德就占了66.5万亩。[29]像顺德这样在清末民初时期遍地桑树的景象亦算是一个奇观了。

相应的，珠三角地区出现了专门的桑叶、桑苗贸易。如民国期间，顺德县就有两个桑苗墟市，而桑叶墟市数量则无法统计。而佛山镇上的两个桑市则分别在当时的大塘涌和通济桥附近。桑苗（秧）方面，由于顺德桑叶农户不愿腾出田基育秧，因此顺德县所用桑苗基本为南海大同和鹤山提供，这两地的桑苗农户将培养好的桑苗拿到顺德的桑苗市上交易。尽管九江与鹤山仅相隔一河，但两地秧苗有较大区别，九江秧苗耐水怕旱，适合种在基水地；鹤山秧苗则相反，耐旱怕涝，适合种在稍高的旱地上。[30]

而顺德的桂州就是一个典型的桑叶墟市。据1925年霍华德和斯沃尔的调查，它属于一个家族所有，每年租给出价最高的投标者。租金有一部分用于家族负担的乡村民兵的户田费，其余的由家族成员分。一个农民把桑叶运到墟上，就在那里守候，直到买主光顾。商定价格以后，他们就到桑市办事所，交予秤手过秤，然后由司数员结算并征收过秤的佣金（每担的佣金为百分之一到百分之三）。如果买主没有现钱，桑市可垫付，待卖完后，再向桑市清还，另纳百分之三十的利息。[31]可见到此时，佛山地区的植桑产销产业链已经完善。

广东养蚕历史悠久，在珠江三角洲地区主要的家蚕品种有：大造和轮月（多化性[32]）两大类。在明末清初屈大均《广东新语·虫语》中有如下描述：

“广蚕岁七熟，闰则八熟。记曰。一岁八茧出日南是也。广自三月至九月。月一熟蚕。以三十二日为度。岁当立春，桑谷生，蚕驹始出。凡蚕初出曰（虫少），而曰蚕驹者。蚕与马同神，本龙精而首类马，故曰蚕驹。蚕驹既出，以桑芽喂之。二眠三眠，食叶渐有声，至四眠而蚕熟矣。凡蚕三日一蜕，蜕则不食，是谓一眠。眠至四而茧成。然眠必齐眠乃良。齐眠曰大眠。若九蚕眠。一不眠，则九为一所累而俱败矣。茧既成，时当正月，是曰大蚕。大蚕一岁一熟。熟至八日而出蛾。配其雌雄。又至八日而蛾卵。卵则蛾死。以纸裹卵藏之。至立春。蚕驹复出。故曰大蚕。其二蚕、三蚕曰小蚕。亦曰连蚕。言相连不绝。月月熟也。茧既成。大蚕茧四千，小者六千，可获丝一斤。大蚕丝光滑而细，小者不及。计一妇之力。岁可得丝四十余斤。桑叶一月一摘，摘已复生。计地一亩，月可得叶五百斤，蚕食之得丝四斤。家有十亩之地，以桑以蚕，亦可充八口之食矣。坡山之丝线良。龙江之线绸良，然龙江蚕种，率购之于九江，而为丝及线乃独良，非女手之不同也，水色异也。然李商隐诗云，八蚕璽绵小分炷。又云，小炷八蚕绵。左思赋，乡贡八蚕之绵。皆言绵而不言丝。盖以蚕养至第八次，不中为丝，但可作绵。然吾广第八蚕皆可为丝，所谓珍蚕也。凡蚕再熟者谓之珍，况于八辈蚕乎。本草言，南粤蚕，有三眠、四眠、两生、七出、八出者，盖蚕属阳，喜燥恶湿。南粤火之所房，炎精盛实，故蚕至于八辈也。”[33]

在这段文字记录中，可知最晚在明末广东已有“八蚕之丝”而非“八蚕之绵”，且清晰地描述了当时粤人养蚕是采取“火之所房，炎精盛实，故蚕至于八辈也”，这样明显异于岭北的方法。此外，从文中还得到另一个信息，就是早期顺德龙江的蚕种是购于南海九江。可见当时已有专门蚕种贸易，且已出现专门育种和养殖的分工。到了嘉庆年间，龙山大墟有了蚕纸行，龙山、龙江及周边的养蚕者都到这里来买蚕种，而不用在去九江买了。到了清中期，顺德蚕桑业发展已经有超过南海的势头，据宣统《南海县志》记载，“惟顺德龙江、龙山有数十家，前以和信、元信二号称首，今则各家皆知讲求。”[34]到清末，顺德龙山、龙江两地制种基本垄断了蚕种的制造了。此外，佛山市区内专门的蚕种市设在普君墟，另有两个茧市，一个在大塘涌，另一个缸瓦欄。

此外，佛山地区蚕桑从业者经过长期的劳动经验积累，在制茧上创造出本地独有的结茧工具——花簇（蚕箔），如图5-2所示。

图5-2　花簇

花簇是广东的一种独特的排湿结茧工具，在明初，珠江三角洲已有“新妇悬灯照蚕箔”的诗句。由于广东地处亚热带，接近海洋，因受海洋季候风的影响，春夏两季雨多湿重，高温多湿时间长，对养蚕生产带来不利，特别是珠江三角洲每造养蚕批次多，批量大，对熟蚕后排湿工作疏忽大意就会招致全批蚕茧霉口（烂口）。于是从业者针对本地区多湿特点，创造了竹制花簇，解决熟蚕上箔后排湿的矛盾，对提高茧质量起着重要作用。采用竹制花簇，用作熟蚕上箔好处很多：一是空气流通排湿好；二是晴天可放在树荫下空旷地吐丝结茧，雨天可放在室内加温排湿，迁移容易；三是有利于埋灯、焗蚕，操作方便；四是消毒方便。

从清至民国，广东地区蚕茧产量不断增加，且与浙江产量接近了。具体如图5-3所示：

省　区	20世纪初的调查	1918年的调查	1929年的调查
江　苏	350 000	266 745	500 000
浙　江	1 017 000	876 766	1 140 000
安　徽	30 000	30 000	100 000
湖　北	102 000	100 000	123 000
湖　南	25 000	16 000	
四　川	317 000	640 000	470 000
山　东	45 000	70 000	110 000
河　南	142 000		57 000
广　东	717 000	768 300	1 000 000
广　西		12 000	55 000
其　他	72 000		95 000
合　计	2 833 000	2 999 811	3 700 000

图5-3　各省蚕茧产量的变动（单位：担）[35]

随着佛山地区植桑养蚕的全面铺开，相应的种植、饲养技术与经验积累到一定程度后，专门的养蚕技术的书籍则终于出现在清末，分别为：

《蚕桑谱》南海西樵简村陈启沅发行于1886年。

《粤中蚕桑刍言》顺德卢燮宸发行于1893年。

《岭南蚕桑要则》顺德赖新农发行于1909年。

其中陈启沅在《蚕桑谱》中对当时蚕种有详细描述，并对比分析了与湖浙蚕种的差异，具体如下：

“湖浙之蚕种有二，一曰盐种，一曰灰种。收种俱在初夏，贮至十一月二十日，以盐水洗之，则曰盐种，以灰水洗之则曰灰种。广蚕不能用此法，地利不同也。而广东之蚕亦有两种，一名大造，又曰大蚕。一曰轮月，又曰连蚕。大蚕内仍分三种，一曰光身、曰明印、曰大花尾。连蚕则无大花尾，实两种耳。大造收种于夏初，连蚕收种于七月。名曰正收，余月所收者，皆不及也。”[36]

从文中明确提出广东的蚕种和岭北蚕种是不一样的。

到了1925年，佛山地区的蚕桑生产已经占比超全省三分之二强了。具体如表5–1所示。

表5–1　广东旧蚕区五县蚕桑生产对比（1925年）[37]

地区（县）	顺德	南海	三水	中山	新会
桑地面积（万亩）	66.5	29.76	3.6	32.8	6
产桑叶（万吨）	86.5	缺	缺	37.8	7.8
产茧（万吨）	3.63	1.2	0.1656	1.587	0.327

到了20世纪20年代末期，在广东蚕业改良振兴计划下，岭南大学蚕桑科成功培育出一个优质蚕种，即碧交种。

由于广东地处亚热带，桑树发芽早，生长快，落叶迟，生长期长，产量高，如果整枝和肥水管理适当，全年可采叶养蚕达七八造（次），但因多雨和气温高，也给养蚕带来不利因素。华南地区历史上饲养的原始品种是一种称为“轮月”的多化性蚕品种，它可以全年养殖，但茧小，产丝量低。在广东，第一造蚕可饲养一种叫作“大造”的二化性蚕品种。它的茧比“轮月”的大，丝量也重，农民愿意在第一造饲养“大造”，但如果在第二、三造继续饲养，会因不适应高温潮湿气候而减产。为了改良蚕种，中山大学农学院杨邦杰[38]教授（兼仲恺农工学校桑蚕部主任）用纯系分离法对广东地方品种进行整理，选育出大造系统56号，土大、轮月系统仲恺258、560、369、4000号等10余个品种。又与桂应祥合作对仲恺258号品种进行改进，提高其生命力，达到茧形均匀、茧绵较少、解舒好、水结少、出丝率高等优点。而碧交种是将山东的碧莲种与粤地轮月种杂交而成的，“既有粤丝之优长，又无粤丝之劣点，故所出之丝，可与日本并驾齐驱”。[39]具体而言碧交种有三个较为突出的优点，一是饲育期短，二是茧之舒解容易，水结较少，三是丝质较诸一般蚕茧所缫得者为优，均匀洁净俱佳。[40]碧交种的推广受到了蚕农们的欢迎，蚕农积极饲育碧交种，据相关调查报告，“用碧交种与用土种，每缫制生丝一百斤可减轻成本五十多元，不过因为少用原料茧，所以水结也就少出，比对之后，用碧交蚕茧缫丝，比用土种茧缫丝每百斤减轻成本约四十四元”。[41]可见，饲育碧交种不仅能制出优质蚕丝，还能节省蚕农的生产成本，增加其经济收益。

广东省蚕丝改良局在南海官山设第三制种场，广州仲恺农工学校与县内人士合办“兴农社”，推广改良蚕种“仲恺种”和“碧交种”。但较为遗憾，由于当时蚕丝改良总区的经费和人才较为有限，无法支持碧交种的大量供给，粤地多数蚕农只能饲育当地土种，未能发挥其振兴蚕业的重要作用。

在佛山地区蚕桑最鼎盛时期，顺德县有茧市21间，丝市11间，茧栈184间，蚕纸市24间，茧壳室1间。需要说明的是，其中丝市指的是土丝买卖的市场，不包括出口国外的生丝市场。而南海县则有（含佛山城区）13间蚕茧市场，8间蚕种市场。三水县的西南部是主要的蚕桑区，设有5个蚕茧市场，5间蚕茧仓库。

然而，到了1929年后，资本主义世界爆发经济危机，波及丝业市场，丝价大跌，生丝外销量锐减，广东蚕桑生产也随之进入衰退期。广东省蚕桑事业受这次世界经济危机影响，生产规模急剧衰减，省内桑地面积大量缩减，据《珠江三角洲农业志》载，“一九三五年珠江三角洲桑地面积由原来一百三十九万八千六百二十五亩，缩减为五十三万二千亩（其中顺德县三十万亩，中山县一万二千亩，南海县八万亩，三水县一万亩，新会县二万亩，番禺县二千亩）”，[43]而仅顺德一个县将桑地改种水稻的就有4万亩，另有部分桑地改种甘蔗和其他作物。[44]同时，省内制丝业也迅速凋零，大型的缫丝厂从1926年的202间缩减为1929年的147间，到1934年时严重缩减到37间，丝车位数从95215台下降至20396台。这些数据与1925年相比较着实让人吃惊，即便时至今日，也无法想

图 5-4　蚕房与蚕船[42]

象当时整个蚕丝业轰然倒下的惨烈。整个佛山地区丝厂的大量破产导致许多工人失业，蚕桑从业者生活困苦，许多人被迫转行，省内蚕丝经济十分萧条。至此，在经历了近千年积累的佛山蚕桑业，在占当时国内蚕桑业半壁江山的佛山蚕桑业，竟然在短短的十年间几近湮灭，当中所发生的一切，到了现在也是非常值得我们去好好研究分析的。

二、缫丝

明清时期佛山地区缫丝业大发展起于嘉庆年间，到同治时期开始兴盛。早期人们采用手车机进行缫丝，到了1884年，出现改良旧式缫丝机——足踏机。通常人们将这两类设备生产出来的丝称为“土丝”。而佛山地区第一家机械缫丝厂于1873年在南海县简村成立，创始人为陈启沅。通常人们将这类机器生产出来的丝称为“厂丝”。从时间上看，半机械化的足踏机却出现在机械缫丝机之后，这似乎不符合事物发展的逻辑，而在现实中之所以出现这样的情况，是因为这中间有着一段颇为让人心酸的曲折故事，亦如在那个时期其他行业机械化进程一样，都非一帆风顺。

据明嘉靖《广东通志》记载，明永乐年间，顺德差不多每村都有缫丝的作坊。在使用机器缫丝前，到处都是用传统的手工操作方法生产土丝。“缫丝之法，以大锅盛清水，候其沸，加入荞灰汁，调匀，乃置茧于中，约煮半时，将茧翻转，再煮一二刻，视其茧软，壳外浮丝松散，则茧熟可缫矣”。[45]这种煮茧方法温度难以控制，并容易造成生丝纤度不匀净的毛病。顺德人将这类手工生产作坊叫作底门厂，至于为何叫底门已无从确切考证。

底门厂内每炭炉一日约用七斤坚炭（用什木烧成的炭），当机位较多时则需另配一杂工，负责加炭和上落丝柦，[46]比例大概是10个位一个杂工。杂工须为男工，一字排开的底门，男工就在女工前面加炭。

当时底门厂规模较大者有一百几十个位，小则数个，一两个的也有。在农村，工场多设在拉瓦房，拉瓦房是从前珠三角特有的一种建房模式，用竹、杉木扎成一个房子架，上面盖瓦，墙壁用泥加禾秆筑成。资本不多的底门厂，也有用茅房做工场的，但不多。无论拉瓦还是茅房，地面一律铺砖，要天天打扫，因为不干净的话，蚕茧掉到地下就脏了。另外，全部的底门工场，四周是没有墙的，一为防火，二为散热。而在墟镇的底门厂，大的建立工厂式的工场，小的多在家中头门敞口厅，亦是为了防火散热。亦有底门厂的燃料是烧木柴或老糠，由泥水工结一长条连灶，工作时须有专人管柴火。如图5-5为老式手工缫丝机的仿制品。

在有机器缫丝前，基本上佛山地区的手工缫丝作坊皆是采用这样的设备进行缫丝。

直到19世纪70年代，陈启沅与广州机械修理厂陈联泰号合作，在已有蒸汽缫丝机基础上设计、仿制、改良，于1873年正式生产出新型机器缫丝机，其结构类似图5-6中的机汽大偈示意图。机器制成，陈启沅就在简村和附近的杏头村、吉水村、龙辜村等招收男女工（主要为女工）数十人，并且亲自给新工人教授“仿

图5-5　仿明坐式缫丝机（摄于南国丝都博物馆）

西人缫丝之法”，择了个好日子，投茧开工，取厂名为“继昌隆”。时为1873年秋。这就是南海县第一家华侨民族资本经营的近代机器缫丝厂。

南海县最早的一批近代产业工人，也随着继昌隆缫丝厂创办成功而同时诞生了。继昌隆缫丝厂投产后，还陆续安装设备，增设丝釜，不一年，增至三百缫丝位。发展至容女工六七百人。

当时继昌隆缫丝厂出产的生丝，称为“厂丝”“洋庄丝”，同传统的土丝（又名七里丝）比较，在丝色、捻度（打较）、条干、匀度、理绪、净度、装束成形等方面，都大为优胜，较之法国所产无多逊色。而所产生丝多数外销，价格比土丝也高出三分之一。由于“厂丝”畅销价好利润高，吸引很多人来探访学艺，而陈启沅对来咨询、求教的人，皆热情无私地予以介绍和传授。建厂后的头三年，到继昌隆缫丝厂学艺的达1000多人。仿继昌隆模样而设立的缫丝厂有四家。到1881年，江浦司一带就有机器缫丝厂10家。

然而当其他人面对这广东第一家采用蒸汽缫丝机的“现代化”工厂，庞大的大锅炉（高一丈五、宽七八尺）、庞大的蒸汽炉（高一丈二、宽六尺），再加上庞大的烟囱（高三丈六），这些庞然大物显然让乡人心生好奇的同时，也免不得心生恐惧，当时乡人把这些庞然大物称为“鬼粞”。“继昌隆”顺利落成开始生

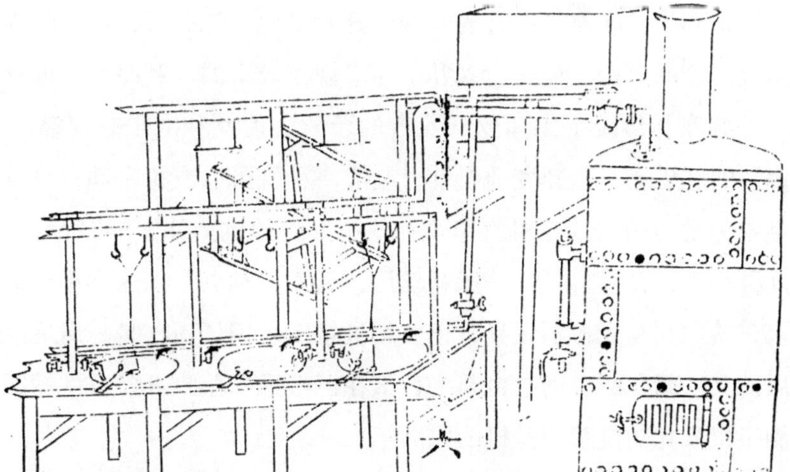

图5-6　机汽大偈

产，产品畅销。然而简村附近的一些乡人，对陈启沅倡办机器缫丝厂不甚理解，他们认为男女在同一厂内工作，有伤风化；操作不熟，机器容易伤人；甚至认为高烟囱妨碍“风水”，矛盾逐渐积累。到了1881年南海县蚕茧歉收，绸缎织造业因缺土丝而停工，织机工人归罪于各新兴之缫丝厂夺去了他们的生计，遂在10月5日（夏历八月十三日）织机工人在先师神诞之时，想乘机煽动“捣毁缫丝机器以夺回生路”，在冲进裕厚昌机器缫丝厂[47]捣毁缫丝机器后，又直向简村继昌隆缫丝厂进发。幸好在地方武装和大批乡民相助下，在“官山河”岸边加强警戒，才使机工们见机收队了。

而南海县知县徐赓陛闻报后，却立即发布了“禁止丝偈晓谕机工示”[48]的公开布告，并和广州协副将黄龙韬一起率领大队兵勇查封了当时县内各缫丝厂的机器，并勒令厂方签署“永不复开”的结状（相当于今之保证书）。后来徐赓陛在向上级报告的《办理学堂乡情形第二禀》内，给机器缫丝业定了几条罪状：一是裕厚昌等店擅制机器缫丝，并未禀明立案；二是每偈约用女工四百余人，男工一百余人，无论男女混集，易生瓜李之嫌；三是统计江浦一带，共有机器一十一座，应用四千四百余人，以一敌十较之，实夺四万四千余人之生业……自应永远勒停，以安民业。这样，以继昌隆为开端的全县十家机器缫丝厂惨遭“腰斩”了。陈启沅不得不把“继昌隆”搬至澳门。

1883年，南海县内有的丝偈已开始复业。陈启沅让侄子陈锦筇回西樵简村利用继昌隆的厂房、设备，兴办了一家规模较小的“利厚生”缫丝厂。另一方面，为了缓和与传统手工缫丝从业者的矛盾，他就和次子陈锦篇一起，在“机汽大偈”的基础上，重新变通设计，制成一种既可以汽机带动，也可以一人一具，以足踏为动力的名为“机汽单车”的小型缫丝机（如图5-7所示），由陈锦篇使用此种小机，在简村再办一家新丝厂，名为“利贞”。这种小机器，即便小资本经营，功用则与大机器无异，很快就被接受采用了。这是陈启沅继“机汽大偈”之后的又一新贡献。而这也是为什么在已经采用蒸汽缫丝机的情况下，又反而再研制半机械化的足踏缫丝机的原因。

1885年，陈启沅把设在澳门的复和隆缫丝厂迁回简村，购地新建成一家机器设备更加新颖的缫丝厂，命名为“世昌纶”，同时把利厚生缫丝厂并入“世

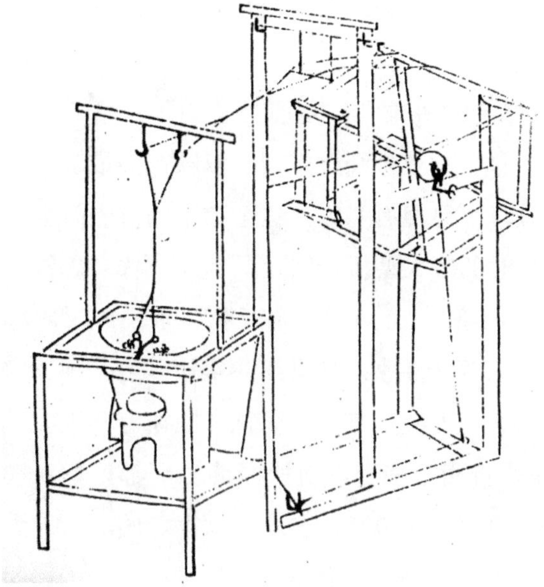

图 5-7　机汽单车

昌纶”。

1887年6月，清政府总理海军衙门承认以陈启沅创办继昌隆缫丝厂为开端的民办机器缫丝业实是“有益于贫户之资生，无碍于商贾之贸易”，而且“自用机器缫丝以来，外销丝斤价增一倍，足证办有成效，亦属兴利之一端”。因而咨复：“仍准照旧开设。”至此，徐赓陛为代表的加给陈启沅所开创的机器缫丝业的罪名，才得到昭雪。

回头再看1881年的这场骚乱，表面上是零散从业者与新式工厂之间的冲突，而其背后的实际利益冲突是旧式行业行会与新式工厂之间的冲突。当时在西樵、九江一带有丝织工过万，其行会组织为锦纶堂。而骚乱的背后煽动者很可能正是锦纶堂。

到了20世纪30年代末继昌隆已无存，当时厂址已经还原为陈氏后人的住宅，而在简村也无一丝厂存在了。[49]

自19世纪70年代近代缫丝工业在珠江三角洲地区兴起后，经过20余年曲折的发展，到19世纪90年代中，设立的工厂已有50~60家。20世纪初，机器缫丝业已经成为珠江三角洲的主要工业。与长江三角洲地区明显不同的是，珠江三角洲的丝厂几乎都设在乡间，既便于取得劳动力的补给，也有利于丝厂得到蚕茧原料的供应和控制蚕茧原料的质量。这里的缫丝工业，以顺德的发展最见成效，1902年顺德有丝厂86家，丝车34600部，而最早出现近代丝厂的南海，反倒退居其次。

顺德第一间机器缫丝厂创办于1874年，比陈启沅办厂时间晚了两年，虽然在顺德并没有发生像南海那样的冲突、骚乱事件。但在南海捣毁裕厚昌缫丝厂事件发生二十多年后，顺德也出现了禁设机器丝厂的事件。1903年，顺德福源社四基坊有人试办机器缫丝厂遭到村民的反对，村民上告至广州府衙门，州府官员为了息事宁人封禁了该缫丝厂，但当时政府当局除了告示令福源社四基坊的丝厂不得创办外，并没有命令顺德别处的丝厂关闭。

根据光绪十三年（1887年）征收厘金的机关“广东厘务总局”在给两广总督的调查广东缫丝机器厂情况的文件中称：“粤省缫丝机器，以顺德为最多。”这个报告还称，1887年，顺德的机器缫丝厂已经有42家。这个数字约占当时全省机器缫丝厂的90%以上。如顺德容桂当时的较大型机器缫丝厂有：成栈、忠栈、奇纶、新兴、西亚和、粤经、广昌、忠信和、忠信恒、东亚和、永昌成、颂维亨、颂维坤、协三才、大和生、桂洲新兴等10多家。19世纪90年代以后，顺德的机器缫丝厂以更快的速度扩张。1900年，《海关十年报告》称，顺德有蒸汽缫丝厂二百家以上。这个数字偏高，可能是将用足踏缫丝机所办的工厂都计算在内了。但在19世纪末，顺德的机器缫丝厂不少于100家，这是可以肯定的。由此到清末，经过十多年，由于丝价比道光、咸丰年间涨了几倍，对机器缫丝厂的民间投资增加了。1911年，顺德县的机器缫丝厂在142家以上，[50]其中乐从最多，有37家，而大良则16家，龙江15家，勒流10家。顺德的机器缫丝厂有一个很显著的特点，就是它们持续的时间很长，说明它们的经营很稳定，对维持顺德缫丝工业的优势很有作用。如最早的机器缫丝厂之一的“怡和昌”，光绪初年创办时是只有工人500～600人的中等规模的工厂，到1911年，就扩张为拥有工人800多人的大厂了。有的丝商见有利可图，还开办多间工厂。如“永贞祥”的老板，在1884年开办第一家厂，又分别于1900年、1906年再创办两厂。[51]

1912年北京农工商部公布的《第一次农商统计表》统计得出的数字，顺德从事缫丝业的工人已经达到了6万人之多。而经济专家汪敬虞于20世纪60年代在其研究报告中认为：19世纪90年代的后期顺德一地就有缫丝厂二百家以上，推论当时顺德有缫丝工人的数量为四至六万之间。他说：“一个行业集中这么多的现代产业工人，是十分值得注意的现象。人们研究中国工人阶级的产生和发展，总是首先提到上海、天津等大城市。事实上，19世纪末，上海现代工业中的工人还不到五万，天津则不足五千，而顺德一县竟然超过这两个数字，实在不容忽视。”[52]需要注意的是，上述段落中提到的19世纪90年代后期顺德一地的缫丝厂达到200家之多，这个数据应是将机器缫丝厂与足踏缫丝厂合并统计了，实际上当时顺德的机器缫丝厂数量应该在100间左右，以每间机器缫丝厂工人数300人来估算，19世纪末顺德机械缫丝厂的工人数至少也超过3万。若连足踏缫丝厂的工人数也合并计算在内，超6万人也很有可能的。如表5-2为民国期间顺德丝厂统计情况。

表5-2　民国年间顺德丝厂统计

地点	数量	地点	数量
大良	14	容奇	10
桂州	6	勒流	4
黄连	2	黄麻涌	1
黎村	1	龙涌	1
大邑	1	马村	2
莘村	4	良村	1
小劳村	3	道教	2
大罗村	5	鹭洲	5
谭村	2	大都	1
岳步	3	上寮	3
小涌	3	大墩	3
荷村	4	腾冲	3
小布	2	平布	3
简村	1	葛岸	4
沙寮	2	良教沙	2
良教	2	马教	1
理教	1	大门	1
水藤	13	杨教	3
沙滘	5	龙江	2
龙山	1	教德	1
西滘	1	陈村	1
大晚	1	江尾	1

此外，三水等县也有近代丝厂，但发展比较迟缓。[53]总的来看，直到20世纪10年代，珠江三角洲的近代缫丝工厂增加较多，“不过，经常发生开办和闭歇的

变化”。

民国成立后，珠江三角洲的缫丝工业迅速发展，丝厂数从1910年的109家猛增到1912年的162家，增长48.62%；丝车数更从1910年的42100部激增至1912年的65000部，增长54.39%。在20世纪初，世界市场生丝价格不断上涨，1915年，珠江三角洲的丝价为每担600港元，1920年上涨至每担1550港元，增长了158.33%。这对珠江三角洲丝厂的生产自然是不小的刺激，丝厂数量虽不见增多，但运转的丝车数却上升到72000部。直到19世纪20年代上半期，随着世界经济的繁荣和国际生丝市场的拓展，珠江三角洲的近代缫丝工业生产持续上升，1926年，丝厂增加到202家，丝车增加到95605万部，成为珠三角丝绸发展史上最为辉煌的时期。

20世纪30年代，世界经济危机爆发，广东丝织业遭受重创，丝绸出口急剧下降，加上广东机器缫丝也自陈启沅所改良机器设备后，整个行业在对技术和设备上的态度可谓不思进取，以至于到20世纪30年代还是在用19世纪70年代的机器，60年间几乎在设备上无任何进步。尽管广东地方政府意识到问题，也快速组织了各方面力量，希望重新振兴广东丝织业，可惜所有振兴计划还没来得及全面展开，日本侵华战争就将改良之路尽毁。珠三角沦陷后，缫丝业基本崩溃。

接下来以容桂的大型机器缫丝厂为例，看看当时有各厂受经济危机、战争等的影响情况。

据丝业老人们回忆，容桂大偈厂[54]的资料有[55]：

忠信行，地址在今容桂瑞英小学，占地30亩，工人2000，抗战前后倒闭。

忠信和，地址在顺德单车零件厂，工人2000，后改名新兴，新中国成立后改名健德三厂，“大跃进”前后并入健德二厂。

成栈，规模同上，后改名健德一厂，“文革”时改名红卫丝厂，20世纪90年代初结业。以上三间厂初创时由同一人出资，老板叫郑歧昌，为光绪年间容桂丝业老大。

永昌成，新中国成立后叫容里丝厂，老板是薛广森，规模与忠信行差不多。现在容里还有一条马路叫永昌路。

大和生，位于容奇新涌，新中国成立后改名健德二厂，“文革”时改名立新丝厂。规模与忠栈同，老板梁干林，他父亲在光绪时与几个人合股经营，新中国成立前，其他股东退股，由梁干林独资承下。容里和立新丝厂与红卫丝厂差不多同时结业。

忠栈，建于1905年，位于南区冲口庙，今上佳市上南路慈风幼儿园，约有1500人，抗战前不久结业。

仲维亨，建于1900年，亦位于南区冲口庙，忠栈对面，规模与忠栈同，抗战后仍有生产，新中国成立前不久结业。

协三才，位于南区进士庙附近，约2000人，在南区三间大偈厂中，协三才规模最大，建厂时间最早，但结业亦最早，1929年世界经济危机后不久就结业了。老板亦无从考。

成昌，新中国成立后叫中联丝厂，地址在今上佳市居委会，约有工人1000人，“大跃进”时并入容里丝厂。

仲维坤，位于桂洲花溪路桂馨街附近，原桂洲第三风扇厂旁，约1000人，光绪二十年（1894年）建，由几个人合股，其中一个姓岑，该厂毁于日寇侵华时。

二栈丝厂，又叫莫鹏记，位于现容桂政府后面，约1000名工人，老板就是莫鹏，新中国成立前后倒闭。

东亚和，位于容里塘头市附近，建于一次世界大战后，倒闭于日寇侵占容桂时。

西亚和，位于三符里附近，亦建于一次世界大战后，同样倒闭于日寇侵占容桂时。

同德，位于大福基，建于1902年，倒闭于日寇侵华时。

广昌，建于1890年，老板区湛明，位于乐辛村，倒闭于日寇侵占容桂时。

对上述材料进行整理如下：

大偈总数——15家。

1930年前结业——1家。

1930—1937年期间结业——2家。

1938—1946年期间结业——5家。

1947—1978年期间结业——2家。

1979年以后结业——5家。

由此可见，日本侵华战争过后，容桂15家大偈中已经只剩下7家，另外还有两家在新中国成立后结业，即新中国成立后，容桂只剩下5家大偈，而这5家大偈进行了合并重组，一直经营到19世纪90年代，最终因为顺德产业彻底转型而结业。而这个发展演变过程在佛山其他地区也基本类似。

三、丝织

按《广东省志·丝绸志》中所言，佛山在东汉末三国时期就已成为蚕丝和棉花的生产加工基地了。到了北宋末年，南海县桑园围工程的开始使得西樵、九江、沙头等地的桑蚕生产得到保证，桑基鱼塘模式的不断优化又进一步促进该区域内的丝织业发展，机户、机坊逐渐遍布该区域，其所生产的丝绸数量更是巨大、质量上乘，大量丝绸成为贡品进献朝廷。宋末至元，广东境内丝织业受到棉织业兴起的影响一度发展停滞且出现衰退现象，直到明中期才有改观，佛山地区自然也不例外。至明朝始，各业重回常态发展，到了明中期，佛山地区的丝织业开始迎来一个较大的发展期。[56]“粤纱之质密而匀，其色鲜华、光辉、滑泽”，“粤纱，金陵、苏杭皆不及”，“故广纱甲于天下，缎次之”。从这些句子可见此时佛山地区缫丝、丝织水平已经有了极大进步。

在明嘉靖以前，佛山丝织分工就已达18行，具体为：

八丝缎行、什色缎行、元青缎行、花局缎行、绉绸行、宁绸行、蟒服行、牛郎纱行、帽绫行、绸绫行、花绫行、金彩行、扁金行、对边行、栏杆行、机纱行、斗纱行和洋绫绸行。

到了嘉靖九年（1530年），佛山丝织业在原分为18行分工分业生产的基础上，又增至24行。据嘉靖《广东通志》载，顺德县的龙山岗背已经生产出著名的丝织品——象眼绸“王阶”“柳叶”和线绸等作为广东的贡品，“牛郎绸”“五丝”“三丝缎”“花绫”“帽绫”“官纱”等都负盛名，远销国内外。[57]明末清初屈大均的《广东新语》载：“广之线纱与牛郎绸、五丝、八丝、云缎、光缎，皆为岭外、京华、东西二洋所重。”[58]

明末清初，佛山已成为名副其实的丝纺城。而广州作为省城，又是丝绸经销最大港市，各种利益和矛盾在所难免，为此，于雍正元年（1723年）成立锦纶会馆，成为丝绸行业春秋祭祀和同行业相聚之所，实际上反映了广东丝绸行业和内外贸易兴盛，显示广东丝绸业发展达到一个时代高峰。

在今燎原路华安市场附近的任围可以说是佛山当年丝织业繁荣最直接的见证，任围由乐安里的任伟庄宅和西侧任映坊的任应庄宅组成，任伟、任应这两位丝织大户在康熙年间发迹后于嘉庆、道光年间在当时岳庙铺所置的家宅，在当时寸金寸土的佛山镇置如此大规模的庄宅，可见其主人产业之兴盛。

根据乾隆三十九年（1774年）《梁氏家谱》记载，社亭铺药王庙前佛山猪仔市墟[59]在当时几乎每日清晨就会有数百织机工人囤聚待雇用，后期更是人数达到数千人之多。道光初年，仅帽绫行就有机房202家、织工1100人。佛山的丝织工场、会馆多集中分布在东南部的岳庙、社亭和仙涌三铺即今兆祥路以北至汾江河一带，此三铺离佛山涌较近，便于产品运输。而在社亭铺的舒步大街、梨巷内有很多机房，如邓尧号、陈恒号等都是大型工厂，铺内还有帽绫行的东家和两家会馆兴仁堂。仙涌铺的经堂古寺和仙涌街一带，也是机房集中之地。

而同是乾隆年间，顺德沙滘仍是以织天鹅绒为主，天鹅绒是用蚕丝的下脚料制成，品相较厚重。根据《沙滘楚旺房陈氏族谱》记载，沙滘陈氏楚旺房的十六世祖陈连亲就是以手工织天鹅绒为生。到了十七世祖陈杨敬、陈权敬仍然是织天鹅绒，直到十八世祖陈竹虚在勒流“寻师学艺”，学得织造丝绸的方法，后来就与族人合资在勒流开办手工织绸工场。此后来又将织绸的工艺传到沙滘。沙滘自此机业大盛，并超越勒流。[60]

此外，紧挨着佛山镇周边南海县乡村中也有许多机房存在，如有李村机、叠滘机、大沥机等。这些乡村机房规模小，成品多由中间人集中，再转投入市场，这些人被称为“缆头”。佛山近郊每乡都有二、三个缆头，礌岗乡、石硝乡缆头最有名，这些乡村自然也是机织之乡。实际上南海县的丝织业是县内纺织业中分布最广、人数最多的行业，李村、大沥、叠滘仅为其凤毛麟角。南海县丝织业较早发展的是民乐三乡（即林村、藻美、云落）和华夏乡。清朝道光二十四年（1844年），民乐一带就已盛行手工织造平纹织物和晒莨等个体手工业生产。以后，林村程家还对原来只能织单一平纹纱的织机做了改革，逐步演变成12片综小提花机和啤架机。运用起综的小提花和人力扯花方法，首创具有纽眼通花图案的丝织物（俗称白坯纱，加晒薯莨后称莨纱，即香云纱）。佛山镇早期（1900—1901年）织纱绸的为冯应记，至1926年前后有李安昌、叶敬记、黎合记等数户织纱绸，整体数量不多。

19世纪末至20世纪30年代，是1949年前广东丝织业最为兴旺的时期，尤其是第一次世界大战后的民国十一年至民国十五年（1922—1926年）为鼎盛时期。当时珠江三角洲的丝织厂有数千家，丝织机3万余台，丝织、晒莨工人三四万人。

清末，南海县民乐又发明了"扯花"机，可以织造较复杂花纹图案的品种。而在顺德，勒流、勒南二村麦、叶、廖三姓创织绸（经处理后则为莨绸），自此织绸在勒流发展开来。晚清顺德最重要的丝绸产品就是黑胶绸（莨绸）。黑胶绸原为勒流、勒南二村麦、叶、廖三姓所创，是将织成的绸先行采用碱水或者苏打水洗漂除去胶浆，晒干后放在薯莨汁液中浸润，然后转放置在晒场，在其阳面反复涂抹薯莨汁液至褐红色、然后经过泥浆产生化学作用，变成深黑色，称为过乌泥。最后，经过漂洗、晒干、水煮等工艺，成为色泽光鲜、质地硬挺的成品。莨绸的晒制很讲究，碱水、薯莨、涌泥的稀释比例，煮泡漂的适度和涂抹汁液的厚薄、力量均匀度，工序十分复杂细致。而经陈竹虚从勒流传到沙滘的有可能就是这种黑胶绸工艺。

而伦教、沙滘两地则以织天鹅绒为主，由于日本织造的灯芯绒向国内倾销，伦教、沙滘当地生产天鹅绒的丝织业受到严重冲击，被迫向勒流购买织绸机器或将织天鹅绒机改织绸，随后沙滘织绸发展起来并超越勒流，以至于当时人们习惯将绸称沙滘绸。

此外，顺德黄连还出产一种较特殊的丝绸产品——茧绸，据称此绸采用茧壳缫丝成茧纱，然后再用茧纱织成。产品舒爽耐用，为黄连之特产。后工艺传至甘竹、官田、海口（龙山）等地。[61]

晚清佛山地区丝织业发展极盛，主要原因是土丝缫丝业的基础深厚，而另一个关键因素则是陈启沅所发明的足踏机的广泛应用。改良的足踏缫丝机出丝明显优于旧式缫丝机，且生产效率也更高。由于土丝从质到量都有较大增长，促使相应的手工丝织业的生产随之增长。丝织品质量也大大提高，除销售予本地外，还有大批量输往外地，尤其是香云纱，更是南洋地区热销产品。而佛山地区丝织也出现了和棉织、棉纺一样的操作模式，即绸缎庄向机户放机的方式。绸缎庄将生丝贷给这些机户，机户按时交丝织成品时，减去生丝价格和利息，余下的就是机户的收入，绸缎庄就将报酬以现金给机户。

顺德县丝织最发达的区域是以伦教、羊额为中心的地区。

1888—1893年间，是这一地区手工丝织业迅速发展的第一个阶段，主要生产茧绸、素绸、云纱等。这时，茧绸的织造主要是家庭妇女的副业，素绸与云纱的织造则已是工场生产模式。茧绸有织机一百三十架，分布于一百多家，而云纱的织造只有五十家左右，产量不过一千二百匹。后来一些机户有了一定的积累之后，就利用绸缎庄的赊丝便利，自设工场，由家人、学徒及雇一两名织工分操各种工程，这类织造作坊日见增多，1893—1908年，在伦教就有三百家。根据清末的调查，宣统年间，顺德县伦教、羊额、大良、容奇、龙江等地每年有大量丝织品输往天津、上海等港口及南洋群岛一带，平均每年输出土绸值三百万元，按此价值计算，折合二十七万五千匹至四千万匹，云纱值三百万元，折合二十万匹左右，其他绢织土布值四百万元。清朝末年，全国每年丝织品出口额约为一千万两至一千三百万两，这其中广东占比超过半数。[62]

民国初年，我国收回关税权，而佛山被划为二等市，出口关税比广州便宜，因而除了佛山本地区外，珠江三角洲其他地区的纱绸也纷纷运至佛山出口，使得佛山成为全省纱绸的重要集散地。

民国四年（1915年），南海西樵民乐林村程家程丙全、程绍江、程泽、程周等4人发明了马鞍丝织提花绞综，首创了具有纽眼通花图案（经线组织为绞纱组织）的新产品——“香云纱”，俗称“白坯纱”，经过晒莨后的成品称“莨纱”。这是广东丝织行业具有划时代意义和深远历史影响的创举。此后，佛山、广州、顺德相继开辟了生产“白坯纱”和莨纱的工厂、晒场，香云纱的生产在珠江三角洲地区全面铺开。

民国六年（1917年），南海民乐各地的丝织生产就各具特色了，程家织纱，潘家织罗，藻美织绫，云洛、辛涌织绸，华夏和塑心织绉纱，绫罗绸绉齐全，产品丰富多彩。

民国十一年（1922年），根据当时的统计资料，当年全省桑蚕丝产量达6278吨，创广东历史纪录；丝织品产量2340万米（此记录直到新中国成立后的1973年才被打破）。其中最发达的首推南海县的西樵、民乐，全盛时两地拥有织机1.2万多台，占当时全省织机总数的三分之一，当地居民绝大多数从事丝织业，务农者不多。林村程家全族600余人，除1人务农外，其余均以织造纱绸为生。当时的生产多数采用和棉织相似的放机形式，即资本家不设厂房集中生产，而是开放机铺，把织机和原料放给各家各户分散进行生产，产出成品后再进行回收，其中较为有名的放机铺有复兴、其发、同和、裕昌盛、华胜等，以复兴放机铺最大。其次在九江、盐步和佛山镇以及顺德县的伦教、陈村、勒流等地丝织业也很兴盛。

民国十二年（1923年），罗行霞涌人麦本初垄断了丝织行业的购销权，打破原来不收税的规定，强行征税。西樵、民乐等地一万多名丝织工人自发组织起来到省政府请愿，得到了孙中山的关注，受到当时广东省省长廖仲恺接见。孙中山表示"他在生一日，就一日不收丝织行业的税"。廖仲恺批示"上丝织成绞、罗、绸、绉永不抽税收。"

民国十三年（1924年），西樵、民乐两地拥有丝织机1.5万台，约占全省的四分之一。年产纱绸100多万匹。民乐每月逢二、五、八为墟日，每墟成交的丝绸买卖就达0.8万至1万匹。

图5-8　经薯莨过乌处理的丝绸制品（摄于南国丝都博物馆）

民国二十四年（1935年）南海丝织运销兼营信用合作社筹委会成立，并制订章程草案。

民国二十五年（1936年），广东省蚕丝局将南海县西樵民乐划为促进丝织业生产发展的实施区。主任为马慎常。

民国二十六年（1937年），成立南海县西樵大岸无限责任丝织品供给运销合作社。同年，广东省蚕丝局在南海县官山"云赢书院"的后边建立有职工40余人、占地3000平方米的织染联合的南海丝织示范工厂。这些措施都促使当时广东丝织业的进一步兴旺发展。

民国二十七年（1938年）10月日军入侵广东后，为掠夺资源，日商三井洋行在佛山开设“英栈”收购纱绸。广州、佛山的丝织业受到严重挫伤，不少丝织工人漂洋过海，流落到安南（今越南）、暹罗（今泰国）等国谋生。广州丝织厂家被迫关闭的达70%~80%。顺德、南海等设在蚕桑生产地区的丝织厂，能够勉强维持生产的，也因盗匪横行，安全无保障，而纷纷把织机迁往佛山镇，如顺德水藤的“公记隆”“公永兴”“红棉”，沙滘的“广兴隆”“永大”，大良的“黄球记”，南海西樵的“中山”等，另一方面，佛山镇内染纸行业受战争影响多停顿倒闭，舍人街一带的染纸工场大都变成了纱绸织造厂。由此，佛山市内的舍人街逐步成为纱绸织造业的集中地。其中，西樵人潘桐于舍人新街开设大来厂专织纱；沙滘广兴隆司里黄球在衙前街开设黄球记，专织绸；沙滘永大在同安大街开设永大厂，专织绸。

民国三十四年（1945年）抗战胜利后，广东的丝织业虽有一定的恢复，但由于多年内战，通胀严重，工业日益萎缩，不少丝织厂被迫歇业或转产。

民国三十八年（1949年），广东的丝织总产量只有450.7万米，即有70%以上的机台处于停工状态。

四、丝绸贸易

佛山地区作为广东主要的丝绸产区，无论生丝、厂丝还是丝织品，其产量自明朝以来就占全省产量一半多，大多数时候占比更是超过七成，因此佛山丝绸贸易之兴衰亦即广东丝绸贸易之兴衰。

在鸦片战争之前，得益于佛山及周边地区蚕桑丝织业的发展及广州通商之便利，广东的对外丝绸贸易在很长时间内都是兴盛的。1757年，清朝乾隆皇帝诏告天下，规定只开广州一处对外通商，封闭其他港口，并规定由政府特许的广州“十三行”统一经营管理和对外贸易。自此到1840年这广州独口贸易的80多年里，广州丝绸外贸几乎囊括了中国丝绸对外贸易的全部，处于中国对丝绸对外贸易的中心地位。鸦片战争前夕数十年间，广州每年出口丝绸数量，生丝可达数千担，丝织品一般也在数十万匹。在出口旺盛的年份，例如1824—1825年，丝织品达七八十万匹；1825—1833年，每年至少出口生丝10000担左右，规模相当可观。就其增长速度看，在1821—1837年的17年间，生丝出口量增长了2.5倍，最高年份竟达12000余包，合10000余担。而此时广州出口之丝绸，为集全国之总数，其中佛山地区所占比例应并不会太高。但也正是因为这80年的一口通商，让佛山地区的丝绸业者意识到此业利润之高，因而竞相扩大生产规模。

1840年鸦片战争清朝战败，1842年《南京条约》签署后，清政府被迫另行开放厦门、福州、宁波、上海等四个口岸，五口通商取代了一口通商，广州享有80年的专利就此消失。这个事件是直接导致广东丝绸贸易大幅下滑的主要原因。

从1842—1850年这八年间，广州口岸的丝绸出口数量只能维持在3000包这个底线，与之前的12000包相较已是差距巨大了。而之所以能够维持这一底线，其中主要原因就是佛山地区的丝绸生产已经渐成规模，有能力在一定程度上稍微弥补被其他口岸拉走的内地丝绸量。

1850—1860年这十年间，正是佛山地区开始废稻树桑彻底向蚕桑生产区转变的十年，尽管这些年间广州的外贸依旧没有什么起色，但佛山地区越来越强的蚕桑生产能力已在等待着突破的那个关键节点的到来。

1862—1864年，太平天国与清王朝进入最后决战时期，长江三角洲一带受到严重影响，广东地区尽管同样也受到战争影响，但由于佛山地区的蚕桑业经过多年的积累，已经进入收获期。从1862年开始，广州口岸丝绸出口开始快速增长。从表5-3中可以清晰地看到增长情况。

表5-3　1861—1871年广州丝绸出口分类明细表　（单位：担）[63]

年份	生丝和丝经	野蚕丝	废丝	蚕茧	丝匹头及绸缎	丝带和腰带	丝绵混纺织物
1861	3222	4617			2348	288	
1862	6091	5206			3537	400	
1863	5684	3912			4369	442	142
1864	2859	3401			4149	793	128
1865	8778	5043			3363	777	130

（续表）

年份	生丝和丝经	野蚕丝	废丝	蚕茧	丝匹头及绸缎	丝带和腰带	丝绵混纺织物
1866	9258	5686	1623	572	3997	624	140
1867	9272	5354	884	491	4952	702	199
1868	11683	6536			4111	652	240
1869	12795	4654			4105	1015	271
1870	15535	3022	2863	1727	4206	930	307
1871	16772	3175	4740	1930	4978	1102	320

19世纪六七十年代，中国生丝（包括粤丝）外销在不断发展的同时也面临着一种相当困难的境地。主要表现在生丝质量下降，生产扩张过快，生产质量得不到保证，使得外商对广丝印象受到严重影响。当时外国丝商们抱怨并警告:“中国人必须严重地意识到中国生丝在欧洲的真正的地位，并且尽一切力量加以改进”。在此情况之下，华人也感觉到丝业改革的重要性和紧迫性，从西欧引入先进的机器缫丝技术势在必行。1872年，继昌隆缫丝厂正是在这么一个背景下诞生的。随之机器缫丝在南海顺德全面铺开。

粤海关贸易报告表明，在1872—1874年间，广东蚕丝出口尚在困难时期。劣质土丝充斥市场，外销上形成臃滞局面，粤丝价格一跌再跌。据统计，广东生丝出口量1872年为25204担，1873年为28762担，1874年为24407担，1875年为29017担，处于一种徘徊不前的状态。一直到1881年蒸汽机缫丝厂增加到了一定的规模后粤丝外销才开始起色。

自此时起，佛山地区的丝绸业产量已经在全省遥遥领先，尤其是顺德县的丝绸业更是一枝独秀，仅一县之产量就已超全省产量之半数。

在接下来的1882—1901年这20年间，广东生丝出口量逐年递增，在整体经济不景气情况下却表现出强劲的势头。

表5-4　1882-1901年广东省生丝出口量　（单位：担）[64]

年份	出口量	年份	出口量
1882	27627	1892	35806
1883	33658	1893	37940
1884	22392	1894	38975
1885	21203	1895	42989
1886	36373	1896	41387
1887	38624	1897	46059
1888	32457	1898	43307
1889	39152	1899	40355
1890	37386	1900	33302
1891	39950	1901	46303

如表5-4所示，从1882年起，广东生丝出口基本呈现逐步上升趋势。

在清末这几十年间，时局动荡，社会不稳，佛山地区的丝绸业却表现出强劲的势头，且这样的势头也带动了佛山地区整体经济及社会相对的平稳发展。

广东机制缫丝的迅猛发展极大地促进了全国的丝绸外销事业。1885年全国出口生丝58000担，值银13570000两，丝织品10000担，值银4556000两；1899年出口生丝148000担，值银65245000两，丝织品18000担，值银9893000两；到1912年则出口生丝158000担，值银67691000两，丝织品38000担，值银6140000两。由此可以推算，在全国丝绸出口中，生丝出口量值前后都能占到百分之七八十。那么丝绸出口总量值的提高，其实主要应是生丝出口量值的提高。再就全国生丝出口来看，1894年机制丝仅占5.5%，1900年提高到52.2%，1905年占到65.2%，1910年为67.4%，以后更增加到80%以上。可见生丝出口的增长又主要是机制丝的增长。而广东机制丝的增长在全国首屈一指，因此这一时期中国丝绸出口贸易发展的关键就在于广东机制丝业的迅速发展。[65]

当然，机制丝的发展也自然挤压了传统的手工缫丝业的生存空间，这是无法避免的。如粤海关贸易报告中所说："这对丝品贸易产生了不良的影响，不仅牵制并提高了劳动力的价格，而且也使蚕茧的价格上涨，致使当地农民在生产主要为本地制造商所用的生丝时几乎无利可图。"

清末广东外销丝绸产品种类开始时主要为七里丝及各类丝织品这些常规产品，而在鸦片战争后30年间，广东外销的丝绸产品更加丰富起来。第一，丝类，可分生丝、丝经、野蚕丝、钓鱼丝和乱头丝、废丝等。其中生丝又可分七里丝、龙江丝、九江丝、马坑丝、杏坛丝、般音丝、甘竹丝、勒流丝、小榄丝和再缫丝等。第二，丝织品类，有丝带、丝绥（流苏）、腰带、丝绸匹头以及服装等品种。第三，还有丝棉混纺织物、蚕茧和丝线等等。在纺织品中，具体还有绫、罗、绉、花绸、素绸、绸巾、线纱等许多种类，佛山地区著名的“香云纱”“黑胶绸”也成为丝绸出口的重要项目。

到了民国，收回关税权，对外贸易自然发展更是迅猛。又恰逢第一次世界大战，出于战争的需要，全世界的织造原料如棉花、羊毛、丝绵等都被规定为军需用品，导致民用织造原料奇缺的局面。在这种情形之下，丝绸作为仅剩的衣服原料明显供不应求，生丝和丝织品价格飞涨。正是国际市场这种急切需求的刺激，广东对外丝绸贸易才有了突飞猛进的发展。加上广东地处中国南端，与欧洲连接较为方便，信息流转也更快。由于欧洲对丝绸需求量激增，佛山地区各蚕桑区域都加紧植桑育蚕缫丝以应这突如其来的大幅度需求增长。当其时丝绸业的风光景象可以用夸张二字形容。甚至有人认为：“当时我国丝业中人皆谓已踏进黄金时代，丝业者无不喜形于色，相告排日为欢。一般在丝业中心之农村，亦无不顿形活跃，今日甲村设会酬神，明日乙村演剧庆祝。及一般在乡镇之小商人，皆获厚利，如酒菜馆、洋货店、绸缎庄等无不客似云来，货如轮转。在此经济活动情形之下，人皆以为中国丝业发达状况可长此绵延下去。”

但也正是在这样的利好大发展情况下，由于外部需求量的猛增，为了吃尽所有外单，广东丝绸业生产开始从看质转变成看量，加之整体机械设备和技术的落后，使得产品质量跟不上外商要求，也给日后快速衰落埋下了伏笔。

表5-5　1910—1917年广东蚕丝各项出口价格[66]　　单位（海关银）

年份	生丝	蚕茧	屑丝	榨蚕丝	合计
1910	26288570	400753	2447270		29136593
1911	22006090	408097	2632057	24706	25070950

（续表）

年份	生丝	蚕茧	屑丝	榨蚕丝	合计
1912	20366038	270275	1830449	13953	22480715
1913	29023179	468242	2748879	35890	32276190
1914	22924101	206332	1930188	30694	25091315
1915	21226896	257415	1641138	15399	23140848
1916	30807068	518444	2391447	168472	33885431
1917	28825955	250598	2503039	240	31579832

如表5-5所示，1910—1917年间广东蚕丝出口峰值已经达到了3000万海关银水平。出口主力为生丝。

在清末民初的蚕丝出口中，屑丝（即废丝）、蚕茧以及野蚕丝的数量也有不少。如果加上这些品类，那么在民国最初6年（1912—1917年）中年平均也达到2800万两海关银。进一步推算1921年出口值，若照例加上额值在300万两左右的其他丝类，则总数应在4600万两以上，情形则更为可观。此外，绸缎作为一项重要货品，多年来或多或少总有一定的出口。不过由于缺乏相关统计资料，无法明确具体情况。有一点可以肯定，就广东丝绸贸易的传统习惯而言，广东所织造的丝绸成品同样大部分行销海外，而且到了民国初期，广东丝织业已经先期进入

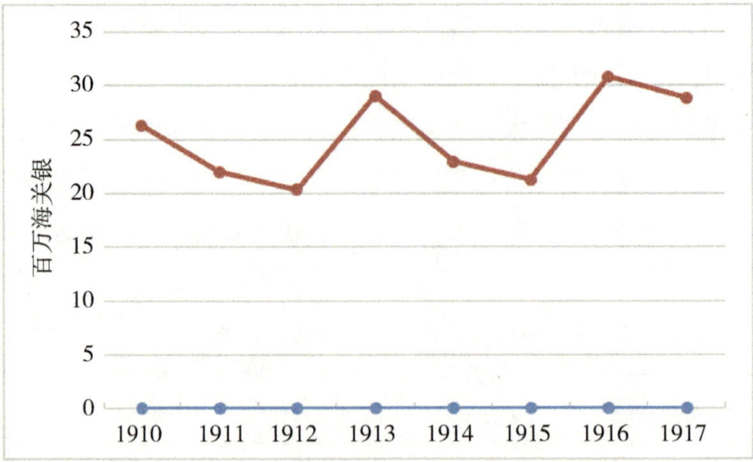

图5-9　1910-1917年广东生丝出口趋势图

全盛时代，丝绸生产单是传统纱绸一大品牌的规模就达到了200万匹的年产量。1912年佛山被民国政府定为二等市后，由于缴纳出口关税比广州便宜，所以南海的西樵、民乐、盐步，以及顺德、广州的纱绸都运去佛山转运出口。因此，佛山就成为全省纱绸的集散地。

以生丝为例，这8年间出口量一直保持这2000万两的水平，且呈现每三年一次升降的明显波动周期。

表5-6　1912—1920年广东生丝输出价值及其在广东外贸总值中比重[67]

年份	粤丝输出值	广东口总值	粤丝所占比重
1912	20579999	42877242	47.53
1913	29059058	55537841	51.95
1914	22954795	44144353	52.00
1915	21142296	42127765	50.42
1916	30975540	55074383	56.24
1917	28826195	49994066	57.66
1918	27365122	50436445	54.26
1919	37785969	64676057	58.42
1920	28968372	59221881	48.91

从上表可以看到，在1912—1920年间，生丝出口值占全省出口总值比例从1913年开始就超过了五成，直到1920年才降到五成以下。到了这个时期，生丝贸易对于广东经济而言已经是绝对之命脉了。

而生丝的主要外贸销售对象是美国、英国、法国、印度，早期以英国、法国为主，到了1919年以后，美国市场需求猛增，取代了欧洲市场。

到了20世纪20年代，佛山地区的丝绸贸易进入最鼎盛的10年。

从各类该时期的海关统计、研究报告、政府产业统计等资料证明，1918—1926年是广东省丝织业发展的全盛时期。在这段时期，广东全省每年用于织造各类丝织品的内销土丝平均达到79000担，占全省生丝产量的62%，全省丝织品仅纱绸一项的年产量就达到200～250万匹。在外销方面，香云纱和黑胶绸享誉国际市场，在东南亚各国和印度孟买尤其畅销。经考查，这一时期在广州、佛山以及南海、顺德等地有不少经营绸缎外销的洋行、庄，其中以直接运销孟买的庄口最多，俗称“孟买庄”。

从表5-7中可以看到，1921—1930年这广东丝绸黄金十年生丝输出价格比之前十年又有了倍数级增长。

表5-7　1921—1930年广东生丝输出价值　　（单位：海关两）[68]

年份	输出价值
1921	44148629
1922	63155216
1923	54250556
1924	46418678
1925	56793839
1926	55925478
1927	44039937
1928	44999911
1929	49201609
1930	36765602

用国外贸易委员会的统计来对比，在鼎盛时期，广东生丝输出值年平均约在50000000海关两，最高年份即1922年达到63155216海关两。与民国初期相比，年平均要高出近23000000海关两，最高年份则相差近33000000海关两。这与生丝输出在数量和价格上都有大幅度增长的总体趋势是吻合的。同时也足以说明广东生丝输出在整个近代史上空前绝后的鼎盛态势。

表5-8　1921—1929广东生丝输出在全国占比[69]　　（单位：海关两）

年份	广东生丝输出价值	全国生丝输出总值	百分比
1921	44148629	111177868	39.71%
1922	63155216	143674696	43.96%
1923	54250556	146939288	36.92%

（续表）

年份	广东生丝输出价值	全国生丝输出总值	百分比
1924	46418678	111108288	41.78%
1925	56793839	142532366	39.85%
1926	55925478	144596891	38.68%
1927	44039937	132233909	33.30%
1928	44999911	139901966	32.17%
1929	49201609	150547306	32.68%

自从鸦片战争爆发，《南京条约》签署后，1843年五口正式通商，广州出口优势被夺，生丝出口量一落千丈。尽管华东地区曾在更早的时候试办机器缫丝工厂，但因为种种原因终未成功，直到19世纪80年代机器缫丝工业首先在广东兴起，而佛山地区再一次独占先机。但是，这一时期广东生丝的进步仅仅限于机器缫丝的发展。广州出口的机制生丝在数量和价值上都超过了上海，然而如果计算出口生丝的总量和总值，广州还是远为落后。民国初年，广州开始出现赶超上海之势。尤其在1918年粤丝改良得见成效，广州超越上海而成为全国生丝出口第一商埠。到19世纪20年代前半期，广东巩固了这一优势，最好的年份占全国生丝输出总值近44%，这在近代史上是空前绝后的。

这段时期也是粤丝价格相对的高位，如表5-9所示。

表5-9　1916—1927年粤丝运销欧美平均价格表　（美元/磅）

年次	1916	1917	1918	1919	1920	1921	1922	1923	1924	1925	1926	1927
价格	4.13	4.99	5.52	6.90	8.10	5.46	7.46	8.30	5.96	5.64	4.31	4.02

但就价格波动而言，在全球经济危机爆发前的这12年，粤丝价格尽管在相对高位，但其波动还是比较大的。具体如图5-10所示。

然而，到了1931年，世界经济危机自美国开始爆发并蔓延全球，造成中国丝绸出口遭到重挫，以外销为主的佛山地区丝绸业自不可避免。在欧美市场已接近

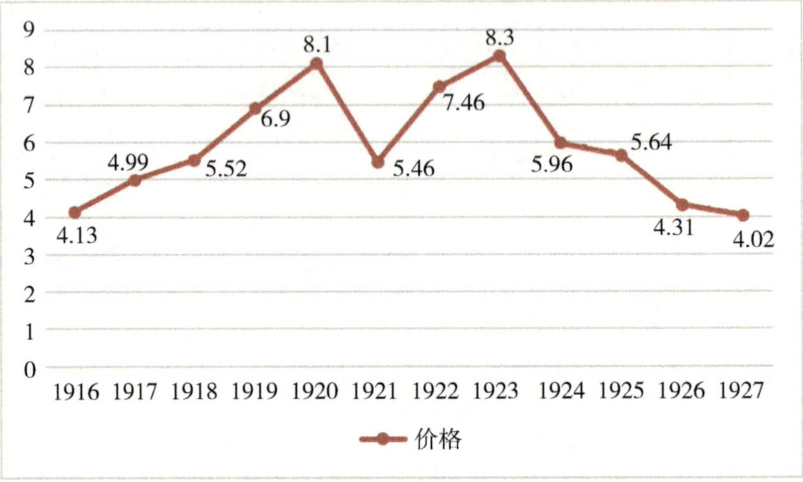

图5-10　1916—1927年粤丝运销欧美价格波动图（美元/磅）

无利可图，因而粤丝开始重点转战印度、安南及非洲等市场，这样做刚开始在一定程度上守住了丝绸业稳定的底线，但终究难以长久。再加上日丝倾销、人造丝抢占市场的多重围攻情况下，只能勉强维持。仅就顺德，在此时期顺德丝厂工人失业约有36480人，因蚕造失收而失业58871人，其他连带失业的有12430人。

此时广东生丝价格下跌至2美元/磅级别。如表5-10所示。

表5-10　1934和1938年各国生丝（美国市场）价格比较　　（美元/磅）

年次	意大利	日本	美国	中国
1935	3.78	3.59	3.56	2.18
1938	1.54	1.72	1.69	1.28

从上表我们还可以看到，世界大战对生丝价格的影响。

1933年，广东蚕丝改良局调整了蚕业的推广计划，放弃了原定将蚕桑业北移的目标转移，转为扶持南海、顺德的传统产区。并且在顺德设立了蚕丝改良总区，从而建立了以这个机构为中心的蚕业推广体系。到了1936年，设在顺德大良的蚕丝改良总区已经是一个体系设置和职责都相当完备的机构了，其工作重点在顺德，辐射附近南海、中山、番禺等蚕区。在20世纪30年代的蚕丝复兴运动中，顺德出现桑基鱼塘和蔗基鱼塘并存的状况，不但使基塘这一农业生态模式发生了自清代以来的重大变化，同时使桑基上的耕作栽培制度从单一的桑树连作向桑蔗轮作过渡。同时蚕丝改良区在桑区大力推广种桑新技术，以及桑田间作豆类、番薯、马铃薯、蔬菜，甚至陆稻等作物。桑基鱼塘和蔗基鱼塘的交替使用，还使农民能根据国际和国内市场的需要，灵活地选择基面作物。桑蔗轮作，有利于基面土壤的改良和用地养地，桑田间作其他作物，可以使农民在蚕丝业衰颓的经济环境中增加副业收入。即使甘蔗栽培能使农民带来暂时的经济利益，但农民还是喜欢种桑养蚕，因为蚕桑业能充分地利用家庭劳动力。而甘蔗种在基面上，一年后才有收获，使劳动力闲置，家庭副业收入减少。同时甘蔗高大，不利于间种杂粮、蔬菜。所以蚕农尤其是佃农，在蚕业稍有起色的时候，就立刻改种桑树。

然而日本侵华战争使得广东蚕丝振兴计划落空，珠江三角洲地区沦陷后，丝绸贸易被日军封闭，蚕丝业遭到沉重打击，相应的蚕丝贸易日渐式微。

1938年11月珠江三角洲沦陷，地方秩序混乱，蚕丝业生产无法正常进行，运往佛山销售的丝绸制品往往在运输途中就被劫掠，使得各地丝厂只得停工避险。而就在此时，日商三井、三菱洋行乘此混乱之机在广佛抢购存丝。日伪组织则对这两个日商洋行加以控制，强行将所购生丝运往日本和其殖民地台湾，再转销欧美各国，以换取军用物资。

另一方面，日本侵略者在占领区强行推行使用军用票，生丝一担值军用票800元。在这一段时间，生丝大多被日商强购而去，不过也还有不少百姓，如中山石岐或顺德容奇等地的丝商，则暗地里将生丝偷渡澳门转售香港，平均每担价值为港币1800元。同时，在利润引诱下，部分伪军则与中山、石岐、顺德、容奇等地的丝商勾结，参与生丝偷运澳门的活动。1939年国际市场丝价上涨，为了掠夺蚕丝资源，日军对沦陷区蚕丝业实行统制政策，用武力强迫丝厂工人复工，并规定必须将所生产的生丝订售于日军。在日军胁迫之下，各地丝厂陆续开工，蚕丝业逐渐恢复生产。到1940年，日军将生丝价格压低到军用票700元，而且规定了许多苛刻条例。为此丝商们感到非常困难，更多将生丝偷运香港而不愿与日军交易。只是由于日军防范极严，也有一些人不得已仍旧将生丝运到广州卖给日军。1941年，日军将生丝价格压得更低，收购一担生丝，只用军用票600元，各地丝厂因经营困难相继破产倒闭。同时由于币制上的原因，日军的军用票只使用于广州，其他地区则以国币基础较好，未遭摧毁，仍旧实行，为此丝商们在军用票的转换和使用上倍感困难。因此这时候粤丝大部分仍旧偷运香港，价格达到每担值国币80000元。直至香港失陷，粤丝出口全被封闭，日商三井、三菱洋行也被勒令暂时停止收购。1942年三角洲一带缫丝工厂几乎全部关闭，所有蚕茧改缫所谓“洗门”丝，用来供应纱绸的织造。然而当时日军封锁造成运输艰难，加上日伪对生丝所加税率极高，纱绸销路无法打开，许多丝绸商人破产，广大蚕农更多只得改行从事其他行业。[70]

五、丝绸市场和丝绸商业从业人员

随着蚕桑业的全面发展，在佛山地区很早就出现了专门进行桑蚕丝绸贸易的专业配套市场。这些专业市场数量规模空前壮大，贸易分工也达到细致完善的地步。

珠三角水网密布，船运是首选的运输方式。于是很多地方在河涌边、桥头上设有墟市，以方便贸易。如顺德龙江镇的永济桥边，号称龙江巨市，百物辐集[71]，还有杏坛镇的巨济市、明远市，大良的碧鉴市、迎恩市等[72]，均依傍河涌进行墟市贸易。

当时佛山各地的专业市场种类很多，以顺德为例，咸丰《顺德县志》所载的墟市，仅有水藤丝墟、逢简桑市、马村桑市三个，占所列98个墟市的3%。[73]但民国《顺德县志》载有70多个墟市，与蚕丝业相关的有42个，占60%，另有不可胜数的桑市。[74]

桑蚕丝绸方面大致情况可分述如下。

1. 桑市。

桑市是专门进行桑叶买卖的市场，有的兼行桑苗买卖。

考活记述道：“蚕桑区域，其桑市之多，不可胜数。繁荣市镇，必有桑市二、三间，小村亦有一间。”[75]作为桑蚕事业最为基本的贸易市场，桑市在佛山地区星罗棋布，只要有蚕事活动，就少不了桑市的开设。桑市性质，或为一乡百姓所公有，或为某个族姓甚至个别富裕豪绅所开设。桑市经营，既有百年昌盛的老字号，也有乍兴即灭的短暂市墟。场所形式，有的利用庭廊建筑构造市场，有的则在空地上简单搭建竹木栅栏、草布天棚作为市场。基于此，当时桑市难以统计出具体数字。

2．茧市。

茧市多为缫丝者购茧而设。

农民卖茧有三种途径：

一是自己携茧到茧市出售；二是通过茧栈；三是直接在自家蚕寮或某些路口卖给水斗[76]。

茧市是蚕茧流动的首要途径，几乎遍布全省。据统计，鼎盛时期广东全省共有茧市约有四五十处，其中顺德21处，南海11处，香山2处，三水4处，西江沿岸约10处，北江、东江沿岸以及广东西南地区包括海南岛诸地也有设立。由于珠江三角洲是主要蚕丝业区，仅佛山地区的茧市就多达36处，占了全省的绝大部分。特别是顺德县容奇、桂洲镇（现容桂街道），当时号称“中国南方蚕茧汇集之区”，因而也是茧市最为集中的地方。论其规模，容奇镇的盛丰年、丝业、厚记三处茧市为最大。

顺德境内规模最大的三个茧市，是位于容奇、桂洲的盛丰年、丝业、厚记。容、桂两地优越的地理环境：容桂水道、桂洲水道、容奇沥环绕容桂，由顺德各乡及中山、新会等县运茧到容桂均较便利，而且也利于由省城汇银，以用于购茧。[77]因而，从各地茧市收来的大量蚕茧，均可聚集于容奇、桂洲的大小茧市、茧栈。所以，盛丰年、丝业、厚记三个茧市不仅年贸易额达750万元，远远高于其他茧市，而且也有能力派遣蒸汽轮船，拖带大批木船，到全县各乡载运蚕茧，甚至到中山古镇外海、鹤山古劳三洲等地。[78]如在原容奇坝咀处，就有盛丰年码头。[79]通过这些措施，这几个茧市的辐射范围进一步扩大。因而盛丰年、丝业、厚记是辐射范围最广、消化力最强的大型茧市。

水斗在茧市上收购的蚕茧，多被转售到本地或外地的茧栈。[80]茧栈最集中的地方是容奇、桂洲两地。广东的约一百五十所茧栈，两地已约占百所。[81]民国版《顺德县志》述：“容奇茧市在墟头，光绪末年设，外乡外县多来贸易，并建有茧栈约百间”。[82]也有人这样评价：“广东省的蚕丝贸易中心在顺德，容奇、桂洲是顺德最大的蚕丝贸易城镇，也是广东丝业的实际中心，在那里有最大的蚕丝市场和80%的蚕茧仓库”。[83]因此，容奇、桂洲可称为广东省蚕茧原料购销的集中点。

表5–12　1922年的顺德茧市

所在地	茧市数	茧市名称	年贸易额（万元）	销运处所	备注
容奇	1	盛丰年	300	供有贩家转沽与本埠茧栈	各有轮船往来各乡运送卖茧者，按重量交易
桂州	2	桂州丝业、厚记	450	同上	同上
勒流	3	合兴、公信、解丰	170～200	由贩家转沽与本埠茧栈或运往容桂出沽	按数量交易（箩）
龙江	1	荣益	60～70	同上	按数量交易（箩）
乐从	4	永和祥、广和、公信和	120～130	由贩家转沽与本埠茧栈或丝厂	按数量交易（箩）
陈村	3	广和祥、公兴、穗丰	110～120	销往本埠茧栈为多，间有少数运往容桂	按数量交易（箩）
大良	1	天和	50～60	同上	按重量交易
甘竹	1	利农商	10余	由贩家运往勒流或输往容桂	按数量交易（箩）
黄连	1				
伦教	1				
合计	18		1270～1340		

分布于容、桂的茧栈每年营业数目，从十万元至六十万元不等。[84]其辐射范围包括了顺德各乡及广东的东、西江地区多个县，以及广西省，是一个影响力极大的原料集散地。如表5-12所记录，顺德的勒流、陈村、大良、甘竹、龙江等本地茧市的蚕茧，一部分售予本地的丝厂、茧栈，但大多数是运往容奇、桂洲的茧

栈。而广东各地，如番禺县“新出蚕茧，只运往顺德出卖，可谓有茧无丝”。东江地区的东莞、惠阳等地的茧，“输往容桂、陈村的处茧栈发沽……绝无缫丝出售者”。其余西江各县如三水、高鹤、清远的蚕茧也多运往顺德，新会的茧“多由贩家输容桂交茧栈发沽，然亦有另由各家直接输往容桂茧市出卖者”。[85]此外广西等地所收之茧也被吸纳其中。[86]

另外，在三水西南设有趸茧栈，趸茧栈与茧栈不同，其专为收购西江沿岸一带的水斗（贩家）所收购的蚕茧，用船运至西南放到栈内存趸，然后由他们与茧栈议价交易。交易成功的话，趸茧栈按每担蚕茧收回佣费一元二毫，另收栈租每担二毫。

3．土丝市场。

所有生产出来的生丝，按照销售途径一般分为洋庄丝和土丝。洋庄丝直接出口，而土丝则销售内地或用在纱绸织造。内地丝绸织造者，都要到土丝市购买生丝原料。考活的调查报告说“各蚕桑区域之适中地点，莫不有丝市之设立”，而“其经查悉者，不下二十余所”。与当时的丝业发展相适应，其中最为集中、规模最大的土丝市场在广东丝业重心同样是在顺德。数量多至十几处，即使到了丝业衰落的30年代，尚存11处。其他地区可统计到的，南海6处，香山1处。规模最大者是顺德桂洲镇的均和安土丝市，仅此一处每年的销售额就达270余万元。

4．蚕纸[87]市。

蚕纸市是专门买卖农家育蚕过程中所需蚕种一项的专业市场。

蚕纸市场最盛首推顺德龙山，次为大良、勒流、小榄，除外尚有略小者甚多。看来蚕纸市的情况与桑市类似，遍布乡村各地，难以统计出确切数字。1925年蚕纸市数大致为，顺德24处，南海4处，新会2处。

图5－11　蚕纸

5．绸缎市场。

在丝业繁荣基础上，丝织产

品的贸易也极大发展。据统计，在行销广东内地的生丝中，绝大部分都用于广东当地丝织品的织造，其中仅纱绸一项就占到内销土丝总额的十分之六。可见广东丝绸生产规模非常之大。绸缎市场主要集中在纱绸生产区域，如南海的西樵、民乐以及佛山、广州等。绸缎市场的交易规模也相当可观。仅仅在勒流一镇，每年的贸易额就可达80万元。此外，在各地还有许多水结市、茧壳市等专业市场。其中茧壳市专门买卖劣茧或废茧。比较稀奇的是还有一种所谓“自卫市”，一般设在乡村各处交通要道，这种市场实际上是中间商贩设立，通常以不收扣佣金为招徕手段，规定蚕茧级别多种，收购后转手茧栈以图利。

而全省绸缎庄店以佛山最为兴盛（佛山镇）。佛山丝织业历史悠久，并接近广东纱绸的主要产地南海顺德等县区。自1912年起（佛山定为二等市，税收比广州低），南海、顺德以及广州等地的纱绸大都集中到这里转运出口，由此形成广东全省纱绸的集散地。在佛山，绸缎行业为一大行，它们经营方法多有不同，或者专营批发，或者以零售为主，有的还兼营布类。此外义阐堂曾是一个拥有50多家店号的绸缎行。绸缎行和这些绸缎店分布集中，多设在靠近墟市之地，形成普君墟和公正墟两大丝绸市场。

在广东桑蚕丝绸贸易过程中，许多贸易中介机构和相关从业人员应运而生，一大批专门从事贸易中介活动的专业人员涌现出来。在桑市、茧市、蚕纸市、土丝市都有专门的经纪或中介人；丝厂也都有自己的代理人专门从事购茧或卖丝的业务。而在每个桑蚕专门市场往往在买卖过程中会有专门司秤的秤手，使用专业的称重、测量工具。

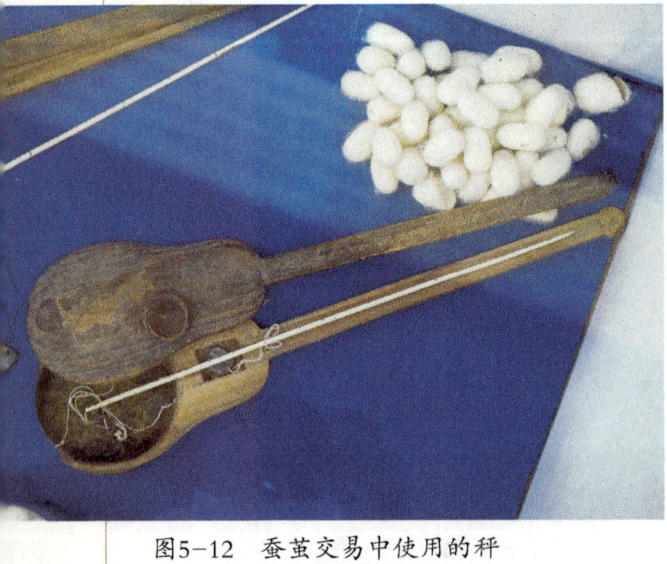
图5-12　蚕茧交易中使用的秤

茧市中还有专门从事鉴定蚕茧品质优劣或替丝厂挑拣劣茧的人员。在洋庄丝行业有专门与外国丝商接洽或交易的蚕丝买办；丝庄还有专门接受委派专靠代办生意来收取佣金的“开毡”。众多类别中最为典型的，当属在茧市中专门操纵蚕茧生意的“水斗”。这是一个相当庞大的队伍，仅在顺德之容奇、桂洲的3个茧市内，赖此业为生的就不下八九千人。一般的小本茧贩，首先要在茧市中申请挂号，获准条件后分得买卖摊位，然后挂牌经营。从业稍久与茧市和蚕农搞熟了关系，他们可以在途中直接向蚕农收购蚕茧，带到茧市摊位转手给茧行、茧栈，也可以凭信誉从茧市支取银款以作买茧付款。关系越熟，盈利越丰厚。他们大多操纵着蚕茧的鉴定权。甚至许多行业伙伴联合起来组成“水斗公司”，借以垄断市场，操纵茧价，牟取暴利。这些“水斗公司”不同于一般茧贩，大都结成“地帮”，配备大批人马甚至武装，或者雇用侦缉队、自卫队等人员，势力极盛。这类公司在顺德容奇、桂洲等地最多，大的公司人数有100多人，小的也有几十人。[88]

六、丝绸业小结

佛山地区丝绸业，这个曾经是整个佛山乃至广东手工业主要的构成部分，其兴替在明清至民国这几百年间演绎轮回。于佛山而言，此业给佛山带来的繁荣除铸铁业外，其他各业很难与其相提并论；于整个广东而言，此业兴衰就是近代广东发展史之缩影。资本兴起、机器革命全都集中在丝绸业近代发展这百年间。其重要、其盛况已无须多言。从鸦片战争到日本侵华战争再到内战，战争给佛山、给佛山丝绸这个行业所带来的伤害很难用具体文字和数字去表述，不经意间，我们总会想若是这些战争不曾发生，那佛山丝绸业会发展到怎样的程度？但历史不容假设。

曾经繁盛如斯的佛山丝绸业，在当今佛山却已几乎寻不着痕迹，若非文献记载，今人很难对其有所了解。这个在佛山地区绵延了上千年的行业，这个经历多次战火依旧顽强的行业，至20世纪80年代突然“水土不服”，然后快速消失于人们的视线中，不得不让人感叹商业逐利之残酷。

此外，也必须提出的是，自20世纪20年代开始，粤丝外销屡创新高，而粤丝商不思进取之风也日盛，工厂经营者故步自封，对新技术不屑一顾。1927年，当岭南大学的科技推广人员到顺德考察丝业的时候“生产人员性极骄傲，有自满自足之态”。这已非个别现象，而是整个行业的风气。近代广东丝业自陈启沅、岑国华之后再无重大技术革命，可见其不思进取程度。此外，光绪二十一年（1895年），顺德设养蚕局，专司照料蚕茧出丝好否。本来这是保持蚕茧干洁、剔除坏茧的好办法。[89]但后来与本县士人不能融洽，只得搬迁，最终关闭。为提高蚕丝质量而设的蚕业讲习所和丝业研究所，也在1926年因各种原因停办。[90]由此可见“生产人员性极骄傲，有自满自足之态”的风气形成已久，当大多数从业人员都是如此心态，显然改良也就无法进行了。

近代较长时期内，广东丝商只满足于将货物推销出去，而从未考虑控制粤丝输出。这种商业态度导致他们对于国际市场的丝绸销路和市场供求懵懂无知，粤丝贸易完全操纵于外国洋行之手。沙面洋行在出口业务方面，直接垄断着生丝、水结以及烂茧等货物的出口，它们又相互联合勾结起来，组成外商丝业联合会，大力排挤华商丝行。尽管华行也有丝业研究所等类指导机构创设，但是由于资本基础、经营方式等方面的种种不足，根本无法与之抗衡。

第四节　麻织

南海县的麻纺织工业主要分布在九江镇。它地处西江沿岸，淡水养殖业资源丰富，桑基鱼塘遍布全区，鱼塘面积占总耕地面积的60%，尤其是捕养西江的优质鱼苗，远销全国各地，甚至出口至日本、东南亚等地，捕养鱼花和养殖淡水鱼，须大量使用各种网具，因而九江地区以生产渔网具为主的麻纺织业，就随着淡水养殖业的需要而兴盛起来。麻纺织业所产的鱼池布等一系列渔网具，与著名的“九江鱼花”齐名，早在清道光十五年（1835年）的《南海县志》中就有：“鱼池布——用以取鱼花者，沙头产者尤良”的记载。至民国初年，麻纺织业的生产最为兴盛，九江镇和镇附近的上东、下东、南方、大谷等乡村，从事麻纺织手工业生产的有6000多户，12000余人。

民国十三年（1924年），华侨胡波、冯安枝和留日学生朱绷行在九江镇内合资兴办“九江炼麻制纱厂”（厂址设在九江镇儒林东街），厂房250平方米，有工人100人，电动制麻机20台，发电机1台和其他制麻等设备，生产织麻布用的麻线，全部出口，这间厂是县内第一家使用电力和机器生产的麻纺纱厂，但于1927年5月发生火灾，厂房设备均被烧毁。

1938年，南海县沦陷，淡水养殖业严重不景气，麻纺织业的原料来源基本被截断，生产陷于停顿状态，直至1945年后，麻纺织生产才得以逐渐恢复。

麻纺织生产原料是青麻，来源于国内的湖南、湖北、广西等省，以及本省三水县西南镇等地。人们习惯地将湖南、湖北产的青麻称作“北麻”；广西及三水县西南镇等地产的青麻称作“西麻”。青麻来源的途径：1949年前主要是通过贩运商人（当地人称之为“水客”）从产地采购运回卖给九江镇专门经营麻纺织品的商店，再由店主发给从事麻纺织的手工业户。

县麻纺织品主要通过专营的商店以及墟市进行销售，据调查1920—1937年间，九江镇有5家专营麻纺织品的商店，店号为永隆、洪泰、耀利、成泰、成德等，这些商店购买青麻后，以发外加工的形式发给九江镇及附近乡村的麻纺织手工业户，织成麻布出售。

而清朝时期顺德所产竺麻布很闻名，乾隆罗天尺《五山志林》记载：“近数十年，吾顺德织苎者甚多，女织于家，而男则具麻易之；亦有男经而女织者。名大良苎麻，通贸江浙，岁取数千金，亦开财源，而地无游民一征也。”为当地主要副业，并取得良好经济效应和社会效益。

第五节　刺绣

佛山刺绣属粤绣一支，虽与广州比邻，理属“广绣”之列，但亦有人言各自发展似有所不同。[91]要说佛山刺绣，还是须先说广东刺绣（粤绣）。

明代以前的广东刺绣精品就已是贡品级别，到了明代，特别是明中期以后，又有了质的飞跃。其中很重要的原因是得益于海外贸易。如葡萄牙人传教士克罗兹曾于嘉靖三十五年（1556年）在广州逗留几个星期，给他留下了很深的印象。在《回忆录》中他说道：“……出口的产品也是丰富多彩的，有用彩色丝线盘曲地绣在鞋面上的绣花鞋、彩漆绘画盒、硬木家具（如写字台、桌、椅、木雕的床）、镀金的铜盘、瓷器等，都是绝妙的艺术品。广州的主要街道比葡萄牙首都里斯本的街道还要宽阔。”

海外贸易为传统工艺品提供了广阔的商品交易市场，使得原本主要为自用的刺绣品，被开发利用为可以营利的出口商品，为了适应需求，产量的增加必然导致生产规模的扩大。此外，通过海外贸易、商品交流，开阔了广东刺绣工人的视野，促进了刺绣技术的提升。如明末清初时期的屈大均《广东新语·货语·鸟服》对此做过这样的记载：

“夷人剪天鹅细管，杂以机丝为之，其制巧丽，以色大红者为上。有冬夏二种，雨洒不湿，谓之雨纱、雨缎。粤人得其法，以土鹅管或以绒物，品既下，价亦因之。一日琐袱，出哈烈国，亦乌毛所成。纹如纨绮，其大红者贵。然服之身重不便，粤人仿为之，似素纺绢而白起云，殊不逮也。又有以孔雀毛织为线缕，以绣谱子及云肩袖口，金翠夺目，亦可爱。其毛多买于番舶，毛日珠毛，盖孔雀之尾也。每屏尾价一金，屏者一孔雀之尾也，以其尾开如锦屏，故曰屏。”

1957年，在广州东山出土的明代正德年间戴缙墓的随葬品中，发现了金银线绣鹤谱子。

图5-13　清代金银线绣鹤谱子

清代，佛山刺绣在清朝中期亦已转为商品生产，并形成行，设有行业会馆“锦绣堂”。绣庄主要分布在朝观里及长兴街。

光绪年间，广绣的生产规模发展更为迅猛，而一份“广东彩元字号”的广告招贴使得部分人提出了广州与佛山两地刺绣有别的观点。该广告文具体如下：

“原始创号老铺向在广东藩台前朝北门面开张，分设一栈在广府前小马站口朝北门面发货。本号承办进呈入贡各等绣货；专办各省文武蟒袍、珍珠补褂、朝衣朝裙、女蟒霞珮；各式挽袖花边、裙花、官桩、云肩、旗桩绣货；珍珠、翎毛、洋金、古龙、缂丝、捆纱、拉锁、顾绣，大小满汉荷包、朝带上绣翎毛、花卉、鸟兽、亭台楼閤、山水人物，围屏、寿帐、桌上插屏、斗方、挂屏、炕上围屏、八扇挂屏、大小座屏；中堂、对联、条幅、挂屏、檐彩、铺垫、被褥、帐檐、灯襚、幛襚；洋金银线时款裤带、翎毛团扇、栏杆衣边、胭脂宫粉、绒线杂货，一应俱全。本号不惜工本，拣选精工巧手名绣，俱仿名家书画，永无乡里工绣。近有无耻匪徒，将乡里工绣低货混充在外，贱售哄骗，希图射利，以假冒真，致有鱼目混珠之杂，特此告知，以辨假而崇真。所有贡品、绣货，童叟无欺。绅商赐顾者，请细认本号仿帖，庶不至于贻误也。彩元绣庄主人何竹斋。”

其中“本号不惜工本，拣选精工巧手名绣，俱仿名家书画，永无乡里工绣。近有无耻匪徒，将乡里工绣低货混充在外，贱售哄骗，希图射利，以假冒真，致有鱼目混珠之杂，特此告知，以辨假而崇真”。这段声明有人认为是专指佛山地区的绣工，但从字面看来，实在不宜如此早下判断。更何况以当时佛山地区的商户经济实力、丝绸业的强盛程度、贸易的发达，佛山绣庄绣坊显然不可能是只生产“乡里绣工低货”的地方。

佛山刺绣在清朝时期曾经兴盛，主要的产地包括石湾、海口、莲塘、大富、容州、上元、深村、奇槎、南海石、蔗围、罗村、上柏等地，以及南海九江、三山、林岳，顺德的部分地区。其中乾隆时期佛山镇有绣坊10家，分布在朝观里和长兴街，其中，梁合隆、福兴隆经营出口美国、加拿大及东南亚业务；南海顺德农村从事外加工有三四千人。此外从佛山刺绣敢于称为“顾绣”，[92]其实力显然不是简单的乡里绣工级别了。到了民国十五年至二十五年间（1926—1936年），佛山地区刺绣从业人员已超6000人，到了民国中后期，佛山刺绣业已开始衰弱。

图5-14　佛山刺绣（摄于南海区博物馆）

如民国版《佛山忠义乡志》所载：

“顾绣行，专造各种刺绣品。或雇工人在店制造，或发四乡女工接绣。行销本省及广西地方。民国后，级制改革，补子、披肩、蟒袍等已不适用，女服亦不尚宽博之缘饰，只有屏障、铺垫尚能销行。故制造不及以前之盛矣。约四、五家，多设于长兴街等处。”[93]

1938年，日本侵华，广东刺绣业一落千丈。

第六节　纺织贸易

明王朝大多数时间都实行严厉的海禁政策，这使得从宋元时期发展起来的东南沿海贸易被阻断。大量长江流域的商货不得不过梅岭走内河入粤，广货也不得不溯流过岭而北。广州濒海的枢纽地位顿时改变，海运的功能逐渐萎缩。而内河运输的迅速发展，客观上要求一个新的集散中心出现，它必须居于内河的枢纽地位。广州倚江濒海，居西、北江下游，位置偏低。原有北江支流经官窑涌、历石门达广州，还不失为内河枢纽。但自宋元开始，石门水淤浅，北江航道南移至汾江。北江向南流至沙头，折入汾江进入佛山镇，再折向北到广州，要经过较窄的花地涌，大船要换成小船方能顺利通过。这样，广州再要作为南北货物的集散中心就有点勉为其难了。而位于汾江边的佛山，正居于枢纽地位。它地近西、北两江汇流处，两江船到佛山，河宽水阔，不用换船。镇内有十二条河涌曲折环绕，处处可起卸货物。与下游珠江三角洲河网区水路相连，四通八达。得天时地利，佛山镇在明代迅速发展起来。“先有官窑，后有佛山”的俗谚，正反映了这段时期的历史地理的变迁。到明末清初时，佛山发展成为仅次于广州的岭南大都会。[94]

至清康熙二十三年（1684年）广东布政使朗廷枢在《修灵应祠记》中对佛山有了这样的描述：“四方商贾之至粤者，率以是为归……挠揖交击，争沸喧腾，声越四五里，有为郡会之所不及者。沿岸而上，屋宇森覆，弥望莫极。其中若纵若横，为衢为街，几以千数阛匮层列，百货山积，凡希觏之物，会城所未备者，无不取给于此。往来驿路，骈踵摩肩，庾肆居民，楹逾十万。”康熙时期吴震方在《岭南杂记》中形容佛山“天下商贸皆家焉，灯火万家，百货骈集，会城百不及一也”。[95]另一学者迹删鹫也在《咸陟堂集》中提到：“佛山为南海巨镇，货贝之所出入，仕宦商旅之所往来，声华文物之胜，拟诸京邑”；民初《佛山忠义乡志》载：“至民初，全镇有大小庙、观、寺、庵、祠等705座”；[96]学者徐珂在著作《清稗类钞》中也形容：“佛岗（山）之汾水旧槟榔街为最繁盛之区。商贾丛集，阛阓殷厚，冲天招牌，较京师尤大，万家灯火，百货充盈，省垣不及也。”[97]

凡上种种，足见当时的佛山镇商贸繁荣程度已超省会广州。

在1830年佛山市场贸易商品中，与纺织相关的商品有皮草、棉花、麻、苎麻、花麻、麻绳、蓑衣、靛、江西粗布、京土布匹、机布、洋布、夏布、扣土布、金线、绒线、蒲缎、金纽扣、毡、头绳、线纬、丝带、红绒、丝边、纱灯、绣锦、旧绅服、新衣、原当衣服、家用纽扣、皂靴、缎鞋、布鞋、布底鞋、各袜、色袜、花衫、兜肚、花角绒、帐、红缨、袋索、云额、手巾、皮裘、绒领、棉被、金线、缝针、红线、帽绒、布扑、烟袋、田衣服等超过50种，真可谓琳琅满目、应有尽有。

此外，即使是广州与澳门之间的丝绸贸易，也是经过广州—佛山—澳门这样一条路线来完成的。因为佛山是广州外港，澳门也是广州外港，三个港口形成一个“T”字形的外贸空间体系，佛山在其中起到二传手角色。集散佛山的丝绸主要来源于珠三角各县，特别是乾隆以后，湖丝出口受到限制，广佛生产丝绸比例上升居首位，成为重要出口对象，广州、佛山地区跃上一个新台阶。因为珠三角各地丝绸从佛山经澳门转口海外，直接与世界市场发生联系，如南海龙山一首《竹枝词》描述的那样：“呼郎早趁大岗墟，妾理蚕缫已满车。记问洋船曾到否？近来丝价竟何如。”据《广东省志·丝绸志》记载：“南海县所产的生丝，销路以美、法、英等国为大宗。丰年及洋装丝生意旺时，每年出口约300 余万斤，歉收递减。”[98]

自清朝五口通商以后，外商已转到上海购货，广东丝绸出口转而依靠当地产品。在这种情形之下，珠江三角洲之南海、顺德、佛山等地渐已发展起来的丝绸产品便沿珠江水网和陆路汇聚于广州出海了。

康熙二十三年（1684年），广东开海贸易，据《粤海关志·口岸一》中记载，全省设7个总关口，下已有60 多个小关口，佛山口位列各关之首，比广州黄埔口，东莞虎门口、澳门总口等排列要前，是广东第一个总口。而佛山“控羊城之上游，当西北之冲要，天下巨镇、岿然居首”，[99]西江、东江、梅江、北江各地城镇都与佛山有直接贸易关系。嘉庆十九年（1814年）石湾丰宁寺重修，共有418家佛山和外地客商捐款，确知其中有客商200多家，除广东本省的以外，还有安徽、广西等县客商。佛山有河道直通江门和澳门，直出南洋。这一交通形势，也确立佛山在海上丝路枢纽港地位。

如乾隆版《佛山忠义乡志》中所言，北溯浈水，可抵神京，通陕洛以及荆吴诸省。西溯浔桂，可达广西全境，并通滇黔湘蜀。[100]

北江下游在番禺狮子洋附近与东江下游遥接，因此佛山又有“地处三江汇流处”之说。北江是长江流域和北方各省货物至粤必经之道，沿岸的墟镇，上至乐昌的坪石、南雄府治、连州、韶关府治、清远县治，三水县西南镇，都与佛山有直接贸易。上举的南雄、英德、连县等客商就以佛山镇太平坊为聚居区。

西江是广西大米和土特产运输的通衢大道，几清代前期，循西江而上，一直深入到广西左右江地区的沿岸墟镇，如肇庆府治、西宁的都城、封川的江口、苍梧的戎墟、平南的大乌、桂平的江口、贵县，南宁府治等墟镇，都与佛山有直接的贸易联系。乾隆年间，号称贵县“商业总枢纽”的林宝昌铺号，就从事贵县至佛山间大批谷米与手工业品的贩运批发贸易。稍后的桂平县江口墟的仁兴商号，也经营江口至佛山之间贩运谷米和布匹的批发业务，[101]在绥江的四会、广宁、怀集等县，在罗定江的罗定、东安等州县，也与佛山有直接贸易关系。

该时期广东省志、各地的县志及各类笔记文献中也多有记载与佛山之间的贸易，如：

乾隆版《广宁县志》记载乾隆年间，广宁县“转易货物，多从佛山”。

光绪版《四会县志》记载四会县所出香粉也载往“佛山香粉行发卖”。

雍正版《广东通志》记载罗定、东安以及阳春、阳江、新兴所出之铁，“商贩皆从罗定江运铁总集佛山。故铁以佛山为凑，而以罗定为良”。

道光版《粤海关志》记载东江、梅江各镇虽地近广州，也与佛山发生直接贸易关系。清代前期佛山口海关征税的船就有“东莞各处来船”。

嘉庆年间的吴兰修《与沈芗泉明府书》中记载镇平县[102]发生饥荒，赈灾的物资“远籴于佛山。闻佛山之米接踵度岭矣”。这些米就是取道东江，过五华岐岭，下梅江转石窟河运至镇平的。而清代兴宁出产的大批土布，也下东江运至佛山，染成广东人喜爱的“长青布”，出口南洋。[103]

至于广东沿海各港口，更是与佛山有密切的贸易关系。

佛山有河道直通江门和澳门，清初开海之前曾是沿海货物走私内地的要道。据李士桢《扶粤政略》记载，康熙二十一年（1682年）广东巡抚李士祯言：“今访有不法奸徒乘驾大船，潜往十字门海洋与夷人私相贸易。有由虎门东莞而偷运入省者；有由上涌头、秋风口、朗头以抵新会等处而偷运回栅下[104]。”可见佛山至新会、江门的这条内河运道路程既短而又风平浪静，经此路径可免绕虎门大圈和海浪颠簸之苦，自从开海贸易后这条线路立即成为重要的商路。《粤海关志》卷十一税则篇记载：从佛山运往江门、澳门的船货有佛山绒线细缎纱、湖丝、茶叶、白糖、木油、瓷器、白铅、水银、火腿、漆器、矾石等。《粤海关志》卷二十九夷商篇则载史称澳门地方货殖“均由省垣佛山各处市镇转运到澳售卖”。而佛山与雷、琼两地也有直接贸易关系，在《两广盐法志》中记载：“粤东炉户多在佛山镇铸造食锅、农具等项，运赴各处售卖。其由海运赴雷、琼二郡者，均在佛山同知郡门给照出口。”

由此可见西、北、东三江沿岸各墟镇，和下游的江门、澳门二埠，围绕着佛山这个中心，组成了一张通贯两广内河，遥接沿海各郡的商业贸易网。就如道光版《佛山忠义乡志》中所言：“佛山居省上游，为广南一大都会，其地运之兴衰，东南半壁均所位关。”[105]可见当时佛山市场不仅在岭南区域市场体系中占有举足轻重的地位，而且对东南数省的商务也具有巨大的影响力。

而佛山地区在海外建立会馆甚多，遍及五大洲，直接反映海外贸易之盛，折射佛山地区海上丝路网络覆盖全世界。据刘正刚《广东会馆论稿》资料显示，佛山地区在世界各地会馆，在亚洲有缅甸五邑会馆（1874年，南海、番禺、顺德、香山、东莞），日本横滨三邑公所（1898年，南海、番禺、顺德）、美洲加拿大维多利亚之番禺昌后堂、南海福荫堂、顺德行安堂等，旧金山的三邑会馆（1850年，南海、番禺、顺德、三水、清远、花县），南美秘鲁的南海会馆、番禺会馆、澳洲维多利亚南海、番禺、顺德的“南番顺会馆”、非洲毛里求斯首都路易港南顺会馆（1859年），马达加斯加塔马塔夫南顺会馆（1906年），后改名华商总会。此外，在新加坡、马来西亚，即有珠三角地区会馆20间，最早建于1805年，最迟在1911年。如此众多的商业会馆，是广东从自古以来以海洋为生的另一种表现，不断地在海上丝路上活动，无论是珠三角还是广佛地区都是这些会馆的主体部分，其功能毫无例外与佛山地区的纺织贸易有关。[106]

到了民国时期，佛山镇内所设主要纺织相关贸易商行据民国版《佛山忠义乡志》记载有以下几种：（以下摘引民国版《佛山忠义乡志》原文）[107]

桑市——一在大塘涌，一在通济桥。

茧市——一在大塘涌，一在缸瓦欄。

蚕种市——在普君墟。

丝绒行——（无描述）。

麻线行——有数家。

红布行——（无描述）。

苎麻行——大者曰麻行小者曰麻店，行代客沽货法如平码行。麻来自湖南四川，湖南麻销新会香山开平雷州各属，四川麻销香港及汉口等埠，光绪末业此者颇获厚利，近年麻之入口萃于省会，本乡营业不如从前矣，现大者数家小者十余家，堂名昭远。

花纱行——棉花来自湖广者曰广花，来自外洋者曰洋花。广贵于洋，因广花质轻性温非舶来品所及也，洋花则多来自印度。纱亦有土洋之别，洋纱则更有花纱、竹纱之分，大率每扎重七斤，多来自日本。洋纱价廉故纺织家多用之。又二者均来源极大，价值之高下亦至无常，操是业者经营颇苦。大小共十余家。

京布行——所沽之布以来自南京苏松者为最佳，次则江西蓝兴宁蓝。土布来自四乡以叠滘[108]、平洲为最多。长短广狭不一，价亦随之而异。销行本地及肇韶二府，西北两江店号百有四五家，堂名乐和会馆在汾水铺汾流街光绪十六年庚寅重建。

兴宁布帮——多在永庆及天庆上街等处，约十家。

齐昌布庄——（无详细描述）。

绸缎行——葛麻丝棉之属出自国内，绒毯氈[109]羽之属来自外洋，兼收并蓄，售诸内地外埠，远及西北两江。零剪店多在公正市，发行店多在富文里北胜街等处，大小五十余家，堂名关义会馆在汾水铺汾流街，至原日之金丝行会馆则在快子上街。

新衣行——在丰宁铺丰胜街轩辕圣域，名福胜堂约二十余家。

故衣行——多在新华街、莲花街等处。

青靛行——来自广西紫荆山昭平北流等县，因色可别其出产地及品之优劣，每桶有六十余斤，至洋靛则来自德国。内地之大蓝布店用靛最多，或云洋靛易褪色土靛则否，或谓洋靛染法与土靛当有别，是当研求云。店号有十余家，堂名同福。

牛皮行——土制熟皮自黄鼎司寨边乡[110]购回。红皮则来自南洋购自香港或省城，贵者沙皮贱者水牛皮。皮复有青白之分。青皮贵而白皮贱。均销售内地各埠商号或靴履店。皮行三家皮店五六家。

洋南染料行——染料有来自外洋者，也有来自云南者，土货约居三之一，洋货约居三之二。重要者有石黄，次则紫标槐花灯，店号有十余家，堂名裕安公所，在汾水铺永兴街。

纱纸颜料行——约数家，堂名源顺会馆，在汾水铺排草街。

品料颜料行——有两家。

薯莨行——有两家。

草席蒲包行——有数家。

水草草席行——有数家。

第七节　其他拾遗

除了棉、丝、麻三业外，明清民国时期葛业还有一定生产，其中九江葛较为闻名，屈大均《广东新语》有载“龙江葛，坚而有肉，耐风日，凡此皆葛也”。[111]

此外在清末，本地针织业也已出现。根据1908年版《南海乡土志》记载：“棉纱帽袜，由丰华、金紫运省者。每年万余元。”到了1925年，南海县叠滘东胜村罗燊一家组成“叠滘东益家庭针织厂”，从业人员共9人，7人为家庭成员，2人为雇工。针织设备有13针手摇横机两台。产品为13针内衣。至1937年设备增至4台，生产经营模式为自产自销。1938年，因日本侵华，“东益家庭针织厂”被迫停产。[112]

在民国版《佛山忠义乡志》中还有如下行业的记载[113]：

布箱[114]行——本乡布箱制作精良，各地恒多购用。同业多在石路铺，约十余家。

顾绣行——专造各种刺绣品。或雇工人在店制造，或发四乡女工接绣。行销本省及广西地方。民国后，级制改革，补子、披肩、蟒袍等已不适用，女服亦不尚宽博之缘饰，只有屏障、铺垫尚能销行。故制造不及以前之盛矣。有四、五家，多设于长兴街等处。

绒线行——由顺德容奇桂州等处购白丝交染房，就用工钟挪使成熟线五色皆备，中以乌色为最普通。售于内地四乡广肇属各县，西北两江大小二十余家。

头绳行——绳用洋纱，以小机搓挪而成，大小不一染料旧用四川花红粉，色牢难脱。近多用洋红粉，遇湿而褪红。销行四乡各均埠及西江北江有十余家。

栏杆行——业此者多属省垣支店，本乡只有二、三家专用丝织造妇女衣裙之饰。祇销行内地四乡不如省店之销及各地省也。

丝绒行——（无详细描述）。

麻线行——有数家。

红布行——（无详细描述）。

制帽行——从前本乡业此者颇多，各帽由店雇工或发女工制成。服制改革后纬帽缨帽已不适用，纱缎小帽及小童花帽亦为洋式帽所攙夺销路顿狭，前有二十余家，现仅存数家而已，会馆旧在福德铺水巷街。[115]

唐鞋行——从前本乡多业此者，皆以绸缎布呢羽绫为面以毯皮布纸树胶或木为底。近人喜穿洋式革履，销路遂狭，至木底之水靴几于绝迹矣。闻欧战时各国有以皮贵而改穿木屐者，我国则适得其反，然业此者近日喜为新奇之式或标以诡异之名以投时尚，仍可获利，各店多在潘涌大街约百数十家，堂有二曰福履曰儒履会馆，在潘涌大街乾隆八年建。

布袜行——用洋布缝成有白蓝黑各色白为贵蓝黑次之。从前销内地及外埠，近人无论男女老幼，均喜穿丝绸毛织线织棉织各种洋式袜，穿布袜者绝少。故前有十余家，今只存数家耳。

成衣行——专承制中国式衣服，大率集合同业数人，设店操作利益均沾，亦间有受雇于人，按月给值者，普通成长一领工值一圆短衣六七毫。近日已有议，夏历年作最盛，工人终日伏案行动绝少颇有患脚病者云。

车衣行——用机车制衣须学习一年始能执业，工值每月八元至十元，成衣以每件论则工值三四毫若巧于裁缝西式衣服者，则工资亦不薄云。店大小四十余家。

新衣行——堂名福胜会馆在丰胜街轩辕圣域光绪三十三年建。

染房行——亦本乡有名工业。

晒布行——（无详细描述）。

揙布行——（无详细描述）。

绸绫染色行——堂名安乐。

覆染行——（无详细描述）。

自制颜料行——制品为银朱丹粉等，前者用水银硝磺炼制，后者用黑铅配制，运售内地外埠销流极广。现存数家堂名五云会馆，在汾水铺南擎后街。

棉胎行——（无详细描述）。

浆缎行——（无详细描述）。

扑布行——本乡只有棉扑绸扑纸扑，若夏布扑则来自外乡如大石等处云。

抓布行——（无详细描述）。

皮金行——（无详细描述）。

从上述记载中可以看到，佛山镇当时纺织手工业各行已非常齐全了，而且生产工具、辅料等配套的生产商也不少。可谓纺、织、染、整、成衣、鞋帽、翻新、辅料生产一应俱全。

从扑布行一条中我们还可以知道，佛山镇当时可能已经没有生产夏布了（亦有可能从未生产过，但顺德大良有产且质量上乘），而最近的夏布及夏布扑的生产地点在番禺大石。

第八节　小　结

明清至民国这段时期是佛山地区纺织的高速发展期，尤其是在桑园围合围成为闭口围之后，桑基鱼塘模式的逐渐优化使得佛山地区从农业到手工业都得到了足够的支撑，发展的动力和灵活性都得到了最大释放，加上当时内河运输需求的提升而佛山又正处在西北二江入广州的枢纽位置，这又使得佛山商业发展极为迅速，各种原因综合在一起，最终佛山通过自身努力终成为天下四大镇、四大聚，而这里面佛山纺织业所做的贡献绝对可以与佛山铸造业平分秋色。

第六章

FOSHAN FANGZHISHI

人物纪事

第一节　人物篇

一、卢眉娘

唐朝中后期人（公元800年前后），南海人。

唐苏鹗所撰《杜阳杂编》中记录了她传奇的故事，故事原文如下：

“永贞元年，南海贡奇女卢眉娘，年十四，眉娘生而眉如线细长也。称本北祖帝师之裔。自大足中流落于岭表，后汉卢景祚、景裕、景宣、景融兄弟四人皆为帝师，因号为帝师也。幼而慧悟，工巧无比。能于一尺绢上绣《法华经》七卷，字之大小不逾粟粒，而点画分明，细于毛发。其品题章句，无有遗阙。更善作飞仙盖，以丝一缕分为三缕，染成五彩，于掌中结为伞盖五重，其中有十洲三岛、天人玉女，台殿麟凤之象而外，执幢捧节之童，亦不啻千数。其盖阔一丈，秤之无三数两。自煎灵香膏傅之，则虬硬不断。上叹其工，谓之神助，因令止于宫中，每日但食胡麻饭二三合。至元和中，宪宗皇帝嘉其聪慧而奇巧，遂赐金凤环以束其腕。知眉娘不愿住禁中，遂度以黄冠，放归南海，仍赐号曰逍遥。及后神迁，香气满室，弟子将葬，举棺觉轻，即彻其盖，惟有藕屦而已。后入海人往往见乘紫云游于海上。是时罗浮处士李象先作《卢逍遥传》，而象先之名无闻，故不为世人传焉。”[1]

除了《杜阳杂编》外，宋张君房撰《云笈七签》《太平广记》《六艺之一录续编》《陈田夫南岳总胜集》《广东通志》等典籍，也有引用此故事。

“以丝一缕分为三缕，染成五彩，于掌中结为伞盖五重……其盖阔一丈，秤之无三数两”故事中所描述卢眉娘刺绣技艺之精湛至如斯地步，也就难怪后世刺绣行业封她为祖师了。而从另一个角度看，刺绣技术的发达必须有一个同样发达的丝织行业做支撑，通过这个故事除了能知“广绣”之传奇外，也可猜想当时南海（地区）一带丝绸业的发展情况了。

而卢眉娘除刺绣技艺精湛外，更有诗作存世，《全唐诗》[2]录其诗作三首。

和卓英英锦城春望

蚕市初开处处春，九衢明艳起香尘。
世间总有浮华事，争及仙山出世人。

和卓英英理笙

但于闺阁熟吹笙，太白真仙自有情。
他日丹霄骖白凤，何愁子晋不闻声。

附：太白山玄士画地吟

学得丹青数万年，人间几度变桑田。
桑田虽变丹青在，谁向丹青合得仙。

至清陈梦雷《古今图书集成》1788卷《巧工篇》有载:“唐代永贞元年（公元805年），南海贡奇女卢眉娘，在宫中为宫廷绣屏风、扇面及荷包等。龙凤牡丹、松鹤猿鹿及富有岭南特色的花鸟鱼虫，工精艺巧。”[3]可见其影响之深远。

相传卢眉娘后来回到岭南，在罗浮山白鹤峰下筑庵而居，继续从事刺绣。她绣的一幅“蓬莱别岛图”，将罗浮十八洞天奇景绣于其上。传说这幅刺绣挂于壁上，那景色会随四季的交替而变换。还有一幅“瑞鹤图”，当室外山风骤起时，画内的松枝似在轻摇，发出松涛鹤唳叹之声。当卢眉娘“羽化”时，只觉满室馥香，一朵紫云从远处飘逸而来。她绣的一只仙鹤，从绢绣画中奋翅而出，卢眉娘跨上仙鹤，伴着紫云，悠然升空，云游海上。

二、陈启沅

陈启沅（1834—1903年）本名如琅，字芷馨，而以号（启沅）行，又号“息心老人”“息心居士”。广东省南海县西樵镇简村人。陈启沅二兄启枢，三兄启标，启沅最幼，行七。有姐妹一人，嫁西川俞姓。陈启沅少时，从他父亲陈绰斋处接受过“农本”“乐耕”的思想教诲。在他十六七岁时，曾两次参与“童子试”，均未考上，旋即父亲去世。他便放弃了“科举进仕”的打算，按照先父

"农本""乐耕"的教诲，随兄以耕塘、种桑、饲蚕为业。[4]

1854年陈启沅随兄长到安南，先在堤岸开办怡昌荫号，主营广东土绸、杭州丝绸，后兼办金叶；随后又开设均和栈杂货店、均和昌酱园、裕昌和东京庄、盛其祥谷米行等，又向堤岸当局承办了怡丰晌当。并且买了一条"广东街"之楼宇。经过十多年的艰苦奋斗，陈氏兄弟成为堤岸华侨中的富商之一。其间在安南、暹罗（泰国）等地，看到法国的缫丝机器所缫制的生丝，品质优美，且又价好市畅时，兄弟二人商议决定回国创办机器缫丝厂，厂址就定在家乡南海西樵简村，主要原因是西樵本就桑蚕缫丝业兴盛，有开办机器缫丝厂所需的基础条件。而乡人大多有植桑养蚕缫丝的传统技艺，在此基础上学习新式缫丝法会更为容易。此外他们认为简村当时位置较偏，远离官府，官方干涉、限制会相对少些。因此就在简村旁购地营建厂房等项。

同时，陈启沅与广州机械修理厂陈联泰号合作，在已有蒸汽缫丝机的基础上设计、仿制、改良，于1873年正式生产出新型机器缫丝机。机器制成，陈启沅就在简村和附近的杏头村、吉水村、龙辜村等招收男女工（主要为女工）数十人，并且亲自给新工人教授"仿西人缫丝之法"，择了个好日子，投茧开工，取厂名为"继昌隆"。时间为1873年秋。这就是南海县第一家华侨民族资本经营的近代机器缫丝厂。

南海县最早的一批近代产业工人，也随着继昌隆缫丝厂创办成功而同时诞生了。继昌隆缫丝厂投产后，还陆续安装设备，增设丝釜，不到一年，增至三百缫丝位，发展至容女工六七百人。

当时继昌隆缫丝厂出产的生丝，称为"厂丝""洋庄丝"，同传统的手媒土丝（又名七里丝）比较，在丝色、捻度、条干、匀度、理绪、净度、装束成形等方面，都大为优胜，较之法国所产无多逊色。而所产生丝多数外销，价格比土丝也高出三分之一。由于"厂丝"畅销价好利润高，吸引很多人来探访学艺，而陈启沅对来咨询、求教的人，皆热情无私地予以介绍和传授。建厂后的头三年，到继昌隆缫丝厂学艺的达1000多人。仿继昌隆模样而设立的缫丝厂有四家。到1881年，江浦司一带地方就有机器缫丝厂10家。

但推广机器缫丝并非一帆风顺，设厂初期，乡人对机器缫丝一事多有怀疑讥讽，甚至反对。及至继昌隆缫丝厂建成，则又认为仿效洋人使用机器，男女在同一厂内工作，有伤风化；操作不熟，机器容易伤人；甚至认为，高烟囱有伤“风水”。到了光绪七年（1881年），南海县蚕茧歉收，土丝上市量大减，以致绸缎织造业因缺土丝而停工，织机工人却归罪于各新兴之缫丝厂把大部分蚕茧买去，从而夺去织机工人的生计，群情鼓噪。10月5日（夏历八月十三日）是织机工人之先师神诞，机工们齐集大岗墟先锋庙酬神饮酒之时，有人以“丝偈既夺我等机工生计”为由，煽动“捣毁缫丝机器以夺回生路”，应者甚多，就在当日下午2时多，一千多名机工举着“锦纶堂”[5]旗号，冲进学堂乡裕厚昌机器缫丝厂捣毁缫丝机器，抢掠产品及原料。接着，又直向简村继昌隆缫丝厂进发。陈启沅急请举人冼祖燮等乡中士绅到官山的海口营[6]请兵弹压；同时组织简村、杏头、吉水等村乡民在官山河岸边守望警戒，严阵以待。暴动机工们见到简村守备严密，当日就此收队了。南海县知县徐赓陛闻报，立即发布了《禁止丝揭晓谕机工示》，并和广州协副将黄龙韬一起率领大队兵勇驰赴官山海口营，随又增派参将余润带领绥靖勇一营来协助，查封了当时县内各缫丝厂的机器，并勒令厂方签署“永不复开”的结状；[7]大批兵勇到学堂乡对参与械斗的双方进行强行弹压，并发布《查办机工示谕》的告示；又围搜华夏、芋涌两村，捕村民六人；同时饬令各村绅士父老，劝谕村民，阻止子弟参与“滋事”。这样，软硬兼施，到10月11日才把这次历时七天的“学堂乡风潮”平息下来。徐赓陛在向上级报告的《办理学堂乡情形第二禀》内，给机器缫丝业定了几条罪状：裕厚昌等店擅制机器缫丝，并未禀明立案。每偈约用女工四百余人，男工一百余人，无论男女混集，易生瓜李之嫌。统计江浦一带，共有机器一十一座，应用四千四百余人，以一敌十较之，实夺四万四千余人之生业……自应永远勒停，以安民业。这样，以继昌隆为开端的全县十家机器缫丝厂惨遭“腰斩”了。陈启沅只得于1881年底把缫丝厂迁到澳门去续办，改厂名为“复和隆”。

1883年，“学堂乡事件”的影响逐渐淡去后，陈启沅先让侄子陈锦筇回简村利用继昌隆的厂房、设备复办了一家规模较小的“利厚生”缫丝厂。另一方面，他就与次子陈锦篇一起，在“机汽大偈”的基础上，重新变通设计，制成一种既可以汽机带动，也可以一人一具，以足踏为动力的名为“机汽单车”的小型缫丝机，并由锦篇使用此种小机，在简村再办一家新丝厂，名为“利贞”。这种小机，功用与大机无异，很快就被原手工缫丝业接受采用了。这也是陈启沅继“机汽大偈”之后的又一新贡献。

1885年，陈启沅把设在澳门的复和隆缫丝厂迁回简村，购地新建成一家机器设备更加新颖的缫丝厂，命名为“世昌纶”，同时把利厚生缫丝厂并入世昌纶。初时，继昌隆缫丝厂出产的厂丝，都交售给广州的“丝庄”[8]，再由“丝庄”转售给“洋行”[9]，远销到欧美各国。后来，陈启沅为了减少“丝庄”的从中分利，同时为了较快获得国外丝市行情，就自行投资在广州开办“昌栈丝庄”，专营继昌隆缫丝厂的生丝外销。后来利厚生、利贞和世昌纶缫丝厂的产品，都由昌栈号丝庄经营外销。

1887年，在两广总督张之洞的推动下，清政府总理海军衙门承认以陈启沅创办继昌隆缫丝厂为开端的民办机器缫丝业实是“有益于贫户之资生，无碍于商贾之贸易”，而且“自用机器缫丝以来，外销丝斤价增一倍，足证办有成效，亦属兴利之一端”。因而咨复“仍准照旧开设”。自继昌隆缫丝厂问世以后，广东的厂丝出口就从无到有，逐年增多，补救了土丝出口年年退缩的局面，而成为全省出口价值最大的商品。

针对当时农村“养蚕之法然尤未精”，蚕茧上市量及品质并不能满足新兴缫丝厂要求的问题，陈启沅编写《蚕桑谱》一书，于1886年完成，得到乡亲们的欢迎，踊跃传抄，仿照书里的方法，改进了种桑养蚕。到1897年，陈启沅正式将这本书刻版刊行。下文为《蚕桑谱》完整自序：

> 先夫奉政公，号缉斋，晚年归隐。有堂曰“乐耕”，沅仅舞勺时，奉请其义，曰：“耕以为民之本。孟子曰‘树艺五谷，五谷熟而民人育。’大舜伊尹尚乐于耕，而况吾侪乎！且天下大利归于农，使子孙勤力其中，不独与凡人齐，即可以富国而强兵也，有子曰‘百姓足，君孰与不足。’汝等勉之。”沅既长，两赴童子试，而父没矣。遂弃书而继父志，与两家兄以农桑为业，实则半农半儒也。无何家计日繁，弃农学贾，与历游外国，仍未尝废农桑之心也。沅遂于癸酉之秋，仿西人缫丝

之法，归而教之乡人；三年间，踵其后而学者约千余人。为股东者虽得获小利，而男女工藉此觅食者良多矣。乡中既无行乞之妇人，而穿金戴银者亦复不少。但资本较重，步者尤艰。再与次儿锦篇变通改制一具，器则少而功则同。近十年间，通府县属为之一变，用此法者，不下二万余人。以旧法比论新法，会计年中所溢之利，何只数百万金耶！用茧如是也，用工亦如是也，而得丝之好，售价之贵，几过半之。缫丝之法既善，而养蚕之法然尤未精，故特悉心考究，神而明之；幸望植桑养蚕之家，人人皆通此理，照法饲之，不难野无恶岁，处处丰年。有心人共为广传，亦于我国未尝无少补云尔。是为序。[10]

从此自序可以看出陈启沅于桑蚕缫丝业之期望。

而在《养蚕赞育篇》中他又大声疾呼："养蚕之业，此广东第一要务也……惟养蚕缫丝，是以我国之物而易他国之财，岂非大有益之事业乎！况蚕丝是制衣之物，非独外国可用，即我国亦必所需之物也……若此，非天下之要务耶！"在《蚕桑总论》中又说："况蚕桑为民食之本，为国课之原。"足可见其诚。

陈启沅一生，治学甚勤，在广博方面，涉及诸子百家，星学舆地，以至西洋传入的新学等；在专深方面，除精研桑、蚕、丝之外，还在周易理数、算学、天文历法、中医药学等方面，有相当造诣，并将其研究所得，写成《理气溯源》七卷、《周易理数会通》八卷、《陈启沅算学》十三卷，先后刊行于世。在著述过程中，他自己制作了测量仪器：测量天星太阳盆、水平左旋罗经、水平日规盆等。

陈启沅晚年，受两广总督陶模之聘，到韶州[11]调解一宗锑矿开采权的纠纷案。陈启沅运用他的地理、测绘等方面的知识，经过实地调查勘察，弄明真相，分清曲直，使纠纷双方欣然接受调解。因此，陶模对他更加器重，除再委托陈启沅办理锑矿获得大利之外，又为他向清廷请赏，使陈启沅获得"花翎道衔"的荣誉。

陈启沅一向热心赞助地方公益善事。如捐巨款重修利及简村、先登两堡的"吉水窦"，[12]并亲自主理工程，督仿工役，直至工程完竣。又捐巨款给官山普济善堂、羊城崇正善堂。还倡修西樵山之云泉仙馆。在简村办克勤义学；设寿世堂药材店，聘医生驻店应诊，给贫困病人赠医施药；遇乡中赤贫户于丧事无钱为殓的，施予棺殓费。对简村、吉水、杏头等村中孤寡无依者，则发给“米簿”，每月凭“米簿”到指定的米店领取白米20斤。

陈启沅的墓葬，在今罗村镇大平塘村东前方。

三、陈淡浦、陈桃川

陈淡浦（约1817—1876年），南海丹灶良登村村尾坊人，自小对机器有兴趣，年轻时在西樵办机器手工作坊，制作铜纽扣出售。清道光十七年（1837年），在广州十三行豆栏上街开办“联泰号”机器小作坊，制作纽扣、缝衣针等小五金，兼接各式机械维修业务。鸦片战争以后，国外轮船频繁出入广州，陈淡浦借常到外国轮船上修理机器的机会，积累修理、安装蒸汽机的经验，“联泰号”在广州地区渐有名气。19世纪60年代，陈淡浦在“联泰号”机器小作坊的基础上创办陈联泰机器厂，主要开展修船、造船业务，成为广州近代第一家民族资本工业企业，也是中国近代最早的民族资本工业企业之一。同治十一年（1872年），陈启沅在南海简村创办继昌隆机器缫丝厂，陈淡浦、陈桃川父子为“继昌隆”成功制造了中国第一台蒸汽机器缫丝机，陈联泰机器厂因此声名大振，此后，珠江三角洲地区的缫丝企业几乎全部使用“陈联泰”制造的缫丝机。“陈联泰”设计制造的小火轮船性能、质量与洋船不相上下，而价格却便宜很多，当时珠江上的商船、渡轮多为陈联泰机器厂生产的小火轮。陈淡浦约于光绪二年（1876年）病逝。

陈桃川（约1854—1945年），陈淡浦之第六子，自少随父学艺，成年后其机械制造技术甚精。陈淡浦病逝后，与其兄陈濂川一起继承“陈联泰”并将之光大，约光绪六年（1880年）制造的第一艘国内民族资本工厂生产的蒸汽机拖轮“江波号”下水航行，后又造出江汉、江阴、江永、江电、江飞、江苏、江利、江天8艘拖船，租给航运公司使用，打破了外国蒸汽机拖轮垄断珠江航运业的局面。约光绪十二年（1886年），陈桃川在广州十三行晋源街创办均和安机器厂，主要生产蒸汽缫丝机、修理轮船等，数年间就发展成为与陈联泰并驾齐驱的机器厂。光绪三十二年（1906年），陈联泰机器厂蒙受“偷工减料”的不明之冤被官府查封，从此不振。均和安机器厂还在广州机器业中称雄。民国初年，陈桃川将均和安迁址河南大基头附近。自晚清至民国二十六年（1937年），陈桃川培养机器技术工人约3000人，人称“机器老人”，其徒陈拔廷与人合作制造出中国第一台柴油机。陈还自办私校，聘请清末秀才、康有为的学生陈迅宜任教，陈氏本家子侄免费上学。民国二十七年（1938年），日军侵入广州，均和安停业，陈桃川回乡避居，1945年逝世。

四、陈春泉

早在清朝年间，里水就有千家纺巾的繁盛图像，那时主要产“高丽巾”，那是华夏民族最早使用的毛巾，不起绒毛，质感粗糙。随着洋务运动的深化，上海毛巾织造技术革新，质感柔软亲肤的“祝君早安”绒软毛巾迅速占据市场。眼看父老乡亲赖以维生的“高丽巾”陷入困境，陈春泉亲自到省佛华洋百货商场做“市场调查”，而后毅然北上上海求艺，回来后仿制了六七架上海的织巾机，创办起了“捷兴”毛巾厂——南海毛巾厂的鼻祖。

闯出一片生天的陈春泉兼济天下，将所学技术工艺全授予乡邻，一时间，里水织巾作坊如雨后春笋般遍地开花，遍及其水墟及丰岗、麻奢、河村等10多个村庄，陈春泉亦因此被后人誉为“里水陈启沅”。

五、周雨耕[13]

周雨耕于清末道光年间出生的，原籍南海县下沙坑海南村人。有兄弟三人，他排行居中。自小家贫，其父亲做小贩生活艰难。周雨耕仅11岁时，跟随同乡远走广西武宣县，在同乡开设的商店当店员。由于他工作勤恳，得到东家赏识、重用和提拔。而周雨耕省吃俭用，几年间，有了一点儿积蓄，他以四十两白银在武宣县开设了一间小洋什店，店号“周森记”，经营的是头绳针纽等小日用品。由于他积极经营，不是坐店等客上门，而是每逢邻近圩期，就挑担趁野摆卖，天光出门，散好返店。如是者有三四年间，生意越做越大，盈利越积越多，决意扩大经营。他目睹当地人喜欢用京青布、大盛蓝等布料做衣服，便返佛山采购京青京乌、大盛蓝等布返广西贩卖，深受当地群众欢迎，销路猛增。由于销量大，进量也大，佛山的布匹批发商认为周雨耕是大客，而且素守信用，所以当周雨耕的进货信一到，便发货给他不用现款，他开始雇工，扩大经营，年年结算，大有盈余。他在十年间，从一间小洋什店发展成为武宣县的一间布匹洋什的大批发商了。

民国初年，周雨耕已积累了大量资金，抱叶落归根思想，把一大部分资金转移返佛山。在上沙通津坊开设联昌花纱[14]店。他负责管理店务，并请其亲戚张瀛洲协助。在广西武宣县的“周森记”则交其亲信料理，周雨耕本人则每年到广西巡视一次。

由于周雨耕经营有术，花纱营业越做越旺。至1920年左右，把上沙通津坊联昌花纱店迁入市内交通更方便的汾流街（即今永安路）营业。由于佛山有织造土布的店家百余间，多数是小型厂店，资金不大。周雨耕利用自己的资金，对各小厂进行赊销，批价略高一点。而小厂贪其赊销，虽稍贵一点，亦乐于与其交易。因此本市中、小布厂的用纱，大部分由周雨耕经营。他购进的花纱总是直接在上海办庄订购，成本比别家花纱店要低。因为别的花纱店要靠广州花纱批发商购进，多了一层中间剥削。因此在这几年间，联昌花纱店的利润大增。同时，又在佛山兼为广西武宣的“周森记”坐庄提货，一举两得，可说是财源滚滚，货如轮转。1930年，周雨耕本人年将六十，毅然把广西武宣周森记全部结束，并将“周森记”招牌带回佛山悬挂在联昌花纱店内，以留纪念。

周雨耕生意的全盛时期是1930年至日寇入侵前的几年间。他拥有花纱店两间，银捕一间，雇请职工十人，资金大约有六十万元。存放银铺收息有十多万元，浦业四间，住屋四间，估计财产已过一百万元了，已成为佛山的巨富。

广州沦陷时，周雨耕将绝大部分资金转移香港后，在九龙深水涉塘关道买了一幢四层楼，楼下开设昌兴花纱店，楼上住家。

不久香港亦沦陷，周雨耕存放银行的现金被冻结，花纱存仓包不能提出。这时，周雨耕只带了数万元港币举家迁到澳门，租屋暂居。香港昌兴花纱店因无法开业，只留下侄辈二三人守店，存仓的千多包花纱也被日寇烧掉。1946年，周雨耕迁回佛山，不久病逝。

六、西樵民乐程家

西樵民乐程家可谓是丝织世家，也是近代佛山地区最主要的丝织设备设计、改良的中坚力量。

1844年，南海西樵民乐程家改革标梭平纹织机，最终使其演变为12片综小型提花机。

1915年，南海西樵民乐程家的程丙全、程绍江、程泽、程周等4人发明了马鞍丝织提花绞综，首创纽眼通花“香云纱”，开莨纱绸类丝织品先河，自此香云纱传奇发展之路开始。

七、温子绍

温子绍（1833—1907年）字飏园。龙山乡人。自幼喜欢钻研西方机械技术。同治十二年（1873年）出任两广军装机器局总办，精于设计和制造，开广东近代培训产业工人技术风气之先。所带大批徒弟成为清末民初广东工业的骨干技术力量。其事迹于民国版《顺德县志》有记。[15]

清末其在龙山建有利源兴、粤纯兴、慎如纶等几间丝厂，是顺德早期引入机器缫丝厂的人。1883年他出生于龙山乡小陈涌一个仕宦世家，祖父为嘉庆年间兵部侍郎温汝适，父为刑部主事。其本人也擅长诗词书法，曾捐官候补员外郎。此外，他与两广总督刘坤一、瑞麟，山东巡抚丁宝桢等大员交好，对泰西机器制造之事悉心考究。曾被瑞麟委任为广州军装机器局总办，是广东机器制造业的重要力量，曾奉命在黄埔开设无烟火药厂。他也善处乡里，形象端正，关心家乡公益事业，倡办联济善堂，兴筑水闸等。[16]

八、卢满殿

卢满殿，字康民，羊额人，仗义、诚信。

根据民国十八年版《顺德县续志》记载：营丝业，发明水结功用，纺之为纱，织之为布，挽回绝大利权。

可见其为水结布的发明者。

九、薛广森

薛广森（1865—1943年）字湛禧，号公畚。龙江美里坊人。幼时读过三年私塾，17岁随堂兄在香港谋生。先后在铎也船厂、红磡船厂当钳工，掌握了出色的机械技术。1895年回顺德忠信缫丝厂当大偈，因其已经有机械技术的基础，所以很快通过机械维护而精通缫丝机械的制造工艺。因此受到丝商曾秋樵的赏识，与他合股在大良开设顺成隆机器厂，并被曾委任为经理。顺成隆1898年正式开业，面积300平方米，工人50多人，机床10多台，主要经营缫丝机械及其零配件。1905年，薛广森自行招股，在乐从开设了规模更大的顺栈机器厂，经营业务与顺成隆相同。到了民国初年创办广州协同和机器厂，首制国产柴油机，并兴办粤海航运、机器碾米厂、缫丝厂和接办华南地区最大型的造纸企业绵远纸厂。抗战爆发后，因拒绝日伪商会的笼络，所办企业迭遭打击，终至破产。

十、岑国华

岑国华（1886—1942年），名汝鎏，以字行。佛山市顺德区葛岸西村人。民国时期广东蚕丝工业家。

岑国华出身蚕农家庭，少时仅读过两年书塾。12岁入葛岸村瑞和伦丝厂当小工，办事勤快，聪明好学，受老板赏识，被提拔到广州永和丝庄当伙计。几年后，永和丝庄生意衰落，他回到家乡自行招股，先后在桂洲和葛岸开办大和生、瑞栈两家丝厂。1919年，鉴于老式脚踏缫丝机性能落后，他率先采用日本新式缫丝机，产量和质量提高，销路日益通畅。此后，岑国华再开设两家大厂，并斥资在岭南大学设立生丝研究所，致力改进生产技术。他所创立的名产品鸡球牌粗丝和明珠牌、飞轮牌精丝，进入国际市场，深受客户欢迎，订货量日增。继而扩大丝厂至18家，分布在顺德的乐从、容桂、勒流和南海的南庄、官山、沙头、石湾等地，股份总额200多万银元，年产生丝4万担。

1919年在全省率先采用日本新式缫丝机，变四角车丝为六角丝，产量、质量均显著提高，及时集股扩大生产，属下丝厂发展至18家，股份总额200多万银元，年产生丝4万担。同时，在广州创办永泰隆丝庄和永泰隆洋行，直接与各国丝商交易，常年营业额在1000万银元以上，居全市同行之冠。此后，为了方便资金周转，他在十三行设立贞祥、贞记、发记、源记四家银号。随着事业的拓展，岑国华的社会声望日益扩大，20世纪20年代末当选广州商会会长，仲恺农校礼聘其为名誉理事。抗战爆发后破产。1942年，在香港病逝，年仅56岁。

丝业兴盛时期，他名下有18家丝厂、4家银号，并创办永泰隆丝庄、永泰隆洋行，被称为丝业巨子、丝业大亨。其经营活动，涉足银号、丝厂、丝庄等领域，集金融资本、工业资本于一身，并于20世纪20年代末当选为广州商会会长，具典型意义。

岑氏出身于顺德乐从葛岸西村一个蚕农家庭，幼年仅读过两年私塾。对这样一个粗通文墨、白手起家的丝商而言，宗族之间的情谊是他进入丝业领域的好途径。十二、十三岁，岑国华即到族伯岑钿礼、族兄岑达苏开设的“瑞和伦”丝厂当装扎工人。此时顺德丝业获利丰厚，不仅吸引各行各业人士注资丝厂，还吸引海外侨胞回乡投资，成为丝厂资金的来源之一。岑达苏即为归国华侨，回乡投资开办丝厂，对岑国华颇为重用。[17]

由于聪明好学，岑国华被举荐到“永和”丝庄学做生意。丝庄由几位葛岸丝商在广州合股开设，岑国华能在此谋职，应不乏同乡、同宗情谊的作用。

从广州回乡后，岑国华在葛岸乡“瑞栈”丝厂当买手，买手是丝厂购买蚕茧的人，具有相当重要的地位。不久，他成为“瑞栈”的股东之一。通过获利丰厚的丝厂，白手起家。之后他辞职自行招股，在桂洲办起“大和生”丝厂，积累资金与信誉，开始了发迹历程。

岑国华开办丝厂的方式，与其他顺德丝商相似。他们或靠集资、或独资开办小丝厂发迹，开丝厂是当时积累资金的重要途径。资金积累到一定程度，即可扩大丝厂，成立一系列丝厂，建立广字号、永字号等系列丝厂。

因此，只要资金允许，岑氏便会及时集股扩大生产，经营规模日增，属下的丝厂，有南洋（前身即瑞栈）、大和生、永昌、裕昌、鸿安、洪栈、祜昌等18家，分布在顺德乐从、容桂、勒流和南海南庄、官山、沙头、石湾等地，股份总额二百多万银元，年产生丝四万担。后人称岑国华为“丝业巨子”，即源于此。

这份产业看似辉煌，但岑国华属下的丝厂，不是他独资拥有的，甚至本人占的股份可能不是最多的。只是因他负责向银业融资，是“入银”的人，对丝厂的生存具有举足轻重的作用，于是便享有对丝厂的控制权，以他名义拥有的丝厂有18家之多，所以被认为是丝业界一时的权威。丝业以金融资本为后台的特点，是造就岑国华辉煌的成就的重要原因之一。

在丝业界初步站稳阵脚之后，岑国华便向其他领域进军，其中丝庄是重要一项。由于丝庄在出售生丝、缴纳税项、通融资本等方面均有着重要作用，是出口贸易和丝厂经营的重要组成部分。因此具有一定规模的丝厂，往往联合属下的几间丝厂建立丝庄，使资金能够在较小范围更自如地流动。上述源记丝庄、荣发纶丝庄即为典型例子，陈启沅家族亦在开办丝厂的同时，开设昌栈丝庄办理生丝出口贸易。

岑国华发迹之初，便到“永和”丝庄打杂，熟悉丝庄与丝厂的联系。为了进一步发展丝厂业务，岑国华在广州沙基创办永泰隆丝庄，代办下属各厂的生丝发售和税饷征纳工作。连同有关系的委托售丝负责资金的有39家丝厂。

据《广东丝业贸易概况》中所列丝庄，永泰隆丝庄连带的丝厂如下：

表6–1　永泰隆丝庄连带的丝厂统计

永泰隆	广州新兴大街	穗源	顺德登洲
		瑞安	顺德大良
		鸿安	南海沙头
		源安	南海梧村
		志记	南海良保村
		大安	顺德大良
		广纶祥钜记	南海石湾
		大和生	顺德桂洲
		穗泰成记	顺德上寮

岑国华与众不同的地方在于，一般丝庄仅能透过洋商的洋行，进行间接贸易，任由洋行开价。而岑国华一并在沙面东桥法租界设立永泰隆洋行，以便同日本、印度、美、英、法等国的丝商进行直接交易。当时仅在丝庄、洋行两类的营

业额，每年在一千万银元以上，居广州30家丝庄之冠。

因而，从丝厂生产、丝庄代理到设立洋行直接与外商贸易，这几个生产、贸易流程，岑国华均有涉猎，且操作良好。在解决丝厂资金供应的问题上，岑国华除了充分运用他与银业的良好关系外，还开始涉猎银号的经营，在十三行的故衣街一带，设立贞祥、贞记、发记、源记四家银号，进一步方便了资金在银号、丝庄、丝厂中流通运转。相似的例子还有谭玉泉、陈海东。

他们是银业老板的同时，在丝厂中也有一定股份、地位。这也体现了资金在银业、丝业中流转途径的特点。正是这样，岑国华从蚕农出身，透过族亲的提携、华侨资本的相助，进入丝业界。

透过成为“瑞栈”丝厂股东，积累了资金，并与他人合资，建立大和生、永昌、裕昌、鸿安、洪栈、祐昌等一系列丝厂，在资金充裕之时，即扩大丝厂规模，并以“入银”之人的特殊身份，享有属下丝厂的控制权，成就了“丝业巨子”的地位。岑国华所取得的辉煌成就，与他打下的银业界基础密不可分。他游走于丝业、银业这两个领域之间，在丝厂老板、丝庄老板和银号老板的身份上产生重合。

在商场上赢得厚利后，岑国华一方面热心公益，签助善堂，为家乡修桥、建造茶亭，设粥厂赈济饥民，并出资在家乡葛岸村建造“次川岑公祠”，另一方面在投资生丝研究，并以巨款捐助广州柔济医院和乐从同仁医院，赢得仲恺农学院名誉董事、广州商会会长的社会声望。

十一、邓植仪

邓植仪，东莞人，出生于顺德大良。著名农业教育家，土壤学家。20世纪20年代初，参与筹建广东大学和中山大学，长期担任两校教授、农学院院长、教务长之职。邓植仪对我国20世纪20年代蚕丝业、蔗糖业的日渐衰落，特别是对原以产蔗糖闻名于世的广东不但不能输出蔗糖，反而要输入大量外糖深感忧虑。1921年他开始组织科技人员对广东蚕丝、蔗糖主产区进行专题调查，编撰刊行了《广东蚕业调查报告书》[18]和《番禺增城东莞中山糖业调查报告书》。他分析了广东蔗糖业的盛衰史，呼吁当局立即切实改良甘蔗种植方法、蔗糖榨制法，充分发挥广东“土地之腴，气候之适，消费之多，人工之贱”的优势，以振兴广东蔗糖业。可惜由于当时政局动荡，政府忽视农业，邓植仪所做的努力，未能收到预期效果。1930年创建广东土壤调查所，率先在广东开展分县土壤调查。1935年创建中山大学研究院土壤学部，为当时国内唯一培养土壤学科硕士研究生的机构。同年与彭家元合著《土壤学》。为广东现代高等农业教育的开创、巩固、发展做出了重要贡献。

十二、杨邦杰

杨邦杰，蚕业教育家，蚕业科学家。华南地区蚕桑高等教育的创始人，为振兴粤桂湘蚕业生产做出了重要贡献。他最先为广东育成优良白茧蚕品种，并在整理地方品种、蚕的遗传研究和改进温汤浸种等方面取得了开创性的成果。

青年时考入日本九州帝国大学（今九州大学）农学部，着重学习有关蚕桑的课程，并师事日本著名蚕学家田中义麿博士进行研究工作。1928年毕业，获农学学士学位，此后又在该校遗传实验室继续实习。在日期间，曾与其导师田中博士共同发表《冬季萬苣叶养蚕》的论文，在日本蚕业界产生很大影响，从而开探索家蚕代用饲料研究之先河。杨邦杰在日本学习期间，与何品良相结识。何对他的满腔爱国热情和刻苦学习精神深为敬佩。何先回国，任广东仲恺农工学校校长，多次电催杨邦杰去该校任教。1928年末，杨邦杰启程回国，历任仲恺农工学校蚕桑部主任，中山大学农学院教授、蚕桑系主任，中国合众蚕桑改良委员会委员，湖南蚕丝改良场场长，湖南农业专科学校校长等职。

杨邦杰回国之初，仲恺农工学校设有蚕桑部，而中山大学农学院则仅开设一门蚕桑课程。杨到职后，即锐意谋求改进和扩充，先后将仲恺农工学校蚕桑部的小桑园扩充为400亩的实验桑园，新建实验蚕房2座，并附设小型蚕种冷藏库1间；将中山大学农学院的一门蚕桑课程扩大为蚕桑门，增设养蚕、制种、栽桑、蚕生理解剖、蚕丝泛论、制丝等课程。不久，又将蚕桑门扩充为蚕桑系，并举办女子蚕桑工学班多期。为此，杨邦杰多方物色知名专家教授，如桂应祥（朝鲜籍留日蚕学家）、沈敦辉等来校任教、兼课或讲学。蚕桑系的教学和研究工作逐步走上正轨。

他在回国的头三年，引进日本蚕种和本地黄茧种杂交，培育出学14号、学16号等新品种（后改名为1014、1016），为我国最早应用杂交法育成的优良白茧种。其茧和生丝样品于1933年送巴黎博览会展出，获得国际蚕桑界的好评。

为了改良蚕种，杨邦杰用纯系分离法对广东地方品种进行整理，选育出大造系统56号，土大、轮月系统仲恺258、560、369、4000号等10余个品种。又与桂应祥合作对仲恺258号品种进行改进，提高其生命力，达到茧形均匀、茧绵较少、解舒好、水结少、出丝率高等优点。这一品种在广东、广西等地推广，直到20世纪50年代初期，长达20多年之久。此外，还杂交选育出生命力和丝质较优的杂交固定种1053A2等，在广东西江流域一带推广多年。

发表蚕种相关论文有：《关于广东蚕种之改良——应用遗传的法则而得之二三结果》《家蚕之品种、性及体量与成熟速度之关系》《广东蚕之二三特殊系统》《广东特异蚕卵之形态与遗传学的研究》《二三特殊系统蚕之卵黄色、血色、茧色等三形质之相互关系》《仲18、48号黑色蚕之黑色性是否属于附加体色》。

十三、谭清泉

谭清泉，洋染料店仁发号创始人。

清末，佛山镇的染织业已开始引进洋染料来更新染整工艺了。洋染料有硫化性类、直接性类、盐基性类、酸性类、快靛类和以后的阴丹士林类、印第科类等等。这些洋染料是工业发达的资本主义国家利用当代科学发明生产出来的化学合成染料制品，已不是植物性的天然染料了。

佛山镇于该时期已有三家专营洋染料的商店次第开设，供应各染房用以革新工艺，这就是有名的“三发”——仁发号、恒发号和忠发号。仁发号的创业人就是谭清泉。约在民国初年，他首先把洋染料的经营扩展到广州市，在打铜街（即现光复南路）承顶谢仁信绒线店的招牌和铺位，专营洋染料，这是广州市第一家经营洋染料的商店。

十四、欧济川

佛山公记隆丝织厂前身是“欧佐记”纱绸铺，老板欧济川原是个小地主，靠出租水田、鱼塘给农民，收取租金过活。1933年，欧济川在西樵民乐墟开设了一间“欧佐记”纱绸铺，贩卖纱绸。每逢民乐墟日，欧济川便派人到市场大量收购白坯纱，然后用船运到广州、佛山、龙江出售。欧济川还在民乐购买土丝，放丝给那些只有织机而无钱购买原料的织户，付工钱给他们织纱绸，然后交回“欧佐记”出售。两三年后，欧济川积累了一定的本钱，便买了8架织机，雇请8个工人织纱绸。从此，欧济川同时经营纱绸的生产和销售。

1938年，广州沦陷，欧济川携带流动资金去了香港，暂避风险。1939年，欧济川返回民乐，把“欧佐记”纱绸铺迁往顺德水藤，与当地的资本家邓举兄弟合股，设立公记隆丝织厂。开始时，公记隆丝织厂只有从民乐搬过来的8台织机，后来发展到20台织机，到1942年，已有50多台织机。欧济川考虑到水藤是丝的原料产地，于是开设了一间缫丝厂，专门为公记隆丝织厂供应丝。对于丝的质量，如丝的粗细等均按照严格的要求来制作，因此，公记隆丝织厂出产的纱绸保证了质量，公记隆“帆船牌”纱绸也因此出名，销量大增。

1942年，欧济川把公记隆丝织厂迁到佛山。当时只有50多台织机，短短两三年间，竟发展成为设有正铺、工场的大规模企业：正铺设在衙前街，有花箱机33台；二工场设在华康西街头，有花箱机66台；三工场设在福宁街，有10多台花箱机。至1944年，花箱机增加到175台。由于生意兴旺，欧济川在广州设立了纱绸庄。在佛山永安路设立了“成兴”纱绸庄，并开设了“成兴”晒莨场，把白坯纱加工晒莨后出售。

由于欧济川投资经营缫丝、丝织、晒莨一系列工序，从原料生产一直到产品销售都自己包办，减少了中间环节，保证了质量。因此，“帆船牌”产品在国内外享有声誉，在东南亚丝绸市场上，取得了垄断地位。为了推销产品，欧济川在上海、广州、香港、澳门等地开设了丝绸庄。由于销路广，甚至出现了供不应求的现象。

1946年，公记隆丝织厂进一步发展为拥有200多台织机、380多个工人的大厂。与此同时，欧济川与棉织业资本家潘文烈等合作，扩大了“成兴”纱绸庄和晒莨场的规模，还在香港开设了“盛记”丝绸庄，在澳门开设了布厂。

十五、李本立

李本立出身华侨世家，祖辈在新加坡经营橡胶园，其父因经营失败，才返回故乡谋生。

青年时期的李本立是“盛丰年”茧市的“侍应”，随后担当茧市银业部的“后生”。他以熟练的珠算技术加上忠厚勤奋的作风，博得老板赏识，从而由一般店员升到“掌柜”职位。1939年，他与梁坤、李联、黎果等人合伙经营银铺业，后又到广州十三行发展，直到新中国成立。1951年顺德县政府组合12家进出口商成立“健德企业股份有限公司”。这是顺德在新中国成立后的第一间颇具规模的主营进出口贸易的企业，是全国第一批公私合营企业之一。李本立率先响应政府的号召，把他旗下的“德祥行”和“利工农丝厂”（后改名为“红卫丝厂”）加盟健德公司，壮大了公司实力，对健德公司的组建，起到了带动和促进的作用。

十六、苏万

苏万，相传为民国时期佛山晒莨业中有名的师傅，有一手祖传的染莨的好技术。坊间多年来流传着当年抗日战争时期苏万智斗日本间谍的故事。

这天苏万正忙得不可开交的时候，却被老板请到客厅。进入客厅，只见满席酒菜，除老板外，还有一个身材矮胖的日本人，他们跷起二郎腿，手里拿着香烟，吞云吐雾，谈得投机。这个日本人名叫松田一郎，是日本三井洋行（Nissen KisanKaiza，简称NKK）的技术情报课课长，原来是日本浪人，1922年随日本商船来到中国，初时在广州做买卖，后来因盗窃机密有功，受到三井洋行的重用，被提升为课长，能说一口流利的广州话，对广东一带情况较熟。1933年，日本侵略者占领广州、佛山等地后，日本各大财团组织了一个 “华南实业考察团”，松田一郎参加了这个组织，在佛山、南海、顺德等地，对养蚕、缫丝、丝织、晒莨等情况做了全面的调查，盗窃了中国丝绸制作的部分重要资料。这天他又秉承三井洋行的旨意，要在台湾设一间“东亚染绢厂”，特地在佛山挑一些熟练的晒莨工人，从而进一步窃取中外驰名的香云纱晒莨技术。苏万拒绝了他们提出的“交流”晒莨的要求。

第二天上午，苏万和工友们正在猛烈的阳光下晒莨，突然传来一阵急促的汽车喇叭声，汽车驶到晒地立即停住，从车上跳下二三十个日本兵，个个手拿钢枪，把15个晒莨工人团团围住，就这样，15个手无寸铁的工人被绑押上了车。并被迫上了一艘日本军舰。

在船上，苏万与工人们知道自己被押往台湾“东亚染绢厂”工作，十分愤怒，商量了一个对付的办法。

船到台湾后，他们又被押上一辆汽车，驶到了边远的郊区，这就是所谓“东亚染绢厂”。这里晒地方圆约有十多亩，旁边木板钉起了八间简陋的工棚，工棚里放着20多口大染缸，筑起五个炉灶。晒地对面是一座钢筋水泥大楼，这就是松田的厂长办公室，从大楼的窗口看出去，可以把整个晒地看得一清二楚。整个厂都被铁丝网包围着，外面还有哨兵看守，活像一所监狱。

到厂的第二天清早，工人们的舟车劳累还未得到半点休息，就被该厂的马脸卢经理和大麻子日本工头催着上工了，工人们疲倦地走到晒场，有的配制莨汁，有的排列纱绸，有的打搅泥浆。看见工人们都干起来，马脸经理和大麻子才放心地走开。等他们两人走后，苏万即叫一工友把宿舍的尿桶提出来，说时迟，那时快，只见一工人把尿倒进装着薯莨汁的缸里，晒地马上散发出一阵尿味，在场的工人无不掩上嘴而笑。

第三天清早，只见马面经理匆匆忙忙拿着一块晒好的纱绸直奔厂长办公室。只见那块纱绸黑不黑、红不红，上面布满水泡斑点，好像一块烂花布，松田的脸色变得刷白。

“你这混蛋，快去检查原因。”松田咆哮着。

“检查过了，工人们都说台湾的水土不适宜晒莨。”

松田半信半疑，一定要亲自查个水落石出。

十几天过去了，松田查不出一点儿结果，后来他命卢经理从佛山带回各种样本，从日本请来一个化验师，他想通过每工序的化验，获得中国南方全套晒莨的技术经验。

这天，松田得意地与卢经理、化验师一齐来到晒地。找着苏万，打开手中的本子说："苏师傅，你说摸不着规律，现在有了样本，以后就按这样本晒，每晒一次，剪一块下来，交给这位化验师化验，他同意了，再晒第二次，懂吗？"苏万听后，心中暗暗好笑，假装高兴地说："好，就照你的办，不过，我一个人又看不准，最好松田先生也来看，这才保万无一失呢。"松田一听，不禁为难起来，晒地酷热的滋味他是尝过的，但为了掌握第一手资料，只好答应下来。

试验开始了，淋上薯莨水后晒了不久，还未够火候，苏万就剪下一块拿给松田看，松田这没有经过训练的眼睛岂能分辨出这细微的差别？他给化验师化验，结果是，成分一样。这样手续繁多，一天只能晒两三次。到晒完35次的时候，已经半个月过去了，但得出的纱绸还是黑不黑，红不红，一点光泽也没有，气得松田浑身发抖。松田不甘心失败，他与化验师仔细分析，总结出失败的原因是：莨水淋得太薄，晒的时间不够。

于是他又亲临晒地，逼迫着工人们按照他规定的分量及时进行第二次试验。

只见苏万不慌不忙地把薯莨汁一次性配好，由于台湾气候干燥炎热，水分蒸发较快，过了几天，薯莨汁的浓度就越来越大，松田虽然费尽心思，依然发现不出什么破绽。第二次试验结果是，晒出来的丝绸底面皆黑，硬得像块木板。

一转眼，三年过去了，一天，苏万被叫到厂长办公室，松田手里拿着一封信，他笑着地对苏万说："你家里来信了，想回去看看吗？"苏万接过信，打开一看，原来是孩子病重，叫他赶快设法回家。苏万答道："来时你说一年给大家放假一次，现在三年了。为什么还不放假？"

"放假？说得轻巧，你们任务还未完成呢！"松田奸诈地笑着说。

"台湾区地方根本不适宜晒莨，试验时你也在场，怨谁？"苏万反驳说。

"你不要欺骗我了。如果你能把晒莨技术的经验讲出来，我就放你回家。"松田说。

"我的文化低，手艺得自祖传，只知人家怎么教就怎么做，谈不上什么技术经验。而且我所做的，你全都看到。"苏万笔直地站着。

松田气急败坏，命人把苏万拖出去毒打，但苏万还是一言不发。结果，这个厂停了产，15个工人都被关起来。不久，传来了抗日胜利的消息。松田也接到“战争失利、速结厂务”的急电，卷席而逃。

苏万与工人们终于打破了侵略者的阴谋，胜利地回到佛山。

第二节　传统产品

一、莨纱（香云纱）、莨绸（黑胶绸）

香云纱又名莨纱，是广东近代丝织品中的佼佼者。晚清以来的100多年里，香云纱以其精湛高超的织造技艺及其镂空提花的特性名扬海内外，成为广东海上丝绸贸易的杰出代表。《广东省志·丝绸志》称：“这是广东丝织行业具有划时代意义和深远历史影响的创举。”[19]

典籍中关于香云纱（莨纱）的定义：

“莨纱，是以桑蚕土丝为原料，在提花手拉机上织成的具有纽眼通花的纱罗组织物，经晒莨而成。”

莨纱一词的出现要早于香云纱。

而香云纱这个名称原是对特定产品的特定称谓，特指莨纱。此处可以从定义知道以下三个关键点：纱线原料——桑蚕土丝；织物组织——纽眼通花的纱罗组织；染色整理——晒莨（薯莨染色、河泥固色并形成涂膜封胶后整理效果）。

单就三点自身构成而言，以土丝织造古来有之，并非首创；纽眼通花纱罗组织对于广东丝绸业而言为首创；薯莨染色亦是古来有之，非本地首创；“过乌”则为本地首创，在此用“纱”过乌之前本地已有用其他织物进行过这样的处理。而将所有这些因素同时应用在“白坯纱”上，则绝对是佛山地区的独创技艺。

现今广义上香云纱定义为经过薯莨染色、过乌处理的丝织物。就此定义而言，本文认为此范围过广，实则不利于对香云纱或是莨纱这一独特传统产品的保护的。

先说“纱”部分。

香云纱从初创到成熟的百年间经历过4次重大技术革新，最早可追溯到清道光年间。清道光二十四年（1844年）以后，南海县西樵相继出现了“小提花机”“啤架机”“扯花机”“马鞍绞综提花机”等丝织新设备，使广东丝织业手工方式生产水平有了重大突破，为香云纱的出现提供了必要的技术支撑。

《广东省志·纺织工业志》记载，清道光二十年（1840年）以前，广东丝织业的生产工具主要是“标梭平纹织机”；《广东省志·丝绸志》也载：“早期，只有织平纹的腰机和木织机。”这种工具织造的产品为平纹织物，如绸、缎、锦等。道光二十四年（1844年），西樵民乐儒林村程家改革标梭平纹机，将之逐步演变成12片综小提花机和“啤架机”。改良后的织机可以织造简单提花图案（民间也称“薄花”）的纱罗提花丝织品，一改自汉晋以来广东织造业一直为平纹织造的局面，开创丝织纱罗提花新品种，这是广东丝织业史上对纺织工具的一次重大改革，使丝织工具从单一的平纹织机发展为平纹织机与绞综提花织机并存，拓展了广东丝织业的发展空间，成为广东纺织工业史尤其是丝织史上的一个转折点，广东由此出现了有提花图案的纱罗丝织品。自道光年间程家改革标梭平纹织机后，至光绪年间的数十年里，西樵民乐三乡（儒林村、藻美、云滘）的丝织工人对小提花机和“啤架机”进行一些改良，使丝织提花织造水平有所提高。

到了清末民国初期，南海西樵民乐程家又发明了“扯花机”，可织较复杂花纹图案的品种，每部机需要两个人同时操作，一人在下面织，一人在花楼上执衢扯花。这种上部有“花楼”的扯花机高3米多，下面织机部分长近4米，机体庞大，构造复杂。在“花楼”上扯花的人和在下面织花的人互相看不见对方的动作，靠经验、口令和默契配合对方。西樵丝厂里的一组古代缫丝和织造壁画中，有一幅就再现了这种扯花机织造的场景。扯花机的出现是广东丝织工具和提花织造工艺上第二次重大的技术改良，使香云纱的图案复杂多样起来，织出的提花也更为精细美观，是香云纱织造技艺的一次重要的技术进步。“这种设备一直沿用到抗战初期”。

民国初期至中期，继发明“扯花机”后，西樵民乐程家对提花织机和织造技术继续进行新的探索和改革，并取得重大突破。民国四年（1915年），程家的程绍江、程炳全、程泽、程周4人发明了马鞍丝织提花绞综，首创纽眼通花的纱绸，开拓了丝织的新门路。这种“马鞍丝织提花绞综”的发明，将广东丝织业一直沿用的经线组织变为绞纱组织，使织物外观上具有“纽眼通花”（绞纱镂空提花图案）的效果。丝织设备的革新带来丝织技艺的变化，西樵民乐织工创造性地将岭南传统木雕的镂空图案及技法融入香云纱的织造工艺里，如传统木雕中的九宫格、万字花等图案，都体现在香云纱织造的提花图案中，使香云纱的提花织造技艺走向成熟，图案精美超群。

1920年，广州日商亚冠织造局使用日本生产的提花箱进行织造，提花箱安装在织机的上部，代替人工扯花，每部织机只要一人就可以进行生产，花色也更为多样。当时西樵织纱厂商高和、张仪最先效法使用这种提花箱，并对香云纱提花图案进行调整，如从织“大头梅”改良为织“细头梅”等。其余丝织工场也相继使用这种提花箱，当时大多使用日本的“沧田”及上海的“大成”“中华”等提花箱。

至此，莨纱的“纱”部分基本定型。

再说薯莨和过乌。

薯莨，又名赭魁、薯良，是南方很早便被作为染料使用的植物，且具有防腐利水等功效。北宋沈括在《梦溪笔谈》中的药议卷中记述：“今赭魁南中极多，肤黑肌赤，似何首乌。切破，其中赤白理如槟榔。有汁赤如赭，南人以染皮制靴，闽、岭人谓之余粮。”

现今发现最早经薯莨染整处理过的织物是1931年在广州西郊大刀山古墓中出土的东晋太宁二年的一块麻织物，其正反面颜色各异，一面为黑褐色，另一面为红色，从其外观及特征判断，应该是薯莨加工整理的纺织品。从其两面发色判断，很可能已经是薯莨染色加过河泥媒染等处理了。也就是说香云纱整套染色整理技术很可能早在东晋以前在广佛地区就已经存在了。

民国的《南中国丝业调查报告书》，其载“有将薯莨纱绸再以塘泥涂其面挂于阴处干之则变乌黑色”，[20]但文中也未提为何要使用河泥。用早期佛山地区织造的绸过乌之后就产生一种薯莨纱绸品种——黑胶绸。绸是平纹组织丝织物，又叫生绸，组织细密平整，染薯莨再行过乌后正面形成了一层油光闪烁平整光滑的涂层，与橡胶涂层处理过的纤维类似，故名黑胶绸。[21]

至于“过乌”处理，现今研究文献很多，各种科学分析也已非常细致，本文不做展开。其本质就是选取含有铁质的河泥，用水稀释成浆状后，用棕帚均匀涂刷于织物的正面，平摊于草地上进行媒染，待正面呈乌黑色，反面呈棕色时，即可水洗除去河泥，将织物干燥。

而整个晒莨的工艺流程如图6-1所示。

香云纱染整技艺是一个逐步产生并成熟的过程。薯莨因有防腐利水作用最早由渔民应用于渔网及船帆的防腐上，薯莨的应用要早于河泥，而河泥与薯莨的结合也缘于鱼网，本文推断香云纱染整技艺最早可能起源于广东以渔业为生的“疍民”群体的集体生存经验。至于染整技艺在面料的应用上则是从渔网、罾布等布料逐步扩大并着重应用到丝绸产品上的，其前提是广东蚕丝业的兴盛和土丝丝织品的大量生产。[22]

二、长青布

长青布为佛山镇的特产，其为棉制品。坯布有本地产和兴宁产之分，在佛山镇染布行内染成黑色后再转卖至其他地区。

长青布的热销，从另一个角度反映佛山的染整水平很高。

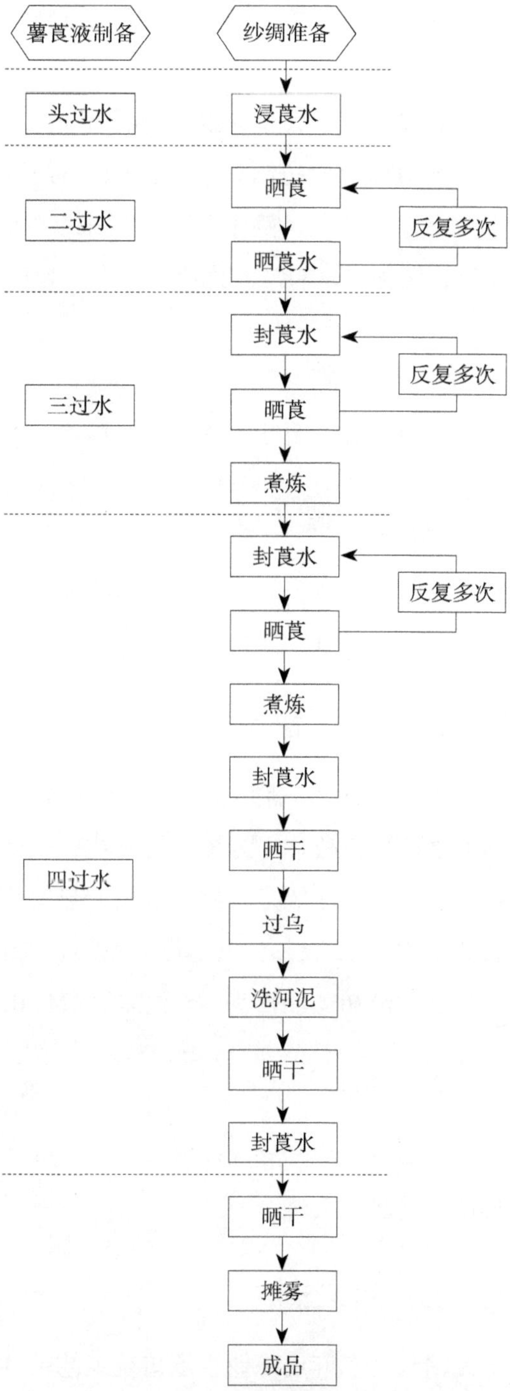

图6-1　晒莨工艺过程

由于暂时未找到相关文献记录资料，长青布的具体制作流程和具体产品特性现暂时无法做详细介绍。

下引《广州日报》2014年之报道："据佛山市档案局专家麦文东介绍，清末，佛山棉织户仿制华中地区的'对子蓝'布和江西的'北蓝布'，织造出棉布'去青乌'，销路十分旺。后来，又用一种较细的面纱夹杂麻纱织成'京青布'，又称'京布'。优质于土布，风靡一时。"

三、牛郎绸

佛山明清时期丝织品，"牛郎绸质重而细密本于红女所自织"。

四、八丝缎

佛山明清丝织品中一种，八丝缎是用八条经丝织成一齿后再挑织花纹，质地厚实，闪光夺目，具有民族传统工艺特色。

五、花绫、帽绫

中国传统丝织物的一类。最早的绫在织物表面呈现叠山形斜路，"望之如冰凌之理"，故称之为绫。绫有花、素之分。素绫采用单一的斜纹或变化斜纹组织。传统花绫一般是斜纹地组织上起斜纹花的单层暗花织物。花绫是中国传统书画装裱的主要材料之一，其质地紧密，图案清晰、纹饰品类繁多。

佛山清初此业较盛，至清末随着佛山镇制帽业、刺绣业的衰落而渐渐消隐。

六、贡缎

贡缎是由经纱和纬纱至少隔三根纱才交织一次而织成的缎纹织物。明清时期佛山贡缎颇具名气。

七、大良苎麻

清代广东麻纺织业秉承传统工艺精良，部分麻纺织品细软可比丝绸。尤其是顺德大良一带所产苎麻布更是闻名，在清乾隆罗天尺所著《五山志林》中有载：

“近数十年，吾顺德织苎者甚多，女织于家，而男则具麻易之；亦有男经而女织者。名大良苎麻，通贸江浙，岁取数千金，亦开财源；而地无游民一征也。”[23]

可见当时大良未像清代中后期那样以桑蚕丝织为主。

八、象眼绸（玉阶、柳叶）

明清两朝顺德龙江所产“玉阶”“柳叶”成为贡品。

第三节　大事记

1．佛山地区原始纺织技术出现（公元前4000年或更早）。

在距今6000年以前西樵山地区活动的佛山先民已经掌握了一定的原始纺织技术，石球、骨针、骨梭、有肩石器等都说明了当时该地区的人们已经掌握了一定的搓、绩、编、织技术。

2．“纺织与非织”并存的年代（公元前2500年或更早）。

这个时期，在佛山地区存在着两个有显著差异文明的族群，其中一个族群以纺纱织布为衣，而另一族群则以非织造的树皮布为衣，从考古学发现来看，这两个有着不同文明的族群在并不宽广的珠三角地区共存，而佛山地区更可能是这两个族群的交界点，有可能是两者相互交流、冲撞的关键区域。在高明古椰地区发现的树皮布文化与佛山其他地区（三水、禅城、南海、顺德）的纺轮纺纱织布文化隔着西江共存了一段并不短的时间。最终，不知何种原因，树皮布文化在佛山地区乃至整个珠三角地区消失。

3．百越纺织技艺。

对于佛山地区乃至整个岭南地区而言，百越时期纺织技术的存在且其技艺之高超是可以从古籍、考古遗物中找到端倪的，可惜至今也未曾发现具有直接说服力的实物例证。使得曾经在佛山地区存在过的辉煌的南越（非汉）纺织至今仍只能为“真实的幻影”。然自先秦到魏晋南北朝，越人善布并无争议。

4．桑蚕之始（公元217年以前）。

东汉末年，吴以步骘为交州刺史。如《水经注》记载："骘到南海，见土地形势，观尉佗旧治处，负山带海，博敞渺目，高则桑土，下则沃野……建安二十二年迁州番禺，筑立城郭。"[24]实际上在南越王赵眛墓中的丝织物已经可以说明广佛地区应该有很高级别的丝织水平。但《水经注》里的描述则清晰、直接地告诉人们当时广佛地区已经是桑蚕之地了。

5．薯莨整理（公元324年以前）。

1931年在广州西郊大刀山古墓中出土了东晋太宁二年（公元324年）的麻织物一块，该织物正反面颜色各异，一面为黑褐色，另一面为红色，从外观特征判断，属于典型的薯莨加工整理的纺织品。此出土文物证实了在广佛一带早在东晋以前就已经有用薯莨浸渍液染整加工织物的技术存在。后世香云纱是在此基础上进一步演变出来的产品。

6．卢眉娘入宫（公元805年）。

南海绣女卢眉娘以善绣而被贡于朝，其传奇的绣艺在当时可谓举世无双。从其长相看，说其是北方移民实属牵强。卢眉娘传奇及现今收藏于日本正仓院的唐时期的广东锦很清楚地告诉人们当时广佛地区丝织、刺绣水平之高。

7．桑园围成形（1101—1125年）。

桑园围是珠江三角洲著名的大型堤围，位于广东省南海和顺德境内珠江干流之一西江的下游，是西、北江干流主要堤围，分东、西围，抵御西、北江洪水。据《南海县志》记载："桑园围在宋代徽宗年间始筑东、西堤，四年后再筑吉赞横基，分别为沙头中塘围、龙江河澎围、甘竹分围。"

桑园围，可谓桑基鱼塘模式的前提和基础，自桑园围起，佛山地区桑蚕日盛。

8．佛山丝织开始进入鼎盛时期（1530年）。

当时佛山所产牛郎绸、五丝八丝缎、花绫、帽绫、官纱、贡缎等都负盛名，远销国内外。清屈大均《广东新语》有云："广之线纱与牛郎绸、五丝八丝缎、光缎，皆为岭外京华，东西二洋所贵。予广州竹枝词云：'洋船争出是官商，十字门开向二洋；五丝八丝广缎好，银钱堆满十三行’。”

9. 改进标梭平纹机（1834年）。

南海西樵民乐林村程家改革标梭平纹织机，最终演变为12片综小型提花机。

10. 第一间机器缫丝厂与学堂乡事件（1873—1881年）。

缫丝业是近代中国丝绸业中最早进行机械化的行业，从1873年陈启沅在南海西樵创办中国第一家机器缫丝厂——继昌隆开始，两年后佛山地区（南海、顺德）陆续出现了多家机械缫丝厂。这些缫丝厂的建立使得原来的手工缫丝工人受到了很大冲击，手工缫丝业出现了大面积的工人失业或濒于失业的状况。机器的使用代替了手工生产的大部分劳动力，对传统的手工业而言必然会产生强烈的冲击，也势必引发各方利益之间的直接冲突。尤其是在清末的广佛地区，这种冲突显现得更为突出。发生于光绪七年（1881年）10月5日的丝织手工业工人捣毁南海西樵学堂乡裕厚昌丝厂事件就是这些冲突的代表性事件。

珠三角地区的丝织业尤其是广佛一带的丝织业到了明清时期已非常繁盛，由于丝织业发展的需要，整个丝织业在广佛一带细分成若干个分工分行生产。在这种背景下，广佛丝织手工业中出现了代表东主和工人各自利益的组织，即“东家行”和“西家行”——“东家行”是东主的组织，“西家行”是工人的组织。东家与西家代表各自利益彼此对立，又在保护行业共同利益中相互依存。代表丝织的锦纶行，是大行的名称，其聚会场地锦纶会馆始建于雍正元年，后于乾隆、嘉庆、道光、咸丰、光绪年间皆有重建，是该行东家议事之所，每年的农历八月十三“师傅诞”，行内人敲锣打鼓，抬着烧猪到此贺诞。1841年，千余名丝织工人打着七星旗前往三元里支援抗英斗争，就是从锦纶会馆集合出发的，而且还得到了锦纶会馆的资助。[25]

1881年，江浙蚕茧歉收，上海生丝出口剧减，欧美商人转向广东求购。广东土丝大量输出，内销不足，以至于机工无法在市场上买到足够的生丝纺织，造成了大量的停机。南海县本为手工丝织业繁盛之区，机工不下万余人。手工织机大量停机影响了南海丝织工人的生计，丝织工人迁怒于专营出口的蒸汽缫丝厂，聚众捣毁了学堂乡裕厚昌丝厂。

根据时任南海县令徐赓陛对此织工骚乱事件的奏章记载：

“光绪七年八月十三日（1881年10月5日），正值该机户先师神诞，各工云集，散福时剧钱饮酒。酒后忽有一人倡言机器害其本业，不如聚众前往拆毁，一唱百和。遂另有一人声言，纠众必须建旗，自在身间出钱一百文，投入铜盆，扬言愿出赀者，照此投钱。登即积钱至二十余千文，分买白布制成旗帜，上书锦纶行字样，前往裕厚昌蜂拥入门，毁其机器，乘势掠去茧料一万余斤，并衣服零星物件。”

随后，闹事织工又打算捣毁同乡的继昌隆及其他几家丝厂，而丝厂也组织人员抵御反抗。破坏风潮不断扩大，最后被官府各打五十大板所弹压。为此，官府特出告示严禁：

“盖地方之莠顽必当究治，而小民之生计尤应兼筹，今以一家射利而使千百穷黎失其恒业，其必起而争者势也。若以此事可原稍从宽贷，而使千百无赖浸长刁风，遂至目无法纪亦势也。势既两穷，理又各绌，自应严杜专利以遂民生，更应严治首谋以挽风气候。”

在1881年的《广州出口贸易报告》中对此事也有记载：

“10月5日，在距广州三十里的南海县西樵附近，一些中国商人开办的用西式机器缫丝的工厂，因民众反对，引起骚乱而停工。反对者认为西式机器将使自己失去生计。骚乱在军队赶到时才停止，幸未蔓延，但已造成伤亡，一台机器毁坏，1万斤蚕茧损失。地方当局主张镇压骚乱，但强调使用节省劳力的机器，必须在官方的主持下进行，以防止厂主为追求大量利润和谋取垄断而损害劳工利益。”[26]

在处理这个事件中，清政府官员（主要是当时的南海知县徐赓陛）的做法是两方都压制。一方面对于暴动的工人采取严厉的镇压，另一方面对新型机械缫丝厂则强行勒令关停。具体从其奏禀可知，对于暴动工人，其认为：

“江浦、九江、西樵一带机工不下万余人，又与省城、佛山、顺德、三水等处机匠联为一行，恃众横恣，从前叠经滋事，即如于同治并有纠众环围前抚宪衙署，勒免抽厘。光绪初年又有张前令琮赴大岗墟办赌，办理并无错误，辄被纠众围困，打烂行轿，当时皆未澈办，一味瑔忍相安，以致犷悍性成，刁风日炽。即此次以失其生业为名，纠众滋闹。事发之始，已未禀签到官，追经出示，禁绝机器，仍敢聚众不散，要挟烧拆机房，并于大兵到时，纵斗如故迹，其狂悖实属愍不畏法。若非痛加征创，则此案固难骤结，后患尤属可虞。”

对于机械缫丝厂，他的态度是：

“每偈约用女工四百余人，男工一百余人，无论男女混杂易生瓜李之嫌，且一工之作，可抵十工之用，统计江浦一带，共有机器一十一座，应用四千四百余工，以一敌十，较之实夺四万四千余人之生业。夫以一家殷商之攘利，而失数万家贫户之资生，我国家民为邦本，非同外裔上下征收之邦，自应永远勒停以安民业，随取到各店永不复开结状，勒将前项机器依限自行变价以示持平，惟从前之牟利情尚可原，日后之效尤弊当永杜。”

正是这种“各打五十大板”的方式使得早期生产机械化进程遭遇到严重阻碍，这些情况不仅仅发生在缫丝业，同样也发生在其他行业发展进程中。

而这一事件也影响到其他相关的行业。1888年11月，金花、彩金两行发生械斗，起因是金花行改用机器织造，物美价廉，收益颇丰，而彩金行沿用手工，收益相比金花行逊色很多。矛盾逐渐积累后终于发展到“乃集机匠数百人，各持军械前往寻衅……毙者数人，伤者无算”的地步。而当时政府的做法是将为首者严办，最终导致“机房停工，机匠废业”。即便如此，后续仍然发生手工织工向机工寻仇的情况，可见，手工工人认为“机器生产夺其生计”思想已是普遍现象。

事件直到时任两广总督张之洞委派候补知县李长龄对各县的丝厂情况进行调查后才最终迎来转机，两广总督张之洞在答复海军衙门函中写道：

“遍访舆论，自用机器以后，穷乡贫户赖以全活甚众，而向来缫丝工匠执业如故。缘机器所缫丝经，质细而脆，以销外洋，颇获厚利。若内地机房，既不肯出此厚值，且因其丝过细，不甚坚韧，以织绸缎故不相宜，仍以土车手缫为便，故两不妨碍。所售价值，每百斤约售六百元，较之土缫向售四百元者，昂至二百元左右，然亦涨落无定。其机器前系购自外洋，近因内地自造，大者值二千二三百元，小者七八百元……粤省自民间开办以来，愈推愈广，其销赴外洋者，遽年加值。查光绪十二年由顺德等县运省之洋庄丝，约计二百八十万余斤之多，较往年几增十分之四。盖小民惟利是趋，比年获利颇厚，故机器之计，年多一年，出丝既多，销路亦夥。现在争相仿效，到处开设，有益于贫户之资生，无碍于商贾之贸易，以属办有成效，当无窒碍。惟系民间自行经理，并非由官设局劝办，亦未领用官帑，自应听其照旧开设，以浚利源。”[27]

作为洋务派的张之洞在复文中只字未提1881年的骚乱，也不提六年前广东当局曾以维护“小民生计”，命令南海县丝厂关闭的事实，而是特别强调了机器缫丝等行业无碍于商贾之贸易。这样做的目的是希望清政府下决心采取支持和鼓励引进发展近代缫丝工业的政策。而清政府也确实依此做出了采取奖励民营缫丝工业的决定。自此后，机器缫丝的产量不断增加。

但清政府虽然下令“咨行粤省，劝导商民，广为兴办”，可是直到19世纪90年代，当有人在南海禀请开设机器缫丝厂时，两广总督却仍以“商民设立机器缫丝，专利病民”为辞，不许“擅制”。

纵观整个事件，可以看到在清末工业机械化进程中，官方扮演的角色更多的是避重就轻、维护自身利益的“和事佬”角色，并未起到对新兴工业排除障碍、引导发展的作用，更多考虑的是将这些新生产业的利益尽可能纳入自身。而民众对新生事物的接受也是一个曲折过程，从开始的抗拒到逐步接受。而之所以在佛山地区会发生如此大规模的针对机械化生产的暴乱，其最根本原因还是因为佛山地区原有的手工从业者数量极大，在机械化过程中受到直接影响的人数众多，加上没有官方的有力疏导，也就最终导致了事件的发生及其影响蔓延。

但值得一提的是，此事件虽说对当时整个珠三角地区都产生了一定影响，但其力度主要是在南海县（现南海区、禅城区）内，虽波及其他地区，但力度甚小。如顺德县（现顺德区）在当时则基本没有受到事件影响，该时期顺德区域内的机械缫丝厂并未发生类似南海学堂乡的事件。这也是顺德在后续缫丝发展中占得先机的一个重要因素。

11．首创足踏缫丝机（1884年）。

经历了学堂乡事件后，继昌隆被迫迁往澳门。为了缓解手工缫丝业者对机器缫丝的仇视，也为了为其找到继续从业之可能，陈启沅对原手工缫丝车进行改良，首创足踏缫丝车，这是一种在“机汽大偈”的基础上，重新变通设计，制成一种既可以汽机带动，也可以一人一具，以足踏为动力的名为“机汽单车”的小型缫丝机。这种小机功用与蒸汽大机无异，很快就被原手工缫丝业者接受采用了。

12. 《蚕桑谱》问世（1886年）。

是年陈启沅所著《蚕桑谱》开始成书流传，这是佛山历史上第一本重要的桑蚕养殖、缫丝的专业著作，正文共两卷十三篇。

13. 《粤中蚕桑刍言》刊印（1893年）。

《粤中蚕桑刍言》为顺德卢燮宸所著，刊印时间为光绪十九年（1893年），全书主体分三部分合共四十篇，是一部集植桑、养蚕、养鱼于一体的典型农书。

14. 《岭南蚕桑要则》刊印（1910—1911年）。

《岭南蚕桑要则》为顺德赖新农所著，刊印于宣统年间（1910—1911年），与《粤中蚕桑刍言》《蚕桑谱》合为当时重要的蚕书。

15. 香云纱标志性结构出现（1915年）。

南海西樵民乐林村程家的程丙全、程绍江、程泽、程周等4人发明了马鞍丝织提花绞综，首创纽眼通花“香云纱”，开莨纱绸类丝织品先河，自此香云纱传奇发展之路开始。

16. 广东省蚕业改良（1923—1937年）。

在抗战全面爆发的前27年，民国广东蚕桑生产由于国内外环境和条件恶化，出现了一个由兴盛而衰败的变化。1929 年之前，是民国广东蚕桑生产兴盛期。第一次世界大战以后，世界生丝市场需求量急剧上升，生丝价格不断提高，粤丝外贸数量激增。人们体会到经营蚕桑业能获得更多的收入，纷纷加入蚕桑生产行列，从而推动了粤省蚕桑业的高速发展，也造就了民国粤省蚕桑事业的短暂辉煌。当时粤省的蚕桑地区除珠江三角洲的顺德、南海、香山、鹤山、东莞、新会、三水、番禺等县外，还扩展到西江沿岸的高要、郁南、云浮、封川，以及东江沿岸的增城、惠州、宝安、博罗等县和雷州半岛一带地区。据《珠江三角洲农业志》载，1925年，全省桑地面积由1921年的1008900亩增至1465725 亩，年产茧量为498005担。其中，珠江三角洲地区的桑地面积也由1921年的963600亩扩大到1398625亩，占全省桑地总面积的95.4%，年产茧量为479345担，占全省蚕茧总产量的96%，年产生丝120000担，一跃成为全国三大蚕区之一。[28]

蚕桑业的发展推动了制丝业的发展，1926年，粤省的大型缫丝厂有202间，小型缫丝厂有97间，丝厂总量比1910年增加了190间，丝车位数也增长了近一倍，由原来的72000 台增加至130000台。全省设有46间茧市，185间茧栈，约有145 万人从事蚕桑生产，丝业经济特别活跃。特别是在顺德县内，蚕市、蚕栈星罗棋布，丝厂林立，并设有私人钱庄44 间，[29]成为全省的蚕桑业中心，掌控民国初期粤省经济命脉。1929年后，广东蚕桑生产进入衰退期。资本主义世界爆发经济危机，波及丝业市场，丝价大跌。

粤省主要的蚕桑生产区域集中于珠江三角洲。珠江三角洲的面积约占全省面积的三分之一，该地土地肥沃，水源充沛，桑叶能够丰产，非常适合蚕桑生产，因此省内蚕桑各区，“其最重要者，首推顺德，次为香山、南海、新会、三水、番禺。东江则有东莞、增城、惠阳、博罗、宝安。北江则有清远、英德、花县。西江则有高要、德庆、郁南、高明、封川、云浮、廉江、茂名、电白、吴川”。《南中国丝业调查报告书》《广东省蚕业调查报告书》以及《华南蚕丝业之调查》等调查报告，对抗战前，特别是20世纪20年代中后期，即民国粤省蚕桑最为兴盛时期的主要蚕桑区域有所描述。

1923年7月，广东省政府省长廖仲恺特拨港币5000元给岭南农科大学用于蚕桑研究。

1923年11月，为促进本省蚕丝改良起见，广东省政府设立广东全省改良蚕丝局（1930年7月改名为“广东省建设厅蚕丝改良局”），局址设在岭南大学内，并委任该校蚕丝科主任考活为首任局长。

1923年，受省政府委托，由考活主持，黄泽普、周秉钧和李威士等协助，岭南大学蚕桑科对南中国蚕丝业进行了系统的调查。调查完成后，考活用英文写成《南中国丝业调查报告书》，由黄泽普译成中文，中、英文本一起印刷发行。

1924年8月，省长胡汉民拨款1500元广东银毫为调查日本蚕丝业之费用。省政府派考活和李威士一同前往日本考察。

1925年7月，广东省建设厅蚕丝局在南海县九江设立南海县改良蚕丝局。

1929 年后，广东蚕桑生产进入衰退期。资本主义世界爆发经济危机，波及丝业市场，丝价大跌，生丝外销量锐减。粤省蚕桑事业受其影响，生产规模急剧衰减，省内桑地面积大量缩减，据《珠江三角洲农业志》载，“一九三五年珠江三角洲桑地面积由原来一百三十九万八千六百二十五亩，缩减为五十三万二千亩

（其中顺德县三十万亩，中山县一万二千亩，南海县八万亩，三水县一万亩，新会县二万亩，番禺县二千亩）”，单顺德一县将桑地改种水稻的就有4万亩，另有部分桑地改种甘蔗和其他作物。同时，粤省制丝业也迅速凋零，大型的缫丝厂从1926年的202间缩减为1929年的147间，到1934年时严重缩减到37间，丝车位数从95215台下降至20396台。粤地丝厂的大量破产导致许多工人失业，蚕桑从业者生活困苦，许多人被迫转行，粤丝经济十分萧条。

1931年，第一蚕种制造场在顺德容奇建成交付使用。

1933年3月，广东省建设厅委任廖崇真继任局长。同年，岭南大学提出收回蚕丝局工作的地段和房屋，蚕丝改良局与岭南大学从此分道扬镳，开始成为省政府的一个直属机构，隶属建设厅，负责掌管全省蚕丝改良、推广及蚕业行政。同年，省政府选定顺德县大良南郊为首个实施区，后改为蚕业改良实施总区，直属省建设厅。1934年和1935年又增设了云路、容桂、黄连、伦教等9个实施分区。

中山大学农学院的杨邦杰多方物色知名专家教授，如桂应祥（朝鲜籍留日蚕学家）、沈敦辉等来校任教、兼课或讲学。蚕桑系的教学和研究工作逐步走上轨道。

他在回国的头三年，引进日本蚕种和本地黄茧种杂交，培育出学14号、学16号等新品种（后改名为1014、1016），为我国最早应用杂交法育成的优良白茧种。其虽和生丝样品于1933年送巴黎博览会展出，获得国际蚕桑界的好评。

为了改良蚕种，杨邦杰用纯系分离法对广东地方品种进行整理，选育出大造系统56号，土大、轮月系统仲恺258、560、369、4000号等10余个品种。又与桂应祥合作对仲恺258号品种进行改进，提高其生命力，达到茧形均匀、茧绵较少、解舒好、水结少、出丝率高等优点。这一品种在广东、广西等地推广。

1936年仲恺农学校与当地人合作开办“兴农社”。

1933至1935年，广东省建设厅实施了第一个三年计划，设立改良蚕种制造场，制发优良蚕种，分设各县蚕业改良实施区，指导蚕农育蚕，建立新式纺织厂及制丝场，使广东蚕丝业出现了复兴的势头。从1936年开始，广东实施“改良广东蚕丝第二期三年施政计划”，其基本精神是，采用政府与人民合作的方式，以实现增加生产、降低成本、提高品质、拓展销途，使蚕丝业成为本省最主要之生产企业，使粤民得大利，政府增富源的目的。

民国粤省蚕农思想较为守旧，不思改良，阻碍了养蚕育种技术的进步。“丝茧生产，既操诸农民，农民类多偏于守旧，非恃研究机关及学校力行指导，绝无改良之机。目今蚕丝学校有几，研究机关有几，而真能切实指导者亦有几，是其农民虽欲改良，亦不可得而改良也。况学校研究机关，每各自为政，漠不相关。其甚者，不求实际，一则只夸书本之知识，一则仅作纸上之吹嘘。而农民方面，又自谓其有老经验。且指导者，既不尽指导之责，而应受指导者，亦不肯受人指导，徒见养蚕者缺乏改良之知识与方法，以致影响与生丝原料之不良者”[30]。可见，粤省蚕农不愿意改良技术，究其原因，一方面是蚕农现有的技术，多是世代相传的，经过了时间的检验，也曾为其带来良好的收益，与学校和科研机关宣传的新技术、新品种相比，蚕农还是更信任依赖于原有的生产技术，因而不愿轻易改良。另一方面则是大部分蚕农的知识有限，目光较为局限，没能认识到技术改良可能为其带来丝量提高、丝质提升、丝价上涨等益处，反而只看到改良过程可能会使其增加生产的成本，因此为了追逐更多眼前的经济收益，蚕农和丝厂往往会固守旧法，漠视改良。

1937年7月，日本发动了全面侵华战争。1938年10月，广州沦陷，蚕丝局所有的制种场、缫丝厂和各种科学仪器、优良蚕种被一扫而空。丝厂停工，地方秩序混乱，农民无心养蚕。蚕种改良事业遭受重创。

17．第一家机器棉织厂（1922年）。

民国十年（1921年）当时佛山镇内（现禅城区）栅下铺开有祥利织造厂，为南洋烟草公司的创办人之一的简照南妻潘杏浓创办，该厂应为当时佛山镇第一家机械化织造厂，有女工200人。按用工规模，此厂的纺织机台数应至少过百。这是佛山地区第一家纯机器棉织厂。

18．南海、顺德丝厂女工大罢工（1925年）。

1925年的5—6月间，南海、顺德的丝厂女工为提高工资而罢工，致各丝厂停工。顺德县农村中，“因为丝厂停工而影响蚕桑业，各乡内士绅和自卫期局，纷纷贴出长红，禁止本村之本族的女工参与缫丝女工入会。查出则将父兄出族和取消太公猪肉。”当时省府当局令顺德县长、广东丝业研究所，责成丝厂妥善处理；承认女工工会；用回已经开除的女工；赔偿受伤女工的医药费以及停工期内之损失。[31]虽然当时的缫丝女工在各种压力下复工，但她们也为自己争得了权益。

19. 改良织造重绸（1928年）。

早期织绸每匹7~8两，到民国17—18年（1928—1929年）才由陈裕昌改良为织每匹为30~35两的重绸。

20. 佛山纱绸业工人罢工示威（1945年）。

1945年，佛山纱绸业工人为了争取改善生活，全行业罢工一个多月，曾一连两三天，每天有600 ~ 700名工人在南琼庙集队后向伪县府请愿示威。

第四节 佛山地区与纺织相关的民间信仰

一、嫘祖

嫘祖，又作累祖，中国远古时期人物。为西陵氏之女，轩辕黄帝的元妃。传说她发明了养蚕，史称嫘祖始蚕。佛山本地蚕农有供奉嫘祖的情况，但是佛山本地在区分“嫘祖、马头娘、苑窳寓氏公主”三个蚕神时界限并不清晰。而其中马头娘相对会更重视些。

顺德一带原多有蚕丝娘娘庙，而有些庙内供奉的蚕神不是一个，而是三个，其情况就如图6-2民国时期的佛山木版年画那样，在正中主神两侧还分别伴有一神。图6-2年画中对联很清晰、直接表达了人们的期望：“八造[32]多成熟，周年广进财”。

从画像结合相关传说判断，这三位蚕神可能分别是“嫘祖、马头娘、苑窳寓氏公主”，至于具体座次，暂时无法判断。

二、蚕姑

除了嫘祖外，在佛山地区蚕农也祭祀马头娘，其传说在《蜀图经》《太平广

图6-2 蚕姑娘娘木版年画
（摄于南国丝都博物馆）

记》《搜神记》《汉唐地理书钞》等书中均有记载。具体如下：

在高辛氏时代，蜀地有一蚕女，不知其姓氏，其父被人掠走了，只有他的马还在，蚕女想念父亲茶饭不思，其母当着大家的面发出誓言："谁能去把她（指蚕女）父亲救回，就把蚕女嫁给他。"那马听后，急速跳跃，挣断缰绳向外跑去，几天后，蚕女之父骑着马回来了。然其母的誓言再未被提起，那马就一直嘶鸣着，不肯吃。父亲觉得奇怪，问起缘由，其母便把当众的誓言告诉他。

父亲听后对马说：当时的誓言是对人说的，不是对马说的，哪有人嫁给马的啊？你能救我脱离危险，功劳不小，我会好好报答你，至于把女儿嫁给你，是办不到的。马听后就向外跑，父亲很生气，欲杀之，马跑得飞快，其父便将马射死，并剥其皮晾晒于庭院，一天，马皮突然卷着姑娘飞走了，十天后，马皮复挂在桑树上，女化为蚕，吃桑叶，吐丝成茧，给人间做被子和衣裳。人们就开始视其为蚕神。称"马头娘""蚕花娘娘""马鸣王菩萨"。

当年蚕桑业盛期时，南海、顺德一带蚕农多有祭祀蚕姑娘娘，有道是：

缫丝新制出西洋，万轴齐飞眩电光。
门外桑田青不断，大家争拜马头娘。

此首吟咏缫丝业祭祀蚕神马头娘娘的顺德杂诗刻于大良锦岩庙石碑之上，该石碑（三块）共刻杂诗二十五首。此诗置于中间。实物如图6-3。

顺德龙江南坑管理区里海的马氏蚕姑娘娘在20世纪90年代是被供奉在观音庙内，当时如图6-2年画中的布局一样，也是奉有三尊蚕神。在《南国丝都——顺德蚕桑丝绸业的历史和文化》（以下简称《南国丝都》）一书中写道：

“顺德龙江南坑管理区里海的马氏蚕姑娘娘是供奉在观音堂里面，蚕神旁边是观音娘娘，庙里还有其他神祇。蚕姑神的手上捧着的大概是蚕儿和蚕茧。蚕神的背后贴着有特色的对联。龙江南坑的马氏蚕姑娘娘的背后正中，上是“西山大圣”四个大字，大字正中下是“马氏蚕姑娘娘”，马氏的“马”字两旁是“邓”和“凌”两字。“马氏蚕姑娘娘”旁边对联是“起眠逢日午，成熟遇天晴”。[33]

至于立于马氏蚕姑娘娘两旁的另外两个蚕神是否嫘祖和苑窳寓氏公主，《南国丝都》一书中也没给出答案。此外，《南国丝都》一书中资料图片为1996年拍摄，本次课题组于2017年3月再赴里海当地，发现顺德龙江南坑里海观音堂已经重修并有大规模改动，里面已经没有供奉蚕姑娘娘的神像了。询问当地人，也说很久以前就不供奉蚕姑娘娘了。同样的情况也发生在其他地方，这次调查中，于顺德杏坛高赞村往杏坛方向上地路段路边天后三巷1号，我们发现了一座蚕丝娘娘庙，里面也已经没有供奉蚕神的神像了，而是供奉着观音。而询问当地人，他

图6-3　锦岩庙顺德杂诗石刻（摄于大良锦岩庙）

图6-4　顺德杏坛上地蚕丝娘娘庙（摄于2017年）

图6-5　南海平沙上社蚕姑庙（刘鹏飞摄）

们也说不清楚从什么时候开始没有供奉蚕丝娘娘了。时代的变迁也同样在这些庙堂中发生着。

此外，据《南国丝都》一书载，在当年蚕桑盛时，顺德里海也有请蚕神游街的习俗，对蚕神的奉祀也有时间规定，农历正月初八拜蚕大姑，二月十五拜蚕二姑，三月十八拜蚕三姑。

这也就给今人留下了几个疑问：

1. 嫘祖（蚕丝娘娘）与马头娘（马氏蚕姑娘娘、蚕姑娘娘、蚕大姑）在顺德当地如何区分？

2. 奉祀一位蚕神和三位蚕神的差异是如何形成的？

3. 顺德地区的三位蚕神是否就是嫘祖、马头娘、苑窳寓氏公主？

除了顺德杏坛上地村外，本次调查还在顺德龙江东头龙门大街、南海平沙上社等地发现还存有蚕神庙。

另外《南国丝都》一书中还提到，在马氏蚕姑娘娘名前还常冠有“西山大圣”，这是顺德地区的特色，别处皆无此情况。西山为顺德主山，以西山大圣冠之蚕神，可见当时人们对蚕桑之重视。

三、日娘

除了卢眉娘之外，在顺德一带，

还流传着关于“日娘”的传说。清咸丰《顺德县志·卷三风俗篇》记载：

“顺德俗，每于岁之八月二十五日，妇女群为日娘成祝，识者笑其不典；盖日而又娘故也。然捂古老相传，则别有故实。先是东门外，有莱妇名日娘者，素工刺绣，女子从学者多，耽死无子，其徒弟相率于其生日致祭，八月二十五日，即其生日，故他县皆无之。因其为女红师，故其祀事一邑也。”[34]

由此看来，这“日娘”乃是一位刺绣大师。顺德大良一带的人说得更具体：她姓陈，日娘是她的小名，家住大良东门城外，无儿无女，当时不少妇女跟她学艺，拜她为师，她去世后，妇女们便在她诞辰的农历八月二十五日，聚集在一起，以香烛果品到东门外致祭，说是纪念“日娘诞”。

顺德日娘神的崇拜，是以女性信众为群体。而这一信仰在康熙和乾隆两版的《顺德县志》中并没有记载，可以推论日娘信仰的产生应该在乾隆至嘉庆年间。而这一时期正是顺德植桑养蚕业开始迅速发展的时候，日娘诞的形成与顺德当时以养蚕缫丝和刺绣快速发展有着直接关系。[35]

四、周纛大王

晒莨业行业神。

相传很久以前南粤山区住着一个农夫，因家境贫寒，只能穿没有经过染色加工的坯布衣。有一天，这个农夫出门干活路过河边捡到了一个薯莨，将其打开时不小心将薯莨掉入河中，已拨开的薯莨很快就将河水染红，农夫看到这个情况有所启发，于是便尝试用薯莨液来染衣服，经过多次试验后终于获得成功。用薯莨液染布的做法也就此传播开来。据传晒莨业就是由此形成的，因此后世的晒莨工人为了纪念这位农夫，在晒场为其设立神位，摆为“周纛大王”，尊其为最早的大师傅。

每逢“周纛大王”的生日和祭日（农历三月二十七日、八月二十七日），工人们都会在神像前摆上祭品烧香祭拜。尤其是学徒更是如此，虔心祭拜以求学得一门好手艺。

五、师傅诞

丝织业行业神。根据广州锦纶会馆雍正九年所立的《锦纶祖师碑记》记述：当时在广州的数百家丝织业主共同出资兴建锦纶会馆来供奉“锦纶行”（即丝制业）先师“汉博望张侯”，即张骞。关于张骞出使西域，锦纶行内人一直相信着这样一个美丽的传说：

汉武帝派张骞寻找黄河源头，张骞乘木筏直达天河，一位妇人赠之一石。张骞回朝后拿给善卜的严君平看，严说，这是织女用来支撑织机的石头啊！后来，张骞便创制立法传之丝织业。

这就是“支机石”的传说。虽然锦纶行内人认为丝织业在黄帝之世便已出现，但其技术得以发展成熟却是张骞的功劳，因此感念其恩，建锦纶会馆来纪念他。此外，每年农历八月十三“师傅诞”，锦纶行内人敲锣打鼓，抬着烧猪来到锦纶会馆贺诞，东西家代表讨论机工价格以及维修锦纶会馆等大事。

此外，关于张骞与织造（丝织）业的传说，多出自南朝时期。如宋周密《癸辛杂识前集》引南朝梁宗懔《荆楚岁时记》。书中描述当年张骞奉命寻找河源，乘槎经月亮至天河，在月亮见一女织，又见一丈夫牵牛饮河，织女取支机石与骞。又有《太平御览》卷八引南朝宋刘义庆《集林》，原文如下：

“昔有一人寻河源，见妇人浣纱，以问之，曰：‘此天河也。’乃与一石而归。问严君平，云：‘此支机石也。’”

在佛山地区暂时未发现与张骞相关的先师庙、仙师庙或师傅庙，也未能直接取证到当年佛山地区举行“师傅诞”的实物例证。但从“学堂乡事件”中闹事工人是在当年八月十三日（旧历）于大冈先锋庙聚会完成“师傅诞”祭祀活动后再开始聚众闹事，并举锦纶会馆旗帜等行为可知当年佛山地区织工应该同样奉张骞为行业神。

附　表

附表一　佛山河宕遗址陶纺轮登记表

器物号	型式	花纹	质料	备注
甲T9–2	I	不明	泥质	残
甲T2–2	I		泥质	残
甲T5–2	I	素	夹砂	完整
甲T9–2	I	素	泥质	完整
乙T1–3	I		泥质	残
甲T2–3H1	I		泥质	残
乙T1–3	I		泥质	残
甲12–3	I		泥质	残
甲T3–3H1	I		泥质	残
甲T2–3H1	I		泥质	残
甲T10–3	I		夹砂	残
甲T3–3	I		夹砂	残
甲T10–3	I		泥质	残
甲T10–3	I		泥质	残
甲T4–3	I		泥质	完整
甲T1–3	I	素	泥质	完整
甲T11–3	I		泥质	完整
甲T11–3	I		泥质	完整
甲T2–3	I		泥质	完整
甲T10–3	I	素	泥质	完整
甲T4–3	I		泥质	完整
甲T5–3	I		夹细砂	完整
乙T1–3	I		泥质	完整
甲T11–3	I		泥质	完整
乙T5–T7–3	I		泥质	完整

（续表）

器物号	型式	花纹	质料	备注
甲T11–3	I		泥质	完整
甲T4–3	I		泥质	完整
甲T10–3	I		泥质	完整
甲T2–3	I		泥质	完整
甲T10–3D	I		泥质	完整
甲T9–3	I		夹砂	完整
甲T10–2	III		泥质	完整
乙T7–2	III	素		完整
甲T2–3	III	素	泥质	完整
甲T4–3	III	素	泥质	完整
不明	III			
甲T1–T9–2	IV	素	泥质	完整
甲T2–2	IV	素	泥质	残
甲T10–3	IV		夹砂	完整
甲T9–3	IV		夹砂	完整
甲T9–3	IV	素	泥质	残
乙T6–T7–3	IV		泥质	完整
甲T10–2	V	素	泥质	完整
甲T10–2	V	素	泥质	完整
甲T9–2	V	素	夹细砂	残
甲T10–2	V	素	夹细砂	残
甲T2–2西扩	V	素	泥质	残
甲T2–2	V		泥质	残
甲T10–2	V	素	泥质	残
甲T9–2	V	素	泥质	残

（续表）

器物号	型式	花纹	质料	备注
甲T10–2	V	素	泥质	残
甲T2–2	V	素	泥质	残
甲T2–2	V	素	泥质	完整
M41	V	素	泥质	残
甲T3–2		素	泥质	残
甲T10–2		素	夹细砂	残
甲T12–2		素	泥质	完整

附表二　中日甲午战争前广东省顺德县开办的缫丝厂

厂名	设立年	资本（元）	年产量（斤）	工人	
				工人数	每月工资（元）
永昌泰栈丝厂	1881	20000	30000	320	1920
巧经昌丝厂	1882	32000	48700	560	3360
协三才丝厂	1883	32000	36150	540	3240
永贞祥丝厂	1884	30000	48750	560	3360
永同昌丝厂	1884	20000	30000	380	2280
经利丝厂	1885	30000	48750	540	3240
广和祥丝厂	1886	40000	60000	620	3720
广纯昌丝厂	1886	36000	41250	600	3600
美纶昌丝厂	1886	30000	43000	560	3360
公和祥丝厂	1887	60000	60000	600	3600
妙成昌丝厂	1888	40000	60000	620	3720
永兴纶丝厂	1888	40000	60000	620	3720
协纶和丝厂	1888	32000	56250	560	3360
瑞和纶丝厂	1888	20000	37500	420	2520
广亨丝厂	1888	18000	33750	420	2520
忠兴泰丝厂	1889	30000	41250	560	3360
宏记隆丝厂	1889	36000	40000	500	3000

（续表）

厂名	设立年	资本（元）	年产量（斤）	工人	
				工人数	每月工资（元）
广利和丝厂	1889	30000	40000	530	3180
广元丰丝厂	1889	20000	31900	380	2280
兴利丝厂	1890	40000	60000	500	3000
经盛丝厂	1890	35000	40000	600	3600
永昌纶丝厂	1890	25000	37500	600	3600
广昌丝厂	1890	20000	30000	340	2040
巧经纶丝厂	1891	38000	56000	500	3000
巧元丝厂	1891	24000	30000	400	2400
永贞和丝厂	1891	20000	30000	320	1920
巧利丝厂	1892	38000	37000	440	2640
阜经纶丝厂	1892	30000	45000	560	3360
永昌成丝厂	1892	30000	37500	500	3000
悦经纶丝厂	1892	19000	30000	360	2160
瑞记丝厂	1893	30000	49000	560	3360
利源祥丝厂	1893	30000	56250	500	3000
广和隆丝厂	1893	24000	30000	380	2280
广纯亨丝厂	1893	18000	30000	370	2220
德昌纶丝厂	1894	30000	56250	580	3480

附表三　顺德县宣统三年（1911年）机器缫丝厂一览表

厂名	厂址	建厂年份	资本（万元）	蒸汽机		年耗煤量（吨）	职工人数		生丝年产量（担）	产值（万元）	
				数量（台）	功率（马力）		合计	其中女工		合计	其中主产品
永昌泰栈	大门	1881	2	1	10	540	341	320	300	27.23	22.50
巧经昌		1882	3.2	1	15	900	589	560	487	35.90	26.53
协三才	容奇	1883	3.6	1	15	900	569	540	362	28.97	27.11
永贞祥	杨滘	1884	3	1	13	900	586	560	488	44.66	36.56
永同昌		1884	2	1	12	600	401	380	300	30.04	25.00

（续表）

厂名	厂址	建厂年份	资本（万元）	蒸汽机		年耗煤量（吨）	职工人数		生丝年产量（担）	产值（万元）	
				数量（台）	功率（马力）		合计	其中女工		合计	其中主产品
经利	腾涌	1885	3	1	15	900	569	540	488	45.00	35.56
美纶昌	葛岸	1886	3	1	15	900	586	560	430	32.25	32.25
广纯昌	良滘	1886	3.6	1	15	900	631	600	413	37.69	30.94
广和祥		1886	4	1	15	900	649	620	600	55.80	45.00
公和祥	大良	1887	6	1	14	900	631	600	600	52.80	42.00
妙成昌	莘村	1888	4	1	15	900	649	620	600	52.8	42.00
广享		1888	1.8	1	12	600	382	360	338	31.83	25.31
协纶和		1888	2.2	1	14	900	587	560	563	50.73	42.19
瑞和纶	葛岸	1888	2	1	12	600	445	420	375	34.20	28.12
永兴纶	小布	1888	4	1	15	900	649	620	600	55.80	45.00
广利和		1889	3	1	15	900	561	500	400	36.75	30.00
宏记隆		1889	3.6	1	15	900	531	500	400	36.75	30.00
广元丰	岳步	1889	2	1	12	600	403	380	319	28.99	23.93
忠兴泰		1889	3	1	15	900	591	560	413	38.03	30.94
经盛	平步	1890	3.5	1	14	900	626	600	400	30.00	30.00
广昌	容奇	1890	2	1	10	540	361	340	300	25.23	22.50
永昌纶	马村	1890	2.5	1	14	900	624	600	375	34.88	28.13
兴利	荷村	1890	4	1	15	900	529	500	600	55.68	44.88
永贞和		1891	2	1	10	540	341	320	300	27.18	22.50
巧经纶		1891	3.8	1	15	900	531	500	560	48.75	42.00
巧元		1891	2.4	1	12	600	421	400	300	27.56	22.50
巧利	腾涌	1892	3.8	1	12	600	467	440	370	34.50	27.75
阜经纶		1892	3	1	15	900	589	560	450	41.85	33.75
悦经纶		1892	1.9	1	12	900	381	360	300	27.56	22.50
永昌成	容奇	1892	3	1	14	840	530	500	375	34.88	28.13
瑞记	龙江	1893	3	1	15	900	589	560	490	43.27	36.70
广纯昌	大都	1893	1.8	1	12	600	393	370	300	27.56	22.50
利源祥	龙江	1893	3	1	14	900	530	500	563	52.34	42.19

（续表）

厂名	厂址	建厂年份	资本（万元）	蒸汽机		年耗煤量（吨）	职工人数		生丝年产量（担）	产值（万元）	
				数量（台）	功率（马力）		合计	其中女工		合计	其中主产品
广隆和	龙江	1893	2.4	1	12	600	405	380	300	27.56	22.50
广兴和	龙江	1894	2.5	1	15	600	587	560	525	46.89	39.38
德昌纶	大良	1894	3	1	13	900	606	580	563	50.29	42.19
美和	大良	1895	2	1	15	900	575	550	450	34.75	33.75
福记	杨滘	1895	1.6	1	12	600	400	380	319	29.64	23.91
宏经		1895	2	1	15	900	565	540	488	46.69	36.56
普其昌	勒流	1895	3	1	15	900	569	540	490	45.02	36.56
永成纶		1895	2	1	12	600	405	380	338	31.05	25.31
盛昌	勒流	1896	3.4	1	15	900	631	600	413	37.69	30.94
协昌		1896	3	1	15	900	586	560	430	40.68	32.25
同记	水藤	1896	3.5	1	14	900	447	420	356	32.73	26.34
永昌泰		1896	1.7	1	12	600	381	360	356	33	26.70
颂维享	桂州	1896	2	1	12	600	405	380	337	30.32	25.28
广德和	潭村	1896	1.6	1	12	600	400	380	319	29.64	23.91
麟经	小涌	1898	2	1	10	540	371	350	300	30.4	25.00
钿利		1898	2	1	9	300	361	340	600	50.4	45.00
广和兴	大墩	1898	1.8	1	12	600	382	360	337	27.41	25.28
永盛纶	劳村	1898	2	1	9	540	361	340	300	27.9	22.50
合纶	黄连	1898	4	1	15	900	651	620	525	48.32	39.37
纶盛		1898	1.8	1	12	600	382	360	356	33.13	26.72
妙纶		1898	2	1	12	600	445	420	413	36.64	28.88
裕盛		1898	2.4	1	14	900	547	520	563	50.63	42.19
致兴纶	龙山	1898	2	1	9	540	381	360	300	27.56	22.5
冠经	龙山	1899	3	1	15	900	481	450	400	37.2	30.00
同栈	龙山	1899	2	1	13	600	465	440	469	40.41	32.81
明昌利	龙山	1899	2.8	1	15	840	587	560	475	45.34	36.56
细丝纶	莘村	1899	3	1	12	600	414	390	319	29.29	24.23

（续表）

厂名	厂址	建厂年份	资本（万元）	蒸汽机		年耗煤量（吨）	职工人数		生丝年产量（担）	产值（万元）	
				数量（台）	功率（马力）		合计	其中女工		合计	其中主产品
泰西恒		1899	4	1	22	1200	835	800	750	68.06	56.25
颂维亨	容奇	1900	3.3	1	14	900	626	600	362	33.86	27.11
永贞祥	大良	1900	2.4	1	14	900	625	600	375	34.88	28.13
永利		1901	4	1	14	900	629	600	600	45.49	44.40
永昌兴		1901	1.8	1	12	600	301	300	300	31.28	22.50
忠信恒	桂州	1902	3	1	15	900	589	560	450	39.56	33.75
永源		1902	2	1	15	840	599	560	487	45.3	36.53
同和		1902	1.9	1	12	600	441	420	375	33	26.25
盛利		1902	1.9	1	12	600	443	420	375	33	26.25
同德		1902	3	1	12	600	461	440	375	34.88	28.13
生记		1904	3	1	15	900	531	500	490	43.45	36.70
德昌成	上寮	1904	2.6	1	15	600	587	560	488	45.34	36.56
忠栈	容奇	1905	2.4	1	12	600	427	400	338	31.22	25.31
钜经		1905	2.6	1	12	600	421	400	338	31.22	25.31
永和纶	大良	1906	1.8	1	12	600	425	400	260	22.88	18.20
永贞祥	荷村	1906	2.5	1	13	900	509	480	356	31.35	24.94
广和纶		1906	1.8	1	12	600	445	420	319	27.21	22.31
锦记和	水藤	1906	1.7	1	11	600	323	300	319	28.05	22.31
贞栈		1907	2	2	10	540	371	350	320	29.56	24.16
裕隆兴		1909	2	1	10	300	341	320	319	29.31	23.91
美经		1909	1.4	1	10	540	321	300	320	27.76	24.00
德昌纶	碧江	1909	2	1	12	600	319	300	244	23.89	19.50
利恒昌		1910	1.8	1	12	600	421	400	263	23.44	18.38
顺昌	大良	1910	1.7	1	11	750	324	300	319	28.05	22.31
美经成		1911	1.2	1	9	300	321	300	300	27.56	22.50
合计			222.6	86	1122	62790	42093	39880	34950	3146.99	2594.15

附表四　顺德县1926年丝厂分布情况

区别	丝厂分布地点及间数			小计
第一区	大良16	大门1		17
第二区	羊额1	伦教1	鸡洲2	4
第三区	碧江1	陈村2		3
第四区	登州1	潭村2	大都1	4
第五区	水藤14	杨滘2	沙寮2	78
	良教5	马滘1	沙滘5	
	葛岸4	教德4	新隆2	
	大罗5	鹭洲4	道教2	
	小罗2	良村2	平步3	
	藤涌4	荷村4	大墩2	
	小涌4	马村3	莘村3	
	龙涌1			
第六区	勒流4	黄连2	大晚1	7
第七区	龙山2	龙江2		4
第十区	容奇11	桂州7		18
合计				135

附表五　南海县1922年丝厂分布情况

地点	数量	地点	数量	地点	数量	地点	数量
石湾	3	陈坑	1	大同	2	沙头	2
溶洲	3	水边	1	现教	1	贺丰	1
上园	2	奇槎	1	苏滘	1	河滘	1
藜涌	1	吉利	2	上其	1	斗头	2
湾头	1	吴村	2	吉水	2		
石头	2	简村	2	官山	1		

附表六　广东生丝、绸缎和丝绣货等出口价值占全省输出总值百分比[1]

年次	总值	生丝		绸缎		丝绣	
		价值	占比	价值	占比	价值	占比
1927	165356	72156	43.60	10564	6.38	2671	1.61
1928	175480	76389	43.50	10516	5.97	3490	1.97
1929	182343	81882	44.90	7062	3.97	4913	2.69
1930	164654	60528	37.00	5718	3.47	4509	2.98
1931	152035	45881	36.00	8292	5.45	4041	2.65
1932	92538	18874	20.40	6559	7.08	1849	2.00
1933	94458	22070	23.40	6463	6.82	1785	1.88
1934	82026	11348	13.80	4552	5.54	1646	2.00
1935	75268	8337	11.80	2295	3.04	1014	1.34
1936	84577	11241	13.30	2282	2.70	1232	1.45
1937	130065	14867	11.40	1711	1.31	944	0.73
平均	127164	35153	28.50	5545	4.50	2542	2.10

附表七　广东生丝历年价格升降情况表（港元/担）

（以1926年价格为基数）

年份	价格	价比	价格	价比	价格	价比	指数
1920	1175	119.9	1110	115.6	1040	118.9	118.1
1921	1245	127	1210	126.9	1160	133.6	128.5
1922	1180	120	1720	109.2	1575	180	154
1923	1795	183.3	1785	185.9	1685	192.6	187
1924	2090	213.3	2070	215.6	1975	225.7	218.1
1925	1160	118.4	1120	116.7	1045	119.4	118.2
1926	980	100	960	100	875	100	100
1927	1000	102	1070	171.5	905	103.4	105.6
1928	970	99	955	99.5	878	100.3	99.6

（续表）

年份	价格	价比	价格	价比	价格	价比	指数
1929	1015	103.6	1005	104.7	920	105.1	104.3
1930	885	90.3	870	90.6	800	91.4	91
1931	830	84.7	830	85.4	775	88.6	86.2
1932	710	72.4	710	74	635	72.6	78.8
1933	533	54.4	666	69.4	499	57	27.8
1934	302	30.8	333	34.3	298	34.1	33.2

附表八　广东生丝与各国生丝（美国市场价格比（美元/磅））

年次	各国总平	欧洲生丝	日本生丝	上海生丝	广东生丝
1897	3.03	3.49	3.11	2.87	2.14
1900	4.15	4.66	4.24	3.93	3.06
1903	3.69	4.13	3.70	3.65	3.70
1906	3.70	4.81	3.83	3.86	2.88
1908	4.13	4.87	4.24	4.24	3.45
1914	3.83	4.18	3.66	4.12	3.18
1919	4.58	11.76	8.75	9.56	6.90
1920	9.40	10.13	8.87	10.36	8.10

附表九　粤丝历年输出数量统计表

年次	担数	年次	担数	年次	担数	年次	担数
1878	16740	1894	27080	1910	43700	1926	64000
1879	20600	1895	28020	1911	34600	1927	52700
1880	13660	1896	33000	1912	45200	1928	55900
1881	20660	1897	37060	1913	55000	1929	56900
1882	21040	1898	45800	1914	38400	1930	46200
1883		1899	45000	1915	36900	1931	31000
1884	17900	1900	37920	1916	50500	1932	31400

（续表）

年次	担数	年次	担数	年次	担数	年次	担数
1885		1901	42840	1917	46900	1933	34400
1886		1902	44380	1918	33600	1934	30000
1887	28220	1903	42940	1919	63600	1935	33420
1888	15500	1904	42940	1920	37800	1936	21840
1889	32000	1905	40000	1921	51000	1937	27660
1890	24860	1906	37000	1922	63500	1938	20660
1891	24020	1907	45000	1923	43400		
1892	29520	1908	47560	1924	59000		
1893	25172	1909	43700	1925	62800		

附表十　粤丝输出欧洲、亚洲、非洲及美国数量统计表

年次	总输出量	输往美国	输往欧洲	输往亚非
1913	46821	13045	32242	1084
1914	57128	18669	37980	437
1915				
1916				
1917				
1918	48717	17692	39388	637
1919	34786	16097	17758	931
1920	57041	34626	22415	
1921	38492	25181	13594	717
1922	61566	48057	13373	136
1923	64880	45211	18711	458
1924	53129	40499	12394	236
1925	57911	26011	31418	482
1926	50107	25967	23944	196
1927	66679	37787	28862	30
1928	54808	26140	28620	46

（续表）

年次	总输出量	输往美国	输往欧洲	输往亚非
1929	58183	26992	30827	364
1930	59228	38582	19759	887
1931	68911	43868	20424	4619
1932	32291	20218	6680	5393
1933	32813	11715	6280	14818
1934	35900	8100	8639	19162
1935	29067	2240	6744	20083
1936	21577	2881	6891	11805
1937	23710	62	3256	20392
1938	27049	90	2095	24860

附表十一　缫丝成本

类别	价格	占比	类别	价格	占比
蚕茧	10.43	68.54	柴煤炭	0.85	5.58
税响	0.97	6.80	运费其他	0.75	4.93
工资	1.60	10.51	合计	15.22	100.00
鬼口	0.62	4.07			

附表十二　1932年和1934年生丝成本（每斤）[2]

类别	费用		备注
	1932	19234	
原料（蚕茧）	6.82	3.41	
女工工资	0.90	0.60	
利息	0.10	0.07	
柴炭费	0.75	0.50	
男工工资	1.10	0.60	
合计	9.67	5.18	

附表十三　清末民国丝庄与相关丝厂表

丝庄名称	所在地	经理丝厂名称	所在地
阜经	广州市西后街	南纶	顺德谭村
		东纶	南海奇槎
		德纶	顺德大良
厚德祥	广州沙基东中约	昌教	顺德良教沙
		广妙纶	南海河滘
		德记	顺德水藤
		德栈	顺德水藤
		泰安均记	顺德马村
		妙栈	南海隆庆
		永溢纶	顺德龙江
义和	广州市第六甫	义栈	顺德桂州
和诚兴	广州市西后街	信盛	南海吉利
		信和兴	顺德腾冲
		宝经	顺德理教
		明经纶	顺德容奇
		宝纶	顺德荷村
		宝昌	顺德水藤
		宝盛	顺德大良
		维盛诚记	南海官山
经盛纶	广州西兴街	经盛纶记	顺德平步
		经利和	顺德教德
		经利纶兴记	顺德腾冲
绍和	广州富善西街	经盛昌	南海梧村
和经	广州新兴大街	志成	顺德大晚
		凤经	顺德大良
		粤经	顺德容奇
		绍经	顺德水藤
		同记和	顺德水藤
		忠信祥	顺德桂洲
		永栈	南海官山

（续表）

丝庄名称	所在地	经理丝厂名称	所在地
永和	广州新兴大街	岑钿记	顺德葛岸
		安记	顺德鹭州
		益记	南海龙畔
		广超纶	南海上园
		和栈生记	南海罗村
		广记	顺德黄麻涌
		广绍成	顺德大罗村
		钿栈	顺德葛岸
		广达祥	南海石湾
		瑞和纶	顺德葛岸
		华安	顺德大邑
裕兴祥	广州西后街	恒记昌	南海上藤涌
		德记	顺德桂洲
		协盛祥	南海吉利
		德成	番禺石壁
		广丰	南海官山
		联盛	南海官山
		兆纶兴	顺德小涌
协兴隆	广州西后街	东亚和	顺德容奇
		协和昌	顺德莘村
		广昌成	顺德容奇
		祥兴隆	顺德岳步
		永兴	顺德大良
		有经	顺德小劳村
		西亚和	顺德容奇
		仁盛	顺德大良
		德安和记	顺德荔村
瑞吉祥	广州西兴街	钜盛	南海上淇
		钜安	顺德岳步
		同盛	顺德小涌

（续表）

丝庄名称	所在地	经理丝厂名称	所在地
东兴隆	广州荣华东街	北纶	南海石头
		北栈	南海石头
		西栈祥	南海水边
德昌	广州西后街	永兴纶	顺德小布
		同志成	顺德上寮
		广昌成	顺德良教沙
		绍兴纶	顺德小布
泰兴纶	广州西兴街	兴记	顺德新隆
		兴祥盛记	顺德良村
		兴隆盛记	顺德沙寮
		泰昌	顺德荷村
		泰纶利记	顺德水藤
		泰源利记	南海湾头
厚华	广州新兴大街	汇经	顺德沙滘
		龙经	顺德大良
		广天祥	南海官山
		裕天祥	南海贺丰
纶祥	广州新兴街	福兴	顺德勒流
		泰来	顺德岳步
		伟成	顺德龙冲
		联昌记	顺德鸡洲
		成记	顺德大良
		泰记	顺德岳步
		泰和	三水西南
祥安泰	广州西兴街	广泰和	顺德杨教
		广泰和栈	顺德杨教

（续表）

丝庄名称	所在地	经理丝厂名称	所在地
永泰隆	广州新兴大街	穗源	顺德登洲
		瑞安	顺德大良
		鸿安	南海沙头
		源安	南海梧村
		志记	南海良保村
		大安	顺德大良
		广纶祥钜记	南海石湾
		大和生	顺德桂洲
		穗泰成记	顺德上寮
荣纶发	广州西兴街	永和纶	顺德大良
		成栈利记	顺德容奇
		永昌成	顺德容奇
		贞纶	顺德大良
		永和祥	顺德大良
协成昌	广州西兴街	继成昌复记	顺德大门
天宝纶	广州西兴街	兴盛昌	顺德马村
		广裕隆	顺德新隆
		泰要昌	顺德大罗村
宝隆	广州第八甫	协顺祥	顺德江尾
绍昌隆	广州第七甫	忠栈	顺德容奇
源记	广州新兴大街	颂维坤	顺德桂洲
		颂维亨	顺德容奇
		广纯亨	南海容洲
		亨栈	顺德大都
		广纯经	南海石湾
		冠华纶	南海石湾
		广昌纯	顺德良教
		广元	顺德大墩
		广纯昌栈	南海石硝
		冠栈	顺德谭村

（续表）

丝庄名称	所在地	经理丝厂名称	所在地
厚经	广州拱日门	凤安	顺德水藤
		合兴	顺德平步
		俊经	南海深村
兴昌和	广州上九甫	同和	南海官山
		同利	南海沙岗
		同德	南海深村
		同栈	顺德龙山
		同昌	南海官山
		颂成纶	顺德小涌
怡和兴	广州第七甫	恕经和记	顺德沙滘
		怡盛祥	南海石湾
		怡盛兴	南海河滘
		世昌仁	顺德大墩
		祥栈	顺德沙滘
		厚昌仁	顺德小劳村
		盛昌怡记	顺德勒流
协信	广州西兴街	信经	顺德良滘
		信祥	顺德水藤
		信兴	顺德良教
		信丰	顺德良教
		协经纶	顺德溶洲
广经昌	广州拱日门	广盛	南海塘头
		广安	南海紫洞
		和昌	南海黎村
		盛利和	顺德大罗村
		永生纶	南海石头
		明利	顺德马滘

附 录

FOSHAN FANGZHISHI

附录一 《蚕桑谱》简介

《蚕桑谱》是清末南海西樵简村陈启沅所著，是佛山历史上三本重要的桑蚕养殖、缫丝的专业著作之一，也是三部之中最早的一部。在丁酉版中，连序共二十一篇。其中正文共两卷十三篇。因《蚕桑谱》现有正式重印发行版，因此本书仅对其做必要之介绍，不做全文录入。

丁酉版《蚕桑谱》全书结构如下：

凡例

自序

潘衍桐序

吴尌序

厘务总局咨文

陈锦筼文

广东劝业道陈宪台批示

崇绮题诗

卷一

蚕桑总论

论练种法

论放蛾泡水要法

养蚕赞育篇

卷二

论缫丝法

头造宜忌篇

第二造宜忌篇

第三造宜忌篇

第四造宜忌篇

第五造宜忌篇

第六造宜忌篇

寒造宜忌篇

种桑宜忌篇

丁酉版《蚕桑谱》的序言部分很有特点，不仅将几位名人所作序刊出，更是将当时清朝政府相关部门的批示公文刊出，这在当时书籍中并不多见。

自序为陈启沅忆父感怀所作，颇为真切。

潘衍桐序接之，潘衍桐（1841—1899年），又名汝桐，字菶廷，号峄琴，佛山人。翰林潘光岳之孙，潘衍鋆之弟。清同治七年（1868年）进士，选翰林院庶吉士，散馆后授翰林院编修。同治十二年（1873年）简放陕西副考官。光绪元年（1875年）充国史馆纂修。光绪四年（1878年），母丧归籍，主讲于广州越华书院。光绪七年（1881年）入京，光绪八年（1882年）充贵州乡试主考官。光绪十年（1884年），补国子监司业，曾上书开艺学，练乡兵。光绪十二年（1886年），浙江乡试主考官。由中允升太子洗马，充日讲起注官、文渊阁校理。光绪十四年（1888年），以庶子任浙江提督学政，补翰林院侍讲学士、侍读学士。光绪二十三年（1897年）在广州参与创办《岭学报》，任主编。两年后卒。遗著有《两浙輶轩续录》《朱子论语集注训诂考》《尔雅正郭》《缉雅堂诗话》和《拙余堂诗文集》等。

潘衍桐所作《蚕桑谱》序中此言很是入木："吾粤丝之美，不及湖丝，栽桑饲蚕之法，亦不及湖之周且备。近则详求博考，略得其法矣；而出丝终逊于湖者，岂地力之所限欤，抑人事之未尽也。"

《蚕桑谱》正文中从选种、养蚕、各造注意事项、缫丝注意事项、种桑注意事项都一一列出，并就广东地区的特点做详细说明，此外还绘出了机汽单车和机汽大偈图，给观者以参考。

如下图所示：

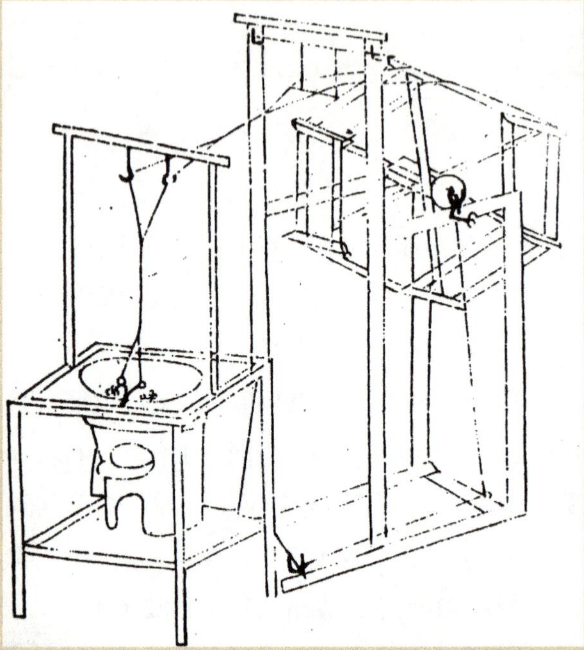

机汽单车图

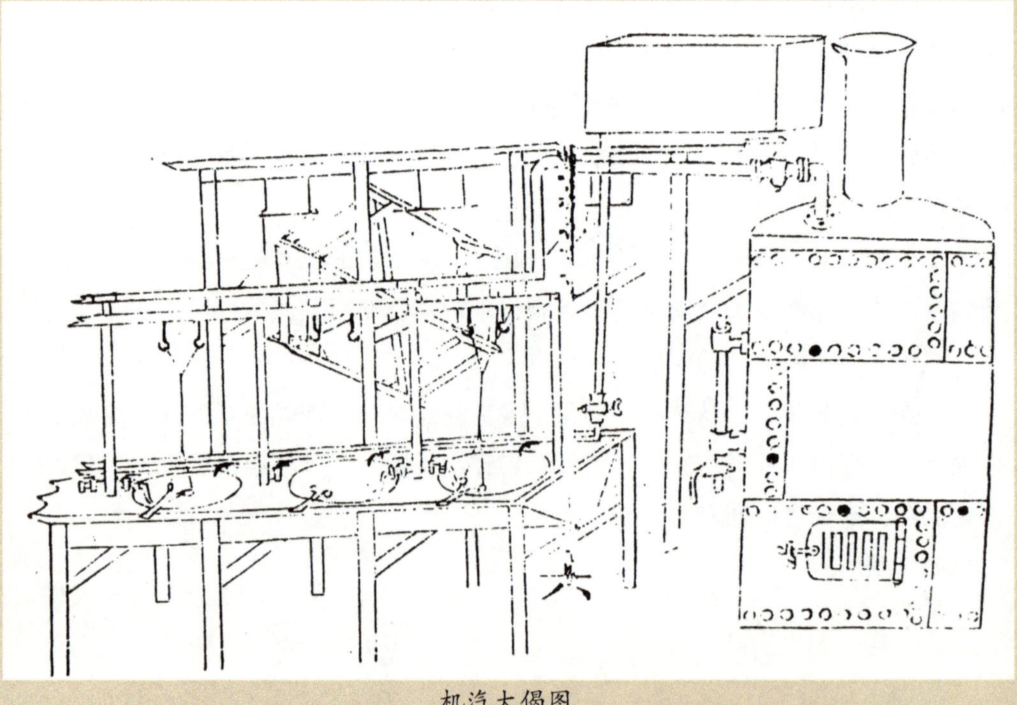

机汽大偈图

附录二　《粤中蚕桑刍言》简介

《粤中蚕桑刍言》为顺德卢燮宸所著，刊印时间为光绪十九年（1893年），全书主体分三部分合共四十篇，是一部集植桑、养蚕、养鱼于一体的典型农书，与当时桑基鱼塘的农业状态非常切合。

其主体结构如下：

前言

自序

一、种桑事宜

治地

下桑仁

植桑栽

耘草

浇肥

捕虫

采叶

设桑市

占桑价

预定桑

二、养蚕事宜

安置蚕室

辨别蚕种

留蚕种

对蛾脱蛾

浴蚕

留蚕连

护蚕纸

喂叶分窝替屎

看蚕眠

辨蚕色好歹
雨天喂蚕将护
蚕熟上箔
围炉局茧
择茧缫丝
晾丝摘丝扭丝
养寒造蚕
设丝市
种桑养蚕获利约言
占风雨
附录宜忌各条
三、养鱼事宜
相鱼塘
放鱼种
落肥及草料
换水添水
遮蔽风雪
刮水捉鱼
干塘取鱼
挖坭鳌坭
赴塘巡守
附载力农工价

《粤中蚕桑刍言》所重与《蚕桑谱》不同，《粤中蚕桑刍言》书中重点讲述的是典型农桑之事，其中农务部分很是着重，写得也很细致，尤其是植桑耘地养鱼皆有着重分述，《蚕桑谱》则更重于养蚕制茧缫丝。因而说《粤中蚕桑刍言》为较传统农书，而此书文字通俗，易于阅读，其对当时农户植桑养蚕有非常重要的指导作用。

附录三 《岭南蚕桑要则》简介

《岭南蚕桑要则》为顺德赖新农所著，刊印于宣统年间（1910—1911年），与《粤中蚕桑刍言》《蚕桑谱》合为当时重要的蚕书。

作为蚕书，《岭南蚕桑要则》强调桑园的专业化，特别反对在桑田中间和桑园的四周间种作物，认为这样会减少桑叶的产量，该书甚至提出“桑边粮蔬为害桑之贼”。此外，该书提出密植法，认为“密胜于疏”。

在施肥方面，《岭南蚕桑要则》提出按照桑田肥瘦来定施肥的多寡。多施肥料，除草起到中耘的作用，桑根扎得更深，次年桑树可以生长得更旺盛。桑的生长速度快，摘叶频率高，虽然多施肥料亦“无坏桑之虞”。但是为了防止施肥对桑树的影响，施肥后20天才可以摘叶喂蚕。

总体而言，《岭南蚕桑要则》是一部较细致的植桑养蚕农书，其与《粤中蚕桑刍言》《蚕桑谱》一起对当时的桑蚕缫丝业起着重要的技术指导作用。

附录四 《广东省蚕业调查报告书》简介

《广东省蚕业调查报告书》是民国十年至民国十一年间（1921—1922年），刘伯渊对广东10余个桑蚕养殖县调查后所作的调查报告书。是该时期对全省蚕桑业的一个全面科学调查的总结，此报告书对之后的广东蚕业改良起到关键指导作用。

全书纲目如下：

一、全省蚕业之现象

二、桑苗之调查

三、栽桑之调查

四、桑市之贸易调查

五、制蚕种之调查

六、养蚕之调查

七、茧市之贸易调查

八、茧栈之调查

九、缫丝之调查

十、丝市之贸易调查

十一、屑物利用及造丝绸之调查

十二、广东海关进出口茧丝之调查

十三、全省蚕桑之统计

十四、蚕业前途之希望

在当时，《广东省蚕业调查报告书》是第一本广东省内系统化的科学调查报告，书中科学严谨地调查分析了当时广东蚕业的发展情况，也明确指出了当时广东蚕业所存在的种种问题，书中种种统计数据，在当时是指导蚕业调整的关键参考依据，在现在则是研究当时广东蚕业不可多得的直观、科学之数据。

在《广东省蚕业调查报告书》中直接指出："广东出口生丝，向来失信于外洋机织家，美政府致书我国，促筹改良之策，不下数次"，由此可见当时国际贸易中粤丝信誉之差。为恢复粤丝信用，增强生丝竞争力，人们建议粤省政府设置专门的生丝检查所，并制定相应标准。规定凡粤丝出口，均需此所检验证明，从而明确制丝标准，规范贸易行为，挽救粤丝的国贸名誉，拓宽贸易渠道，振兴蚕丝事业。

为该报告作序的是邓植仪。时任国立中山大学农学院院长的邓植仪先生在考察各国生丝贸易后，明确指出粤地"宜先行联合现有粤丝厂与贩丝商，组织一生丝对外贸易团体，选定现有最大宗出口之生丝种类，并预定为大规模之生产计划"，鼓励粤地丝商直接参与外销生丝贸易，洞察市场需求，并可按其需求进行计划生产。

附录五　清至民国时期珠江三角洲蚕丝业调查报告情况简介

机器缫丝业是20世纪中国近代经济史研究的重要论题之一。经济史界对于珠江三角洲地区近代机器缫丝业产生、发展的讨论已有丰硕的成果。其早期研究成果以民国时期珠江三角洲为中心的蚕丝业调查报告为代表。如:

姚绍书——《南海县蚕业调查报告》（清光绪年间）

考活——《南中国丝业调查报告书》（1925年）

吕学海——《顺德丝业调查报告》（1940年）

可以说在清末至民国这段时期，广东省内对蚕丝业发展的调查是非常重视的，作为当时的主要支柱产业，蚕丝业的发展直接影响着整个广东的经济。自然相应的调查报告也比其他产业要多。尤其是在民国早期那段广东蚕丝业近乎疯狂增长的时期，人们对此行业的关注程度远超任何一个时期。

而上述三份报告则非常有代表性，除了报告本身，其作者的身份也是非常值得现在的研究者们留意的。

姚绍书为清光绪年间的南海县知县，其所作《南海县蚕业调查报告》是以一个政府管理者的角度展开的。

考活是当时岭南农科大学蚕桑科所聘之美国学者，其所作《南中国丝业调查报告书》是以一个外国学者的视角去调查当时的丝业情况的。

而吕学海所著《顺德丝业调查报告》则是从一个本地学者的方向去展开。

这些报告无不为后人研究当时广东蚕丝业留下了宝贵的第一手材料。

如考活《南中国丝业调查报告书》中所描述（黄泽普译）：

“前清同治五年（1866年），陈廉伯之祖陈启沅先生，暹罗之商家也。是时法人在此建设蒸汽缫丝厂数间，陈君钦羡之至。遂在其家乡南海西樵创办蒸汽缫丝厂一间，此为广东蒸汽缫丝厂之第一间也。所出之生丝固佳，所得之价亦高，缫丝者之上价亦善。邻近之简村，随因其他丝业者之忌，由妒忌而成仇恨，纠党滋事。遂不安于业，乃迁往澳门。约三年后，政府劝其迁回西樵复业。该厂至今犹存，惟名号已迭更矣，而蒸汽机已改用足踏机矣。后继之而起者，为鹭州之蒸汽缫丝厂。厥后丝厂渐多，各处均有设立，直至今日，全省已有一百七十三间。”[1]

这段话清晰地描绘出晚清至民国时期珠江三角洲地区机器缫丝发展的整体历史轮廓。

上述所列之该时期蚕丝业调查报告仅是当时调查报告中的比较有代表性的一小部分，本书仅做简介以记之。

附录六 《日寇占领时期的佛山纱绸业》

此文收录于《广东文史资料》第十四辑（1964年），文中详细描述了整个日寇占领时期及其前后佛山纱绸业的发展情况，系根据纱绸业部分老工人和当时纱绸业资本金所提供材料及个人经历整理而成，尽管文中观点和表述方式有一定的讲述者个人的偏向，但全文还是能够比较客观反映当时佛山纱绸业的实际情况，是对这段历史研究的非常重要的补充材料。

由于此文并未正式发行，特此将此文收录进入佛山纺织史，以便为相关研究者提供参考。本次录入仅对该原文一些重复叙述部分做删减，其他均未做改动。

日寇占领时期的佛山纱绸业

老道怀　黄骏声

佛山是我国历史上有名的四大古镇之一，工商业相当发达，其中丝织业在历史上曾有高度发展，明嘉靖（约公元1530年左右）以来，便渐鼎盛。当时所产牛郎绸、五丝八丝缎、花绫、帽绫、官纱、贡缎等都负盛名，远销国内外。清屈大均《广东新语》有云：“广之线纱与牛郎绸、五丝八丝缎、光缎，皆为岭外京华，东西二洋所贵。予广州竹枝词云：‘洋船争出是官商，十字门开向二洋；五丝八丝广缎好，银钱堆满十三行’。”但这里指的是绸缎而不是纱绸。纱绸生产是从佛山附近的南海县西樵和顺德县勒流创始的，在抗战前该两地是主要纱绸产地，佛山当时尚未有纱绸生产（纱绸和缎不同，缎以熟丝为原料，纱绸以生丝为原料，织好后再经晒莨加工，成为香云纱、点梅纱、莨纱绸等）。抗日战争起后，西樵、勒流等地因治安不靖，交通阻塞，纱绸生产陷于停顿，当地不少资本家就将织机从西樵、勒流搬迁到佛山来设厂生产纱绸，故佛山纱绸工业是在日寇占领时期才正式开始，而后逐渐发展起来的。那时西樵、勒流纱绸生产已七零八落，只有少数家庭工业作坊开工生产。

纱绸产品质量幼、结、软、滑、轻不贴体；坚韧耐用，可穿着四五年；洗涤便利，着水瞬息即干，不用肥皂，不需浆烫；穿在身上着体透凉，为夏季最好衣料，劳动人民尤为喜爱。不仅国内有广大市场，且畅销南洋群岛一带。

纱绸既有这样独特优点和广大市场，日本帝国主义早就有觊觎之心，阴谋取而代之。1937年，日寇侵入广东以后，马上勾结汪伪官僚买办资本在佛山开设"英栈"，对整个纱绸业进行垄断操控，将产品运销沦陷区和南洋一带掠取物资。

一、佛山纱绸工业的崛起

在1937年抗日战争开设前，佛山周围地区纱绸生产已经很发达。纱绸首创的是南海县西樵乡林村程家。最初的产品叫响云纱，因为这种产品过水即干，光滑幼软，穿起来有响声，故名。后来又改称香云纱。随后，又有大点梅品种问世。至民国九年（1920年）广州睡佛寺附近的日商亚冠制造局是用来日人创造的提花箱（在未有提花箱前，每部织机需两人同时劳动，一人在下边织，一人在花楼上执衢扯花，操作笨重；有了提花箱后，每部织机只要一人就可以生产，花式也可以较多样）。西樵的织纱厂商高和、张仪从广州购回提花箱后，从织大点梅改良为织细点梅。织绸（纱有花纹，绸光身无花纹）首创的是顺德县勒流乡勒南二村（即南便街）麦、叶、廖三姓，以后才传入顺德县伦教、沙滘。初时伦教、沙滘的丝织业以生产天鹅绒为主，距今50—60年前，日本织造的灯芯绒大量输入，因为是棉质，价格便宜，天鹅绒销量被排挤顶垮，伦教和沙滘的丝织业者被迫向勒流购买织机或将天鹅绒织机改装转行织绸。以后有增加织纱。沙滘后来居上，产量质量都超过了勒流，所以一般称绸为沙滘绸。开始是织每匹7~8两的轻绸，民国17—18年（1928—1929年）才由陈裕昌改良为织每匹为30~35两的重绸。绸在初期是晒红莨，故名荔枝核绸，后才改良为晒黑色。

佛山附近南海西樵一地的纱绸业，在鼎盛时期（1928—1937年），已有织机万架，闻说单祥记一户就有两千台机放出（即让织机工人领织机回家生产，资本家不设厂房、不集中生产的一种做法）。西樵三乡男女老少全部从事纱绸业，南海林村程家全族600多人，除程秩一人耕种外，其余都以织纱为业。西樵的民乐市每月逢二、五、八为墟日，每墟成交纱8000～10000匹，那时民乐有一个丝行，每墟营业额达到6-7万元，有专营纱绸贸易的经纪数十人，并设有武装的绸艇三只，运纱绸至佛山、广州等地加工销售。在顺德仅仅何、芦两姓就有织机几千台，沙滘也有纱机600～700台、绸机1000台。纱绸产品内销本省、国内各地，外销越南、南洋群岛、暹罗一带。所谓暹罗绸，实在是暹罗商人购买我国白坯纱绸回去加工染乌胶而成。

在抗战以前，佛山镇原是没有纱绸工业的。因为当清朝统治时，城市买卖丝有府税、厘金、台炮经费等三项。每担丝要抽税白银十多两，但在乡间交易，则没有这些税；城市房租和经营管理费用都比乡间大；而且当时技工都是西樵、勒流、伦教、沙滘等地人，技术好的工人已被当地织造厂雇完，雇佣技术一般的，产品质量也就不够好；更加以规模小，生产少，产品不成行成市，易被压价。有这些原因，所以在光绪26—27年（1900—1901年）间，只有冯应记和在文昌沙乌利庙附近的一间厂织造过纱绸。1926年前后，也只有李安昌（设在舒步街，有机6~7张）、叶敬记（设在梨巷，有机3～4张）、黎合记（设在华川巷，有机10多张）数户曾生产纱绸，但也是时断时续，有时织缎，有时织土布，织纱绸为数不多，时间不长。

抗战前佛山镇虽然没有纱绸织造业（不包括晒莨），但是却已成为纱绸贸易的中心，随着商业的发展而有了晒莨业。由于佛山地处汾江下游，水陆交通方便，向为南海、三水、番禺、顺德的经济重心，南海、顺德各地所产纱绸，多运到佛山贸易。尤其民国初年（1912年）佛山划为二等市，出口关税比广州便宜，于是顺德各地和西樵、盐步等处都将货运来佛山，特别是广州也将纱绸用火车先运来佛山，然后转运出口，佛山成为转运集中点，因而佛山纱绸也的贸易大大兴旺。纱绸生产有织造和晒莨两大工序，过去一向分开经营；织造者（俗称机房）织成白坯纱绸只是半成品，还有经过晒莨者（俗称晒地）加工才成为完整的产品。纱绸批发也多收购机房所产白坯纱绸，再在自设晒地或专营晒地加工后出售，所以在1909年佛山虽为有纱绸生产，但却有利华、谦吉、义源、公栈、德隆、安隆、鸿安、合吉、有记等九间晒地，合计有工人150人左右。以后多年一直保持七八间的数字，直至抗战后才大量发展起来。

1938年10月广州沦陷，佛山及其附近地区也相继陷敌。在日寇统治下，治安极坏，匪盗横行，佛山附近西樵、伦教、沙滘等纱绸产地多次遭到洗劫，这些地区纱绸生产几乎全部停顿，纵有少数生产的，在贸易运输途中每被劫去。当时佛山较安定，商业活跃，囤积炒卖之风日盛，而纱布缺乏，价格昂贵，纱绸价却由站前每匹27元降至10元左右，引起投机商人的野心，由俗称“生公”的经纪将西樵、沙滘等地过去积存的纱绸运至佛山售卖，也从而引起了佛山附近地区原营纱绸织造者在佛山设厂生产。

1938年有西樵人潘桐首先集资在佛山开始纱绸织造厂，从西樵搬来织机17台，于舍人新街开设大来厂，专织纱。接着1939年顺德沙滘广兴隆号搬来织机20台，司理黄球，在衙前街开设黄球记，专产绸。沙滘永大也随着搬来织机二、三十台，在同安大街开设永大厂产绸。1940年西樵中山厂资本家高和将因被劫而停工的织机23台搬到佛山开始中山厂织纱。然后水藤公记隆、公永兴和红棉也相继搬来。至于家庭手工业式的散机（俗称鸡仔）系由绰号豆豉灿者最先开始。是时佛山染纸行业多停顿倒闭，十室九空，染纸工场地方大，宜于安装纱绸织机，因此舍人街一带染纸工场都变成纱绸织造工厂了。

在太平洋战争爆发后，日本势力控制了南洋一带。这些地方原为纱绸的销区，日本帝国主义用来大量掠夺物资，补充其战时资源，1942年三井洋行买办黄日祥以三井洋行为后台老板在佛山三角市（即锦华路）开设“英栈”号，采取“买花”（先定价付款待成品出厂时提货）等办法，大量收购纱绸，进行垄断操纵。资本家利用其先收款、后交货，便于再生产和扩大再生产，以及当时生产纱绸利润高达30%左右之利，预算纷纷扩大生产。如中山厂由原来23台机增至40台，旋又再设新中山厂，拥机26台，后又扩充至36台；最后又开始兴记隆，有机44台；短时间内由一间小型厂变成三间有规模的大厂，共有机100多台，工人由最初50人增至240人，并自设有56个工人的晒地两个。那些原来只经营纱绸商业或加工晒莨的，如公永兴、协同和等也开机织造了。经营其他行业的，如茂昌隆、胜利等业转行织造纱绸了。于是佛山的纱绸织造厂便如雨后春笋般发展起来，在短期内，从没有一间正式纱绸织造厂而发展到了有360多户，织机1700台，工人约2400人，年产量达到11万匹。

这时晒莨业也大大发展起来，商业资本家大户如加伦、德和、永其昌、谦益、公和、伟经、右经等都由单纯经营丝绸商店发展成为大量收购白坯纱绸自设晒地，加工晒莨后出售的厂商；晒莨行业也由单纯接晒发展到“自晒卖”（即自己收购白坯纱绸，自己晒，自己卖）；一些大规模的织造厂如公记隆等更自设晒地。因此晒莨厂从抗战前七八家增至36家，共设晒地47个，工人1300人，年产量达到14万匹（其中有部分是代佛山附近地区加工的）。

二、佛山纱绸业所谓“黄金时代”的真相

在日寇占领佛山时期，资本家称之为佛山纱绸业的所谓“黄金时代”。从那时期佛山纱绸业生产经营的一些特点，可以看出事实真相：

1．日寇勾结官僚买办资本垄断整个佛山纱绸业，进行残酷掠夺。

佛山纱绸业的兴盛过程就是日寇勾结官僚买办资本对纱绸产销进行垄断操纵，从而大量掠夺资源的过程。1942年8月日本三井洋行的买办黄日祥在佛山开设了“英栈”，作为对纱绸业进行垄断操纵的机构。黄日祥原籍番禺，10多岁时在广州沙面的日本三井洋行充杂役，逐渐升任为三井洋行总经纪（即总买办），积资二三百万元。他以三井洋行为后台，先在广州与刘耀、卢杰、李士杰、吴佳合资，于光复南路开设“英发昌”，自任司理，经营纱绸，做日寇掠夺的爪牙。黄日祥占“英发昌”资金的一半，其余四人合占一半。为了更大规模进行垄断掠夺，他于1942年又在佛山锦华路开设“英栈”作为“英发昌”的前哨阵地。“英栈”开设时资金额为一万军票（当时军票与港币汇率为1比4），黄日祥占5000元，刘耀、卢杰、李士杰、吴佳合占5000元；另外股东每人按其投资金额交出同等数目资金作为附充资本（资金分红，附充资金只算息不分红），所以实际固定资金总额是两万元。流动资金数则没有限制，因为通过黄日祥以三井洋行为后台，要多少有多少，“英栈”一个电话，就可以在“祥兴”“元栈”银号随时调拨十万、八万元。“英栈”司理由刘耀充任，而由李剑泉负全责；此外还有掌柜、打杂等数人分理账目和杂务。

据李剑泉说：日寇曾经蓄谋垄断整个广东纱绸业，但因为当时佛山附近地区的一些纱绸生产一时还无法全部控制，只好先行垄断操纵佛山纱绸市场。

“英栈”收购到的纱绸，除少量在佛山门市批发出售外，80%以上运交广州“英发昌”。英发昌除以少部分供应三菱等日本洋行外，绝大部分交给三井洋行。这样，三井洋行再将货运销至南洋群岛和为日寇所占领的我国其他地区，曾运至满洲里。这样，一转手间，日寇只要开动印刷机，大景印出军票、中储卷，就能掠取大量物资。

当时“英栈”收购纱绸量占佛山市纱绸上市量50%至60%，（包括佛山纱绸厂的产品和沸山附近地区生产运来佛山交易的）全年约购进6万至7万匹。此外还代英发昌将鸡牌、金城牌等商标，发给佛山纱绸厂织造，每年有2万至3万匹，另又代黄日群在广州开设的纱绸商店正大号等收购，所以总计“英栈”全年收购数量在10万匹以上。这样“英栈”就垄断了佛山纱绸业，直接操纵了市场价格，购进抛售都影响佛山整个市场，甚至引起南海、顺德、广州、香港等地纱绸和土丝价格的波动。不少纱绸厂因此赔本亏蚀，而受害最严重的是那些小户，刚将货售出，市场价格便涨了起来，纱绸原料的土丝价格也随着上涨，不但没有利润而且无法买回同量的原料，于是只有破产、倒闭一途。

“英栈”与那些日伪人员、土匪、“大天二”等都有紧密勾结。日本的洋行大班和三井洋行那些日伪职员到佛山活动和游玩时，“英栈”就设宴招待，赠送礼物，张国雄到佛山任伪蚕丝局长，陈祖茵到佛山任伪稽征所长，广州英发昌都先电通知，“英栈”也为之设宴洗尘接风。对“大天二”陈钵等也定期送“看家费”等以拉拢联络之。每年支出所谓交际费数量极巨。由于有日寇做后台，当时“英栈”炎威炙人。那时的伪南海县长李道纯和他的兄弟李道轩，用2000至3000元军票行贿，获得组织泰和公司承办纱绸捐的特权，规定每匹纱绸卖出买入各抽二元，这样一来，却与“英栈”利益直接冲突，“英栈”坚决反对。后来伪县府以科长等出面在“笑尘寰”请客，许“英栈”参加公司分肥，予李剑泉以顾问名义，“英栈”仍不答应，派伪侦缉竹升炳恐吓也不理睬。卒由黄日祥通过驻华南日寇最高机关，并以几千元军票向伪省府警务处长黄屺和伪省主席陈耀祖送礼行贿使之撤销泰和公司。顺德伦教有一批纱绸因沿途治安不靖，不敢运出佛山，乃由日本警备队押运来佛山“英栈”。“英栈”每天交货到英发昌，起码有货款一万几千元，当时由于由银号汇拨款项比不上用专人携带方便快捷，但携带纸币出入，为日伪所限制，而“英栈”则已先取得三井洋行发给的一张证明，故随时可以携带纸币出入。

1945年8月日寇投降，黄日祥逃香港，“英栈”才匆忙结束。

2. 生产技术落后，质量下降。

日寇占领时期，纱绸生产完全是手工操作，工序繁多，设备简陋，操作笨重，丝产力低，产品质量不仅没有提高反而下降。厂房是用残旧民房改建，既窄小又破漏。生产工具都是古老残旧的木机，相当笨重，织时震动大，全靠人力操作，劳动强度极大。就晒莨来说，设备技术同样落后，连必要检查鉴定原料（莨水）的仪器也没有，只凭熟练技工的经验来决定，质量没有保证。生产工序繁多，生产过程中从原料（土丝）到成品（纱绸）要经过连续或平衡的七个工种：车丝、重纬、打纬、拔经、桨经、织纱、晒莨。在织纱时还有挑丝、探机（穿综）、上机等工序，每台机平均月产量最高为六匹。

当时品种花色很单调，色彩只有黑色一种。产品规格：纱一般每匹4.8丈长，绸一般每匹4.2丈长，每匹重量为25～30两，但实际上没有统一标准。商标多至20多种（红棉牌、航空牌、骆驼牌、鹤牌、球牌、帆船牌、蝴蝶牌、双荔牌等等）本来优质纱绸过去传统要求在晒莨时需反复晒34~35次（浸莨水后再晒干为一次），晒出的纱绸才柔软、光滑、颜色经久不脱，但当时资本家多粗制滥造，只晒染20多次，产品容易折断脱色，使佛山纱绸声誉垮台，为以后纱绸业衰落种下恶果。

3. 织造与晒莨分管，生产脱节；经营带有严重投机性，生产受季节性限制，旺、淡月产量悬殊。

织造和晒莨本有密切关系，但在日寇占领时期织造和晒莨分属两个不同行业（晒莨属绸布商业公会），造成生产脱节的不合理现象。当时除少数大厂有自营晒地外，大部分晒地都操纵在纱绸批发商或地主恶霸手上。晒莨业主利用季节生产机会控制市场价格牟取暴利：当市场价降时就收购白坯纱绸囤积，当市场缺货价高时俟机加工抛售，同时提高对织造厂白坯纱稠的晒莨加工费。当然又是小户首受其害。

固然，纱绸是夏季衣料，销售上有季节性限制；晒莨加工要受天气影响，遇天阴、下雨、吹北风不能生产，每年最适应市场需求和最适宜天气是5—8月份，俗称之为“百日红”。但其实纱绸还是可以全年生产的。主要是因为资本家在经营上带有严重投机性，生产无计划，品种单调，一味追求暴利，因此在市场淡月时就不管工人死活，停止生产，解雇工人，把资金移作囤积棉纱、炒卖黄金。公永兴的资本家张恭泽就是在五、六月生产纱绸，九、十月投机洋纱、黄金买卖。这样造成纱绸旺、淡月产量悬殊，工人生活毫无保障。

4．分散经营，两极分化现象严重。

当时纱绸生产绝大多数是家庭手工业作坊，即多是拥有二三台机的所谓“鸡仔”。在纱绸业最繁盛时的330户中，有10台机以上的大户只有二十多户，计织纱的有公记隆、茂昌隆、德润新、公发祥，合和祥、刘和盛、何裕昌、云昌行、张恪祀、公永兴、公盆祥、胜利、陈德盛、陈兴和、裕元兴、民大、中山；织绸的有永大、厚昌谦、夏日祥、元亨，有经纶、陈球盛等，占全部总户数7%。大户资本家每天在“笑尘寰”“天海”等茶楼聚首，利用其资金多的优越地位对小户实行排挤合并。那时由大户制造出成交起点为一排（40），规定无论交易和晒莨都以一排为单位。小户生产少，无法凑够一排之数，不得不依靠大户搭晒搭买，于是出现丁一种牌头（又名扯牌），小户付出一定代价由大户给牌子织在其产品上才能搭买，大户收取货价1%作为牌头费。

同时大户还控制了小户的生产和价格。小户由于资金少，旺月生产既要依赖大户生存，淡季更难维持再生产。因为即使旺月小户产品往往没有晒地加工，又急于出售来维持再生产和维持生活，只得任由大户压价收购。小户生产成本一般比大户高，可是，同样质量产品，价格却被压价20%～30%。小卢要卖出成品后才能买进原料，由于金融波动，往往卖出了产品却买不到等值的原料，于是被迫倒闭，将织机贱价卖给大户或成为大户的外机。这样大户越来越大，小户越来越贫困。公记隆厂就这样从初时二三十台机发展到拥有227台机，那些小户在破产后只好摸鱼捉虾度日。

5．伪官僚、地主恶霸互相勾桔，进行敲诈摧残。

日寇占领期间，使用的是军票和伪中储券，这些伪币不断贬值，金融波动极大，纱绸业生产受害巨大，而蚕丝特税、晒莨捐等苛杂又多，在重重抽剥之下，使纱绸生产受到了无情的摧残。此外当时晒莨厂因要有一定的晒地——土地，因此大多数都与地主恶霸勾结一起，互相利用，晒莨厂的股东中就有90%为地主所占有，每个晒地差不多都有“大天二”投资。那些日伪官员更以收受送礼、充当顾问等方式实行敲诈。大天二梁剑辉，陈钵、吴佳（湿仔佳）、林忠（二哥忠）等也经常进行勒索，如果孝敬怠慢，就随时有被劫可能。大天二林忠就以看家为名向每个晒地每月勒收20元“睇家费”。在这些重重摧残下，有些织造业者破了产，日寇占领期间在佛山开设的第一间纱绸厂“大来”，就是首批倒闭者之一。

6．工人生活痛苦异常。

日寇占领期间，佛山纱绸业资金的积累、生产的发展扩大，是建立在对工人残酷剥削压迫的基础上的。当时资本家对工人剥削压迫，主要有下面几种：

（1）压低计件工资，延长工时。在抗战前西樵一带织纱绸工资每匹是3.95元，那时每匹工资收入可买米50多斤，而在日寇占领下的佛山，由于四乡纱绸业停顿，大批工人失业，资本家就压低工价90%，每匹纱绸织工最高是5斤米，甚至有低到3斤米的。工人平均要五天才能生产一匹，工人为了生活，只得在织机旁边设炉煮饭，边煮，边织；晚上点一盏小油灯继续织，工时在15小时以上。工人日以继夜拼命干，还不能解决个人最低限度生活，男不娶妻，女不出嫁，成了普遍现象。公记隆有一个车间共有33张织机，当时统计结了婚的只有四人。（2）以低值纸币发放工资。日寇占领时，金融波动，物价一日飞涨几次，伪币又有“干柴”“湿柴”“大头”“细头”之分。工人工资表面上以米计算，实际上是过期发放伪币，那种币值低，资本家就以那种纸币发放，工人领到工资时，已无法买到应得的米量。资本家又从中剥削了一笔。（3）雇用“缆头”进行压迫。“缆头” 即工头，实际是把头，都是资本家的亲信，享有优厚待遇，资本家授以压榨工人的特权。“缆头”对工人威福自专，可以随意解雇工人，侮辱女工，还要在工人所得的微薄工资中克扣5%，又在厂内开烟开赌，引诱工人上钩。工人入厂收换师费，平时又要勒收鎷银费（旧历每月初二、十六收的），过节费等等。（4）淡季停工，无条件解雇工人，其中尤以晒莨业为突出。公永兴厂工人在淡季被解雇时，工人会提出要求发遣散费，资本家张恭泽就亲自带来伪侦缉和教头（打手），立即以暴力驱逐工人出厂。（5）廉价招收女工、女学徒。资本家以低于男工的工资招收女工、女学徒，来代替工资较高的男工，以增加其剥削收入。当时学徒要学师四年，挨师一年，这期间完全没有工资，起码要被残酷剥削五年。此外，还有“贴长红”及分化工人斗争力等等。资本家镇压工人的一个办法是“贴长红”，即将被开除工人的名字用红纸书写当众公布，凡是被“贴长红”的工人，就永远不许佛山市任何纱绸业雇用，作为压制工人反抗的手段。当工人斗争反抗时，资本家就拉拢一些觉悟低的工人，暗中增加少许工资，鼓动他们先复工，以分化工人斗争力量。

佛山纱绸工人就在这样重重压迫剥削下，过着饥寒交迫的非人生活。工人日以继夜地劳动，不但不能养活妻儿，自己还是衣不蔽体；住的是破烂机房，在织机上面放两块床板睡觉，下雨时只好用雨伞草笠加以遮避。既无安全设备，更没有医药卫生，差不多100%工人患职业病，大部分工人患上黄肿和脚肿而不能工作。工人患病，影响劳动时，和妇女怀孕后，资本家就将其开除出厂。工人潘九饿病了，不能工作，被资本家赶走，终于饿死。工人冯耿两夫妇都在公记隆厂工作，冯的妻子病了，被资本家立即开除出厂，多方哀求无效，冯的妻子就在贫病交迫下，抛下不足10岁的孩子投河自尽。

资本家的残酷剥削压迫必然引起工人的坚决斗争，罢工事件不断出现。1945年有一次工人为了争取改善生活，全行业罢工一个多月，曾一连两三天，每天有600~700名工人在南琼庙集队后向伪县府请愿示威。

三、日寇投降后佛山纱绸业的衰落

抗战胜利初期，国内外交通恢复，国际贸易增加，官僚资本又重新活跃，大大小小游资涌入市场大肆投机活动，白坯纱绸也成为投机者的炒卖对象。于是部分纱绸业恢复或扩大了生产，出现了1945—1946年的所谓“好景”。但“好景”不长，“逆景”很快到来了。

首先是美帝国主义的剩余物资花布、花绸排山倒海涌来，大量的美货夏威夷衫占领了市场，抢夺了纱绸的销路。其次是国民党反动派通货恶性膨胀，物价一日数变；苛捐杂税又多如牛毛，有蚕丝特税、白坯税、纱绸捐、联防费、灯油费、自卫费、壮丁费、警费、机头费等等；反动派党政人员与恶霸、大天二、把头、工贼等勾结一起，朋比为奸，千方百计敲诈勒索，纱绸生产经营困难重重。再其次纱绸业内部互相倾轧，大鱼吃小鱼，兼并剧烈，同时粗制滥造，不管质量，因而销路大减，所以至1948年佛山纱绸业在三大敌人的摧残压迫下，生产衰落了，中小户如德润新、李植记等纷纷倒闭，其余也奄奄一息。解放前夕仅剩纱绸织造业107户，为最盛时的30.3%；晒莨业也只剩18户，为最多时的50%，年产量下降至7万至8万匹。工人生活更加悲惨，自不待言。

附录七　兴宁土布业与佛山长青布

佛山长青布是佛山纺织品中的代表之一，反映佛山当时的染整技术已经达到了一个很高的水平。然而人们所不熟知的是，尽管佛山自身是一个大型棉织基地，但实际上很多的长青布的“布”并非佛山所织，而是来自粤东兴宁。

兴宁是梅州客家侨乡的重要组成部分，素有“纺织之乡”的美誉。在由传统社会向近代社会的转型过程中，兴宁土布业迎来了短暂的发展时机，成为近代广东土布业三大生产中心之一。[2]另两个则是广州和佛山。

中国土布业的兴起是在鸦片战争后，外国洋布对华倾销的背景之下，最早倡导国内开设布厂的是粤人郑观应。“进口之货，除烟土外，以纱布为大宗……银钱外溢，华民失业……坐视土布失业，固有所不可，欲禁洋布不至，亦有所不能，于无可奈何之中，筹一暗收利权之策，则莫如加洋布税，设洋布厂。”[3]

咸丰年间，兴宁人陈晃楼、陈撷仁等商人在佛山开设布店的同时，派人在江西吉安学习木质高型织布机制作方法和织布技术，学成后回兴宁推广使用，这是兴宁县织布机由织粗纱到织细纱的一次革新。晚清时期，兴宁县有一位名叫陈纺留的能人，他派人到江西吉安学习使用木机进行土布纺织技术，为兴宁土布业的兴起奠定了技术基础。[4]1900年，日本先进的织机零件被引进兴宁，兴宁人又改装使用木质自动打梭机，这次织机技术的革新，使兴宁土布从产量到质量又有了一次新的飞跃。在这以后，兴宁土布拥有30多家在广州、佛山设庄的“省号”，如祥泰隆、曾福记、宝嘉隆等，有二百多家“摊号”，如金昌丰、信隆贞、广纶源等。这时佛山对于兴宁土布而言已经成为一个主要分销点。到了1918年，兴宁出现了第一家雇工织布手工工场——振兴布厂，该厂有织机12架，雇工36人。1927年，罗姓开办西庄布厂，最初用木机，后来改装铁木机，至1930年拥有织机55台，工人300多人。1927—1931年间，兴宁较大型的织布厂有合众、南京、霖兴、睦仁、勤信、普通等，至建国前，兴宁拥有土布小厂和小型手工业作坊375家，农村家庭织布业13540多户。[5]而在佛山，早在1911年，兴宁人萧水安在当时南海叠滘乡昌平里开设“安胜布厂”，拥有脚踏手织木机70台并雇工织布。为南海县第一间棉纺织手工业工场。此后，兴宁、梅县、五华、龙川等地客家人陆续到南海开织布厂，产品称为客家布，以耐穿着著称。[6]由此可见，兴宁当地织布工场是在兴宁人在佛山开设工厂积累经验和资金后，再返乡开始而来。由此可见两地纺织业之关系密切。

1883年，来自印度孟买用机器纺成的棉纱在汕头售价低廉，让织布者看到有利可图。于是，孟买棉纱被送入一个大的织布业中心兴宁，在那里织成布匹。1900年，在嘉应州的兴宁织布工场用三分之二的英国棉纱和三分之一的土纱织成布疋，然后输出到江西和湖南。[7]这种用洋纱织出的新产品，叫“细纱布”，大大增强了市场竞争力，扩宽了销路，是兴宁土布业一个转折点。

随着洋棉纱取代土纱，兴宁逐渐成为可与佛山相提并论的织造中心，其中土布销售市场的开拓是兴宁土布业兴起的重要原因。兴宁土布外销大多从汕头出口南洋，内销则销售于广州、惠州、钦州和廉州等地，且多经东江运至佛山转销，此外还有一部分经北江销往湖南，亦有一部分从东江上游北运，销往江西。兴宁土布的外销主要是东南亚华侨市场，土布物美价廉，华侨十分钟爱。兴宁用洋纱织布的土布大部分循广东东江经惠州，成批运往佛山染织成“长青布”，再分运广东各地和香港销售。光绪末年至民国初期，据统计，省号“祥泰隆”年均销售土布9000件（每件合“三丈白”布60匹），“曾福记”年均销售土布7000件，其他如“宝嘉隆”“信兴隆”“张信兴”等，年均销售土布均在3000至4000件左右。土布在兴宁织成之后，经由东江运往佛山，再从佛山分运至广东和香港。[8]

实际上由于佛山在当时的广东外贸而言，是主要的出口港，而对于对内地贸易而言，佛山又是关键的商品集散地和市场，实际上在当时的佛山有来自全国各地的会馆，其商业之盛可见一般。而根据民国版《佛山忠义乡志》记载兴宁布帮在永庆及天庆上街等处，约有十家。[9]单就民国版《佛山忠义乡志》记载来看，兴宁布帮应该是当时佛山最大的外地纺织行会组织了。

然而随着两地纺织业的衰落，曾经的佛山—兴宁棉布连线早已不复存在，但当时兴宁土布经东江一船船运往佛山的壮观景象实在不应如此之快地为人们所遗忘！佛山兴宁两地棉纺织密切合作、技术互动模式其实对于现在的本地纺织发展也是非常好的可借鉴模式和发展方向。

“兴宁土布业与佛山之关系”这个研究课题还望相关研究者作更深入之研究，此课题于佛山、于粤东粤北粤西等地之工业发展都是关键之参考。因其重要性，故特此在佛山纺织史记之。

附录八　蚕丝业与女工

蚕丝丝绸业从业者，在人们的脑海里，总会不自觉地与“纺织女工”这个几乎成为专有名词的词语联系起来。仿佛从事这些行业的都是年轻女性。之所以有这样的情况发生，是因为在历史上，女性为人类纺织行业所做出的贡献非常大，从远古手持骨针到近代立于缫丝机旁，女性用其坚韧、勤劳、灵巧的双手，参与谱写了人类纺织发展进程中所有的华丽篇章。因而用再美的词去形容纺织女工都不为过。

在清末民初佛山地区过百万的纺织从业者中，最为让人敬佩的就是蚕桑缫丝女工，尤其是在清末，那个封建礼教发展到极致的年代，很多女性表现出远比男性更高的思想觉悟，也比男性迸发出更强的打破旧俗束缚的力量。

在佛山地区，女性就是撑起蚕桑丝绸业的中坚力量。如农家采桑喂蚕，多是妇女为之，在桑蚕和手工缫丝结合的家庭经济中，耕塘和种桑是男人的专业，妇女担任喂蚕和采桑，缫丝等主要劳动。即便是在手工织造丝绸的工厂中，男人虽是主要的劳动力，而妇女也任解丝络纬。在那时，不仅是小户人家，即使是薄有家产的人家，妇女也不能歇着，要以养蚕缫丝贴补家用。如《沙滘楚旺房陈氏族谱》记载：陈竹虚和陈乔年的工场不景气时，就要养蚕缫丝来弥补收入，陈乔年的妾潘氏充当主要劳动力，后来潘氏死了，养蚕缫丝的活就没有人干了。在陈竹虚的工场开工时，他年老的母亲除了监视雇佣的女工干活，还要在一边整理散乱的经丝。[10]

待机器缫丝业兴起之后，妇女更是近代产业工人的主力。在珠江三角洲一般的机器丝厂中，男工只有十几人，女工则数百人。如广东第一家机器缫丝厂——南海继昌隆里三百釜缫丝位有女工六七百人，而随其后建立的顺德各丝厂，因技术、经验不足，因此多是向南海招收女工教习，光绪初年，怡和昌汽机缫丝厂在大良北关创建之时，因本地厂丝未盛，于是“由九江大同（属南海县）招女工教习”。[11]

珠江三角洲桑基鱼塘的开辟，为当地妇女参加社会劳动创造了客观条件。咸丰《顺德县志》记载：“惟顺德在皆水乡，舟船所达，川流四绕，降陌交通，故力农尤便，至于桑田，鱼池之利，发出蚕丝，男女皆自食其力。”[12]桑基鱼塘的发展，加上中国资本主义的萌芽，带动了当地蚕丝业的高度发展。以顺德为例，早期丝绸业私营工厂纷纷兴起，当其时全县女工多达2万人。虽然这种劳动是以资本家的剥削为前提，但毕竟她们仍具有人生自由，并不像当时上海、北京等地轻纺业的“包身工”那般悲惨，因而女性渐渐拥有独立的经济能力，足以摆脱父母和封建婚姻的束缚，独立自主地生活。

在1911年顺德的机器丝厂中，工人数量六万多，其中大部分为妇女，到1920年，整个珠江三角洲在机器丝厂中工作的女工有十几万人。机器缫丝业对提高妇女的地位很有作用。丝厂使妇女摆脱传统的农家角色，改变了以农业为主的职业观，同时也改变了社会上传统观念中男女同工有伤风化的看法。在机器缫丝厂刚开始出现时，男女同工受到了社会上一些人士的责难。如吕学海在顺德丝业调查报告中记录：“初时鬼絚之招致及训练题女，颇多困难，而乡人更以鬼絚内男女工人混集，认为有伤风化，诸多留难。惟当鬼絚发展到相当时期，乡人皆知鬼絚原为可以兴旺蚕桑繁荣农村及养人之所，而一般观念都认缫丝工作为一种正当的职业，絚丝女的地位由是得到社会的承认。且每当鬼絚开工，此等絚丝女工皆争先恐后到厂，务求占得一位置为荣幸矣”。[13]旧传统女性足不出户的观念在缫丝厂的大量兴起，女工工资日渐增长的冲击下很快退散，尤其当时缫丝厂的缫丝职业尤为适合女工，可谓专为女工而设，而且在实际经济利益面前，人们就很快接受了女工这一新事物。

然而，当时缫丝厂内缫丝机位的工作强度甚至大于其他工厂内的男工，而工作条件亦是极差，早期蒸汽缫丝厂内，基本是锅炉直接供热，设备隔热非常有限，工场内潮湿炎热，卫生状况极其差。在这样的工作环境下，工作时间长，健康状况严重受损，虽然薄有积累，也远远不足以弥补身心受到的损害。更何况，缫丝工作是青春饭，缫丝女工多是25岁以下，甚至10多岁的童工，所以缫丝女工受压迫亦是最深。正因此种种，使得女工们很早就具有工人阶级的特质，懂得运用罢工手段来维护自己的权益，显示了近代工人阶级的抗争意识。近代广东较早的工人罢工行动就发生在机器丝厂中。如1906年的《赏奇画报》报道：“迩来女工忽停工，要挟加价，连口纠众滋扰，凡同类有照常工作者，即行截殴，廿一日截广昌号，廿三日之截永昌成，尤为汹涌，歹类因而丛集，辄思乘间掠夺，各丝偈颇岌岌。”到了20世纪的20年代，丝厂女工罢工很常见。1925年的5—6月间，南海、顺德的丝厂女工为提高工资而罢工，致各丝厂停工。顺德县农村中，“因为丝厂停工而影响蚕桑业，各乡内士绅和自卫团局，纷纷贴出长红，禁止本村之本族的女工参与缫丝女工入会。查出则将父兄出族和取消太公猪肉”。当时省府当局令顺德县长、广东丝业研究所，责成丝厂妥善处理；承认女工工会；用回已经开除的女；赔偿受伤女工的医药费以及停工期内之损失。[14]

由缫丝女工开始的女性加入职业大军的潮流，对传统的家庭制度也是一个冲击。一个缫丝女工，“一人工作所得之资，可供三人之用而有余”，[15]这对农家来说是一笔不小的收入。职业化的女性提高了自己的社会地位，她们的脸上往往洋溢着骄傲和自足的神情，因为她们不再完全依赖丈夫或父亲，而用她们自己的血汗挣来的钱养活家人，为改变自己的地位提供了经济条件。

提到珠江三角洲早期的纺织女工，尤其是蚕丝业女工，人们多会联想到自梳女，这种独特的风俗曾一度流行于顺德、番禺、南海、中山等珠江三角洲中心地带。自梳女的风俗的起源较早，只是机器缫丝业的出现加强了妇女的地位，梳起头发成为妇女反抗封建礼教的手段之一。

如在《顺德县志》上记有杨作仪、罗凤霞、张三姑、严玉容、郑七巧五位“不嫁养亲孝女”，在节孝表和烈女传中也分别记载了不嫁女子的事迹。其中有女子对封建舆论压力的反抗，如均安镇南沙人氏麦转芝就是典型的例子，她年轻时曾许配一男子，但他未婚先死，众人指责麦转芝是“克夫命”，她不甘心忍受这种屈辱，为表示对这种封建婚姻观念的反抗，决心终生不嫁，自耕自食。[16]还有女子对良缘的追求，对父母包办婚姻的反抗。1929年刻《顺德县续志》中记载：“周贞姑，黎村东街东皋女，受沙亭屈敏中聘，绳通谱，敏中卒，贞姑闻之痛甚，枕席时有泪痕。其父情以次子续婚，贞姑不从，愿以死殉，父母遂大悔，以贞姑回，终身不嫁。”当然，自梳女中也有一些是因为家贫负担不起昂贵的嫁妆，或是遵从于“长幼有序”的规矩，年岁已大，嫁人不易而被迫梳起，更有甚者则是随波逐流，但她们皆少数，并不能改变自梳女产生的主流意识。

人们也多谈到顺德妇女的金兰契。这一风俗起源也很早，机器缫丝业的出现使妇女们在劳动过程中接触的机会多一些，由此产生了友谊，结拜为姐妹。有人将金兰契与妇女的同性恋相提并论，这是错误的。所谓“金兰契”“金兰会”，俗称“识朋友”。这种风气在珠江三角洲各地区的县志上多有记载。道光十五年《南海县志》载：“广州女子多有结金兰会，誓同日嫁一夫者，相为依恋，不肯适人。”[17]咸丰《顺德县志》：“乡中处女每与里女结为姐妹，相为依恋，不肯适人。强之适人，归宁久羁，不肯归夫家，甚或自缢自溺至其夫家贫，貌陋偶有诟谇，从而轻生者，不可胜数，此鉴于淫奢之失而矫枉过正也。男女婚嫁又多愆”。[18]《中华全国风俗志》中记载：“粤省业丝，以顺德为盛。其厂内纺蚕缫丝，全用女工，其数常至数百人。女工之感情遂日洽，故有择其平日素相得之一人，结为金兰之契，其数仅为二，情同伉俪。”[19]而金兰契的结合如同正常婚礼一般具有一定的形式，“如双方颇有意，其一方必先备花生糖、蜜枣等物为致敬品，以为意思之表示。若其他方既受纳，即为承诺，否则为拒绝。至履行契约时，如有积蓄者，或遍请明济作长夜饮，而其明挤齐往贺之”。[20]

金兰契中可能有同性恋，但不是普遍的现象。清代曾苏绍《顺德竹枝词》有云：“结拜金兰有女儿，相沿积习最难移。新婚不许郎轻薄，生怕同行姊妹知。”很显然金兰契并不排除结婚。应该说，自梳女、金兰契中的同性恋、不落家，都是顺德妇女风俗中的畸俗，但绝对不是顺德妇女的常态。咸丰《顺德县志》卷三《风俗》已记载：“昔人所谓妇女恋金兰，归母家不时返者，究村僻壤囿于故习者有之。今则厥风大革矣。”[21]说明清后期妇女中的“畸俗”已经少见了，只存在于比较偏僻的乡村。

由此可见，佛山地区，尤其是在顺德、南海，蚕丝女工在明清至民国这段时期在整个佛山丝绸业发展中起到了关键作用，她们也是当时妇女中觉醒较早的一批。当时的蚕丝业与女工之关系仍是一个需做进一步研究的课题，切不可随意将“自梳女”“金兰契”“不落家”等笼统归结到机器缫丝女工上去。

附录九　与佛山纺织相关的诗词

咏甘蕉

沈约

抽叶固盈丈，折本信兼围。
流甘掩椰实，弱缕冠絺衣。

送郑权尚书南海

王建

七郡双旌贵，人皆不忆回。
戍头龙脑铺，关口象牙堆。
敕设薰炉出，蛮辞咒节开。
市喧山贼破，金贱海船来。
白氎家家织，红蕉处处栽。
已将身报国，莫起望乡台。

和卓英英锦城春望

卢眉娘

蚕市初开处处春，九衢明艳起香尘。
世间总有浮华事，争及仙山出世人。

太白山玄士画地吟

卢眉娘

学得丹青数万年，人间几度变桑田。
桑田虽变丹青在，谁向丹青合得仙。

端州一日有四时

龚茂良

晴云当午僧挥扇，晓雨生寒人着棉。
此是岭南春气候，一日常有四时天。

新兴即事

蔡确

仁义桥边杨柳斜，洗亭岗畔种桑麻。
龙山水绕祖师塔，夏院云埋宰相家。
十仙园里寻常到，恰似桃源一洞花。

织妇词

孙蕡

二月城南桑叶绿，新蚕初出微于粟。
采桑日晏携筐归，夜半悬灯待蚕熟。
缫成素丝经上机，两日一匹犹苦迟。

广州竹枝词

屈大均

洋船挣出是官商，十字门开向二洋。
五丝八丝广缎好，银钱堆满十三行。

龙山竹枝词

倚琴主人

一四七期趁大墟，近来生意竟何如？
市廛不似农家乐，郎自耕桑妾养鱼。

顺德竹枝词

曾苏绍

丝局机湖仿外洋，百千妇女竟成行。
朝来暮去凭吹号，一缕幽情比茧长。

龙江竹枝词

张琳

红蚕成茧女工忙，相约缫丝过别庄。
朝去暮回纷彩伴，沿街风送鬓云香。

龙江竹枝词

张琳

趁墟三六九为期，侵晓催郎去买丝。
往省卖仍归里买，与郎别喜不多时。

龙山竹枝词

叶念曾

被温蚕子不温郎，伴妾蚕花占半床。
冷斗岂如郎斗冷，感郎子夜独看塘。

顺德竹枝词

曾苏绍

东风吹暖养蚕天，蚕食新桑起复眠。
妾似蚕兮郎似茧，有丝都把妾身缠。

云路竹枝词

潘鸣球

农家岁暮共鸣锣，新旧整人娶妇多。
今日郎家添一物，脱来嫁服即披蓑。

龙山乡竹枝词

赖振寰

红桥西畔柳塘东，何事冬请辄旷工。
想得缫丝诸女伴，郎偎热过茧炉烘。

缫丝歌

陈恭尹

小虫之大小指如，
君子之躯七尺余，
镬烹小虫胡为乎？
将以为衣荣君躯，
君躯长，
君躯短，
小虫之小丝有限，
中心抽尽君未暖。

无题

方殿元

柔桑婀娜朝烟重，遥似垂柳拂风起，
一丛蚕女引枝低，化作桃花映春水。

无题

佚名

红蚕成茧女工忙，相约缫丝过别庄。
朝去暮回纷彩伴，沿街风送鬓云香。

西山庙竹枝词

陶心云

缫丝新制出西洋，万轴齐飞眩电光。
门外桑田青不断，大家争拜马头娘。
飒爽灵旗镇海鳌，西山俎豆古祠高。
千年一泄吞吴恨，看取将军带血刀。

注 释

第一章 绪论

1. 陈维稷：《中国纺织科学技术史.古代部分》，科学出版社，1984年版，第1页。

2. 王先谦：《荀子集解》，中华书局，1988年版，第1页。

3. 广东省地方史志编纂委员会编：《广东省志·丝绸志》，广东人民出版社，2004年版。

4. 南海县1925年桑地及产量数据缺失，表中数据为1922年数据。

5. 刘伯渊：《广东省蚕业调查报告书》，广东省地方农林试验场，1922年版。

6. 南海县纺织企业集团公司等编：《南海县纺织工业志》，1992年版，第2页。

7. 黄佐：明嘉靖《广东通志》，1561年版。

第二章 远古时期纺织工具及技术的萌芽

1. 从大纺织角度看，人类制作兽皮服装的历史很有可能早于现今已知纺织出现的时间。因未找到相关论著，此处仍按常规说法。

2. 《珠江志》编纂委员会编：《珠江志》（第1卷），广东科技出版社，1991年版。

3. 朱非素：《珠江三角洲贝丘、沙丘遗址和聚落形态》，《南中国及邻近地区古文化研究》，香港中文大学出版社，1994年版。

4. 韩非：《韩非子》，中华书局，2007版，第268页。

5. 罟：网，泛指渔网。

6. 李学勤主编：《十三经注疏·周易注疏》，北京大学出版社，1999年版，第298页。

7. 非织：不是用经、纬纱线纵横向交错编织，亦不是以纱线成圈编织的一种材料制作方法，这类技法统称非织、无纺，方法有压轧、针刺、胶合、热熔等物理或化学方法。

8. 鞣：制造皮革时，用助剂如栲胶、鱼油、铬盐等能与生皮蛋白质（胶原）结合，并使其转变为革的物质。使兽皮柔软。

9. 缫：把蚕茧浸在热水里抽丝。

10. 李学勤主编：《十三经注疏·尚书正义》，北京大学出版社，1999年版，第563页。

11. 杨泓：《中国古代的甲胄 上篇（殷商——三国）》，《考古学报》，1976年第1期，第20页。

12. 杨泓：《中国古代的甲胄 上篇（殷商——三国）》，《考古学报》，1976年第1期，第20页。

13. 李山译注：《管子》，中华书局，2009年版。

14. 图片引自杨泓：《中国古代的甲胄 上篇（殷商——三国）》，《考古学报》，1976年第1期，第21页。

15. 杨泓：《中国古代的甲胄 上篇（殷商——三国）》，《考古学报》1976年第1期，第21页。

16. 贾兰坡、卫奇、李超荣：《许家窑旧石器时代文化遗址1976年发掘报告》，《古脊椎动物与古人类》，1979年第4期，第278页。

17. 图片引自仪明洁、高星、裴树文：《石球的定义、分类和功能浅析》，《人类学学报》，2012年第31卷第4期，第359页。

18. 宋兆麟：《投石器和流星索——远古狩猎技术的重要革命》，《史前研究》，1984年第2期，第100页。

19. 吴汝康：《坦桑尼亚肯尼亚古人类概要》，科学出版社，1980年版。

20. 莫稚：《广东南海西樵山出土的石球》，《考古研究》，1959年第4期，第99页。

21. 图片引自莫稚：《广东南海西樵山出土的石球》，《考古研究》，1959年第4期，第99、102页。

22. 佛山市南海区文化广电新闻出版局编：《南海区文物志》，广东经济出版社，2007年版，第35页。

23. 单纱中的纤维或股线中的单纱在加捻后，捻回的方向由下而上，自右至左的称"S"捻。

24. 单纱中的纤维或股线中的单纱在加捻后，捻回的方向由下而上，自左至右的称"Z"捻。

25. 图片引自陈维稷，《中国纺织科学技术史》，科学出版社，第17页。

26. 陈達農、张雲、金镇：《再谈"網坠"》，《考古通讯》，1957年第5期，第100页。

27. 李学勤主编：《十三经注疏·尔雅注疏》，北京大学出版社，1999年版，第138页。

28. 图片引自郭璞：《尔雅音图》，清嘉庆六年曾燠据影宋本刊刻版，第49页。

29. 图片引自郭璞：《尔雅音图》，清嘉庆六年曾燠据影宋本刊刻版，第51页。

30. 李建萍：《传统渔网编织材料考》，《中国水产》，2011年第11期，第80页。

31. 图片引自陈达农、张云、金镇：《再谈"网坠"》，《考古通讯》，1957年第5期，第 100页。其中18～19为石杈，13～15可能是紾丝器，其他的为网坠。

32. 顺德区第三次全国文物普查数据。

33. 杨式挺、苏启昌：《广东顺德县汉墓的调查和清理》，《文物》，1991年第4期，第48页。

34. 陈達農：《我对"網坠"的刍见》，《考古通讯》，1957年第3期，第81页。

35. 图片引自李士豪、屈若搴：《中国渔业史》，商务印书馆，1938年版，插图第9页。

36. 图片引自李士豪、屈若搴，《中国渔业史》，商务印书馆，1938年版，插图第9页。

37. 图片引自佛山市博物馆、广东省博物馆合编：《佛山河宕遗址——1977年冬至1978年夏发掘报告》，广东人民出版社，2006年版，图版二二。

38. 引自王圻、王思义，《三才图会·器用》（五卷），上海古籍出版社，1980年版，第1173页。

39. 捕鱼工具。

40. 图片引自广东省博物馆、佛山市博物馆编著：《佛山河宕遗址——1977年冬至1978年夏发掘报告》，广东人民出版社，2006年版，彩版十一。

41. 广东省博物馆、佛山市博物馆编著：《佛山河宕遗址——1977年冬至1978年夏发掘报告》，广东人民出版社，2006年版。

42．图片引自广东省博物馆、佛山市博物馆编著：《佛山河宕遗址——1977年冬至1978年夏发掘报告》，广东人民出版社，2006年版，第45页。

43．图片引自广东省博物馆：《广东南海县灶岗贝丘遗址发掘简报》，《考古》，1984年第3期，第205页。

44．图片引自李子文，广东省文物考古研究所，北京大学考古学系：《广东三水市银洲贝丘遗址发掘简报》，《考古》，2000年第6期专刊，第34页。

45．李子文、广东省文物考古研究所、北京大学考古学系：《广东三水市银洲贝丘遗址发掘简报》，2000年第6期专刊，第34页。

46．浙江省文物管理委员会、浙江省博物馆合著：《河姆渡遗址第一期发掘报告》，《考古学报》，1978第1期，第60页。

47．图片引自浙江省文物管理委员会、浙江省博物馆合著：《河姆渡遗址第一期发掘报告》，《考古学报》，1978年第1期，第61页。

48．陈维稷：《中国纺织科学技术史.古代部分》，科学出版社，1984年版，第18页。

49．图片引自广东省博物馆、佛山市博物馆编著：《佛山河宕遗址——1977年冬至1978年夏发掘报告》，广东人民出版社，2006年版，第49页。

50．陈维稷：《中国纺织科学技术史・古代部分》，科学出版社，1984年版，第19页。

51．广东省博物馆、佛山市博物馆编著：《佛山河宕遗址——1977年冬至1978年夏发掘报告》，广东人民出版社，2006年版，第48页。

52．图片引自广东省博物馆、佛山市博物馆编著：《佛山河宕遗址——1977年冬至1978年夏发掘报告》，广东人民出版社，2006年版，彩版一四。

53．饲蚕、制丝、制作丝织品始于中国在学术界基本无异议，树皮布始源现今存不同看法，有发源印尼说、印度说、中南半岛说以及美洲说。但这四处认定出现树皮布的年份均晚于南中国环珠江口地区所发现最早石拍年份。

54．引自《东莞蚝岗遗址博物馆》，岭南美术出版社，2007年版。

55．彭全民、黄文明、黄小宏：《深圳市大鹏咸头岭沙丘遗址发掘简报》，《文物》，1990年第11期，第85页。

56．李海荣、刘均雄：《广东深圳市咸头岭新石器时代遗址》，《考古》，2007年第7期，第13页。

57．此组数据为前2期（1985、1989）发掘数据，未统计后续几次发掘（于2000年后进行的发掘）所发现的数量。

58．李海荣：《珠江三角洲地区沙丘遗址地层的划分:以咸头岭遗址为例》，《南方文物》，2011年4期，第130页。

59．Tolstoy P：*Cultural parallels between southeast Asia and Mesoamerica in the manufacture of Bark Cloth*，Transactions of the New York Academy of Sciences，1963.25:646-662.

60．邓聪：《史前蒙古人种海洋扩散研究——岭南树皮布文化发现及其意义》，《东南文化》，2000年第11期，第7页。

61. 表格内容引自《树皮布·蕉布·竹布:古代岭南土著社会“蛮夷”制布文化考述》，其中数据有所更新调整。

62. 徐淮中、齐永胜、杨斌：《树皮布以及与现代非织造布关系的探讨》，《现代纺织技术》，2014年第3期，第42页。

63. 李学勤主编：《十三经注疏·尚书正义》，北京大学出版社，1999年版，第132页。

64. 阿林县在今广西壮族自治区桂平县附近，当时属广州郁林郡。

65. 邝露：《赤雅》，知不足斋刻本，第22页。

66. 引自广东省佛山市高明区文化广电新闻出版局：《高明文物》，第32页。

67. 冯孟钦、卢筱洪：《广东南海市西樵山佛子庙遗址的发掘》，《考古》，1999年第7期，第33页。

68. 图片引自冯孟钦、卢筱洪：《广东南海市西樵山佛子庙遗址的发掘》，《考古》，1999年第7期，第33页。

69. 为了便于区分，本书将树皮布与纺轮各自代表的文明以无纺、有纺命名。

70. 引自吴春明：《从百越土著到南岛海洋文化》，文物出版社，第200页。

71. 阿美人现有树皮布文化并非自古传承、延续下来的文化，而是近年来对已流失的传统文化的复兴和重建。

72. 引自吴春明，《从百越土著到南岛海洋文化》，文物出版社，2012年版，第194页。

73. 引自吴春明，《从百越土著到南岛海洋文化》，文物出版社，2012年版，第197页。

74. 董斯张著，《广博物志》，岳麓书院，1991年版。

75. 吕不韦著、陈奇猷校释：《吕氏春秋新校释》，上海古籍出版社，2002年版，第1088页。

76. 刘安、高诱注：《淮南子》，上海古籍出版社，1989年版，第213页。

77. 刘安、高诱注：《淮南子》，上海古籍出版社，1989年版，第136页。

78. 乃宽袍大袖之唐装，为我国佛门缁素二众礼佛时所穿之衣。又作大袍。系依黄袍之形式稍加修改而成；黄袍，乃隋代以后天子之袍服，衣袖宽阔，着之自在。又江苏吴中之地每将广袖之衣称为海青；以僧袍之袖广，故援引其名，称为海青。此外，丛林中谓‘海青’之名，乃取海貌之浩瀚深广，能容万物；取彼波浪之飘逸洒脱，自在无碍；取其色泽之青出于蓝，代代更胜，意在鼓励策进，不同凡俗。

79. 罗欣著：《业书集成·物原》，商务印书馆，1937年版，第27页。

80. 司马迁：《史记》，中华书局，1982年版，第10页。

81. 《山海经》，中华书局，2009年版，第272页。

82. 短便衣。

83. 直袖单衣。

84. 魏征、令狐德棻：《隋书》，中华书局，1973年版，第145页。

85. 魏征、令狐德棻：《隋书》，中华书局，1973年版，第146页。

86. 罗泌：《路史》第14卷，清文渊阁四库全书本，第36、52页。

87. 王德奎、王映维、赵均中：《盐亭县发现唐代嫘祖圣地碑志》，《四川文物》，1992年第6

期，第74页。

88. 李玉洁：《古代蚕神及祭祀考》，《农业考古》，2015年第3期，第312页。

89. 卫宏：《汉官旧仪》，《丛书集成》，商务印书馆，1939年版，第11页。

90. 李玉洁：《古代蚕神及祭祀考》，《农业考古》，2015年第3期，第314页。

91. 干宝，汪绍楹校注：《搜神记》，中华书局，1979年版，第173页。

第三章 夏商周—南北朝原料的开发与技术的成熟

1. 《山海经》，中华书局，2009年版，第276页。

2. 曾昭璇：《百越·南越·古番禺》，《寻根》，2003第1期，第60—64页。

3. 唐际根、彭安保：《田中古城背后的楚与百越》，《考古》，2011年第2期，第53—61页。

4. 范晔：《后汉书》，中华书局，2009年版。

5. 李学勤主编：《十三经注疏·周礼注疏》，北京大学出版社，1999年版，第199—210页。

6. 典丝职能“掌丝入而辨其物，以其贾楬之。章其藏与其出，以待兴功之时。颁丝于外内工，皆以物授之。凡上之赐予，亦如之。及献功，则受良功而藏之，辨其物而书其数，以待有司之政令，上之赐予。凡祭祀，共黼画组就之物。丧纪，共其丝纩组文之物。凡饰邦器者，受文织丝组焉。岁终则各以其物会之”。

7. 典枲职能“掌布缌、缕、纻之麻草，以待时颁功而授赍。及献功，受苦功，以其贾楬而藏之，以待时颁，颁衣服，授之。赐予，亦如之。岁终则各以其物会之”。

8. 内司服职能“掌王后之六服：袆衣、揄狄、阙狄、鞠衣、展衣、缘衣、素纱。辨外内命妇之服，鞠衣、展衣、缘衣、素纱。凡祭祀、宾客，共后之衣服，及九嫔世妇。凡命妇，共其衣服，共丧衰，亦如之。后之丧，共其衣服，凡内具之物”。

9. 缝人职能“掌王宫之缝线之事，以役女御，以缝王及后之衣服。丧，缝棺饰焉，衣翣柳之材。掌凡内之缝事”。

10. 染人职能“掌染丝帛。凡染，春暴练，夏纁玄，秋染夏，冬献功。掌凡染事”。

11. 河姆渡遗址考古队：《浙江河姆渡遗址第二期发掘的主要收获》，《文物》，1980年第5期，第1—15页。

12. 图片引自http://www.thepaper.cn/newsDetail_forward_1375527（澎湃新闻网）。

13. 布目顺郎著：《养蚕的起源与古代绢》，雄山阁出版，1979年版。

14. 李力著：《贾湖遗址墓葬土壤中蚕丝蛋白残留物的鉴定与分析》，中国科学技术大学博士学位论文，2015年。

15. 图片引自http://www.thepaper.cn/newsDetail_forward_1375527（澎湃新闻网）。

16. 郦道元著，陈桥驿译注，王东补注：《水经注》，中华书局，2009年版。

17. 李学勤主编：《十三经注疏·尚书正义》，北京大学出版社，1999年版，第134页。

18. 广州象岗汉墓发掘队：《西汉南越王墓发掘初步报告》，《考古》，1984年第3期。

19. 广州市文物管理委员会、中国社会科学院考古研究院、广东省博物馆合编：《西汉南越王墓》，《中国田野考古报告集（考古学专刊）》，文物出版社，1991年版。

20. 吕烈丹：《南越王墓出土的青铜印花凸版》，《考古》，1989年第3期。

21. 韩非著，陈秉才译注：《韩非子》，中华书局，2007版，第268页。

22. 南京博物院：《江苏吴县草鞋山遗址》，《文物资料丛刊》，1980年第3期。

23. 墨翟著，李小龙译注：《墨子》，中华书局，2007年版，第37页。

24. 许慎撰：《说文解字》，中华书局，1963年版。

25. 班固著，颜师古注：《汉书》，中华书局，1999年版，第1232页

26. 班固著，颜师古注：《汉书》，中华书局，1999年版，第36页。

27. 大麻在古书中对其雌株雄株都有专名，雄株叫枲，用于纺织较细的布；雌株叫苴，用于纺织较粗的布或编织草鞋。

28. 苎麻又作苧麻，紵即为细苎麻布。

29. 苘麻，锦葵科一年生草本植物，叶与苎麻较相似。

30. 高汉玉、王裕中：《崇安武夷山船棺出土纺织品的研究》，1982年。

31. 浙江省文物管理委员会：《吴兴钱山漾遗址第一、二次发掘报告》，《考古学报》，1960年第2期。

32. 周去非：《岭外代答》（下册），上海进步书局，1912年版，第13页。

33. 李延寿：《南史》，中华书局，1975年版，第28页。

34. 杨孚著，吴永章辑：《异物志》，广东人民出版社，2010年版，第134页。

35. 古人在用葛、蕉、葛布、蕉布、布等词上经常出现互换现象，不少文献中这些词须根据前后文来判断其具体所指何物。

36. 嵇含著，平住喜安训点：《南方草木状》，大野木市兵衛刊，1726年刻版，第5页。

37. 沈约（441—513年），字休文，汉族，吴兴武康（今浙江湖州德清）人，南朝（宋、齐、梁朝时期）文学家、史学家。其对甘蕉似乎“情有独钟”，在其《修竹弹甘蕉文》中用甘蕉拟为贪佞罔为、“铨衡百卉”而“予夺乖爽，高下在心”的奸臣。从另一侧面可以看出其对甘蕉的了解，也反映出当时甘蕉种植具有一定的普遍性。

38. 篔筜，竹的一种类，按《竹谱》记：“篔筜竹最大，大者中甑，筍亦中射筒，薄而最长，节中贮箭，因以为名。”

39. 小桂，竹的一种类，按《竹谱》记：“桂竹，高四五丈，大者二尺围，阔节大叶，状如甘竹而皮赤，南康以南所饶也。”

40. 杨孚著，吴永章辑：《异物志》，广东人民出版社，2010年版，第182页。

41. 九真，地名，在今越南中北部。秦时属象郡。汉时置郡，属交州，至唐时仍有此郡。

42. 嵇含：《南方草木状》，大野木市兵衛刊，1726年刻版，第16页。

43. 《太平御览》引。

44. 毳，寒毛。

45. 珣，似玉的美石。

46. 《太平御览》引。

第四章 隋唐宋元融合与转型

1. 苏鹗：《杜阳杂编》，《笔记小说大观》（第一册），江苏广陵古籍刻印社，1983年版，第145页。

2. 贺璋瑢、蔡彭冲：《广府民间信仰中的女神信仰探略》，《世界宗教研究》，2016年第4期，第74—84页。

3. 在该书中作者将广州称为广府。

4. 藤本胜次译注，穆根来、汶江、黄倬汉译：《中国印度见闻录》，中华书局，1983年版，第96—97页。

5. 马苏第著：《黄金草原》，青海人民出版社，1998年版。

6. 中国古代民族，居住在今西北一带，东晋时建立过前秦、后凉。

7. 许慎：《说文解字》，中华书局，1963年版。

8. 常璩撰，刘琳校注：《华阳国志》，巴蜀书社，1984年版。

9. 赵丰：《中国丝绸通史》，苏州大学出版社，2005年版。

10. 张智敏：《珠江三角洲水乡聚落桑园围研究》，华南理工大学博士学位论文，2016年。

11. 赵绍祺、杨智维：《珠江三角洲堤围水利与农业发展史》，广东人民出版社，2011年版。

12. 赵绍琪、杨智维：《珠江三角洲堤围水利与农业发展史》，广东人民出版社，2011年版。作者重绘。

13. 周去非：《岭外代答》（下册），上海进步书局，1912年版，第14页。

14. 札马剌丁、虞应龙、孛兰肹、岳铉等编：《元一统志》，中华书局，1966年版。

15. 李林甫等撰，陈仲夫点校：《唐六典》，中华书局，1992年版，

16. 即荔枝。

17. 欧阳修、宋祁：《新唐书》，中华书局，2000年版，第719页。

18. 范晔著，陈芳译注：《后汉书》，中华书局，2009年版。

19. 今粤北韶关一带。

20. 欧阳修、宋祁：《新唐书》，中华书局，2000年版，第720页。

21. 现宾阳县。

22. 现容县。

23. 现玉林。

24. 现韶关地区。

25. 今新会、开平、新兴一带。

26. 周去非：《岭外代答》（下册），上海进步书局，1912年版，第43页。

第五章 明清民国粤丝的兴盛

1. 明之纲：《桑园围总志》，河神庙公所藏本，羊城西湖街富文斋刻本，1870年刻版。

2. 张智敏，《珠江三角洲水乡聚落桑园围研究》，华南理工大学博士论文，第44页。

3. 卢燮宸著：《粤中蚕桑刍言》，黄从善堂刻印，1887年版。

4. 蚕屎。

5. 邹兆麟、蔡逢恩：《高明县志》，成文出版社有限公司，1974年版。

6. 戴璟、张岳：《广东通志初稿》，1553年版。

7. 黎春曦：《南海九江乡志》，江苏古籍出版社，1992年版。

8. 格林堡著，康成译：《鸦片战争前中英通商史》，商务印书馆，1961年版。

9. 彭泽益：《鸦片战争前广州新兴的轻纺工业》，《历史研究》，1983年第3期，第109—116页。

10. 格林堡著，康成译：《鸦片战争前中英通商史》，商务印书馆，1961年版。

11. 叶问于1941—1943年晚上到佛山富商周雨耕与周清泉父子在永安路的联倡花纱行，传授周光耀（周清泉之子）等人咏春拳。此纱行存在应不存在异议。

12. 丁德超：《试论近代兴宁土布业的兴衰》，《嘉应学院学报》，2014年第10期，第20—24页。

13. 裨治文（Elijah Coleman Bridgman，1801—1861），新教美国公理会在华传教士。美国马萨诸塞州人。1826年毕业于阿默斯特学院。1829年获得安多弗神学院学位。1830年来广州，从马礼逊学习汉语。1834年与郭士立共同组织益智会，任中文秘书。1836年参与创办马礼逊教育会，并任该会通讯秘书。1838年开设博济医院。1839年任林则徐的译员，曾到虎门参观焚毁鸦片。1841年获纽约大学神学博士学位。1844年任美国公使顾盛的译员和秘书，参加订立《望厦条约》。1847年出席在上海召开的《新约》翻译代表委员会会议。1850年译完后，继而进行《旧约》翻译，次年 2月译就。1854年任美国公使麦莲的译员。1857—1859年担任亚洲文会首任会长。1832年5月，裨治文在马礼逊和奥利芬的鼓励与支持下，创刊发行英文月刊《中国丛报》（The Chinese Repository）。

14. Bridgman E. C., *Description of City of Canton*, in The Chinese Repository, 1833（7）, vol.2, pp.305-306.

15. 在民国版《佛山忠义乡志》实业工业条目下，此厂和其他十一个机械化厂被列在其他传统手工业工场之前并撰文称赞“我国做而行亦之，足抵制洋货其有独出心裁创造一物以利民用者，亦应表彰记曰，物勒工名以考其垂矢兑弓千秋不朽由来尚已本志于专门工业多著其店名及创造人姓名义例本此。”可见此店应至少为当时佛山镇第一家机械化棉织厂。

16. 汪宗准、冼宝干：《佛山忠义乡志》（第一卷），1927年刻版，第376—377页。

17. 1898年。

18. 汪宗准、冼宝干：《佛山忠义乡志》（第一卷），1927年刻版，第375页。

19. 彭泽益编：《中国近代手工业史资料》（第2卷），中华书局，1962年版，第245页。

20. 汪宗准、冼宝干：《佛山忠义乡志》（第一卷），1927年刻版，第379页。

21. 南海县纺织企业集团公司、南海县毛纺织企业集团公司、南海县化纤丝绸企业集团公司编：《南海县纺织工业志》，1992年版，第92页

22. 王翔：《近代中国传统丝绸业转型研究》，南开大学出版社，2005年版。

23. 周廷干修，温肃、梅及容纂：《龙山乡志》，民国十九年刻版。

24. 周廷干修，温肃、梅及容纂：《龙山乡志》，民国十九年刻版。

25. 邓芬：《桑基鱼塘—珠江王角洲的主要特色》，《农业考古》，2003年第3期。

26. 黎春曦：《南海九江乡志》，江苏古籍出版社，1992年版。

27. 屈大均：《广东新语》，中华书局，1983年版。

28. 邹兆麟修，蔡逢恩纂：《高明县志》，清光绪二十年刊本，成文出版社有限公司，1974年版。

29. 黄世瑞：《〈粤中蚕桑刍言〉与珠江三角洲的"桑基鱼塘"》，《中国科技史杂志》，1990年第2期，第83—87页。

30. 吴建新：《南国丝都——顺德蚕桑丝绸业发展史研究》，人民出版社，2011年版，第60页。

31. 苏耀昌：《华南丝区：地方历史的变迁与世界理论体系》，中州古籍出版社，1987年版。

32. 昆虫在一年间繁殖的代数称为化性，一化性的家蚕包括欧洲种的全部，日本种和中国种的一部分，二化性家蚕是中国种和日本种，多化性则分布在从中国南部起及以南诸国。

33. 屈大均：《广东新语》，中华书局，1983年版，第587页。

34. 郑荣等修，桂坫等纂：《南海县志》，陈氏留香阁和陈氏超华斋刻本，成文出版社有限公司，1974年版。

35. 引自*Development of Capitalism in China*，1931。

36. 陈启沅著，广东省南海市政协文史资料委员会编：《蚕桑谱》，奇和堂药局藏版，1994年版，第3页。

37. 南海县1924年桑地及产量数据缺失，表中数据为1922年数据。

38. 杨邦杰，蚕业教育家，蚕业科学家。华南地区蚕桑高等教育的创始人，为振兴粤桂湘蚕业生产做出了重要贡献。他最先为广东育成优良白茧蚕品种，并在整理地方品种、蚕的遗传研究和改进温汤浸种等方面取得开创性的成果。

39. 廖崇真：《广东蚕丝业复兴之途》，《广东蚕丝复兴运动专刊》，1933年，第5页。

40. 叶深：《广建设厅蚕丝改良局历年办理概况》，《广东蚕丝复兴运动专刊》，1933年，第1页。

41. 崔载阳、陈孝禅：《顺德蚕业改良实施区观感》，《广东蚕声》，1936年第2期第6卷，第11页。

42. 考活·布士维著，黄泽普译：《南中国丝业调查报告书》，1925年。

43. 佛山地区革命委员会《珠江三角洲农业志》编写组：《珠江三角洲农业志四·珠江三角洲蚕桑业发展史》，1976年，第19页。

44. 成甫隆：《顺德县第一次蚕丝展览会纪念刊》，1933年。

45. 戴璟修、张岳纂：明嘉靖《广东通志初稿》，1561年。

46. 缫丝机上绕丝卷装的架，早期手工缫丝机上丝桠需要人手转动。

47. 位于当时西樵学堂村。

48. 公示一：本县访问官山地方有裕厚昌、继昌隆、经和昌丝房购造缫丝机器各一付，名曰"鬼缅"，约抵四百人工作之力。而机房缫丝工人无可阳趁，遂有匪徒纠聚机工二三千人前赴裕厚昌勒毁机器，并乘机抢掠衣物各散。查匪徒藉端陡枪，固属罪不容诛，而市侩专利病民，亦属情难曲恕。本县为民父母，固不可庇奸民而纵其横暴，亦不能袒富磊而任其垄断。候飞禀各大宪并会同广州协亲诣竖勘，一面出示先勒新虹设“鬼缅”之家日齐停工作，斤候核定章程，应否准用“鬼缅”，另行饰遵。一面严拿拦谋纠众乃乘机抢夺之人，按例惩办。公示二：在机工借端酿事，固应严惩，而所用机器俗名“鬼緪”、又名“丝偈”者，卑职详加考察，每偈约用女工四百余人，男工一百余人。无论男女混杂，易生瓜李之嫌；且一工之作，可抵十工之用。统计江浦一带共有机器一十一座，应用四千四百余工，以一敌十较之，实夺四万四千余人之生业。夫以十一家殷商之攘利而失数万家贫户之资生，我国家民为邦本，非同外裔上下征利之邦，自应永远勒停，以安民业。随取到各店永不复开结状，勒将前项机器依限自行变，以示持平。

49．吕学海：《顺德丝业调查报告》，1940年。

50．有研究称数量为135间，此数需做进一步调查核实。

51．吴建新：《南国丝都——顺德蚕桑丝绸业发展史研究》，人民出版社，2011年版，第39页。

52．汪敬虞：《关于继昌隆缫丝厂的若干史料及值得研究的几个问题》，《学术月刊》，1962年第6期，第66页。

53．有研究称三水当时蒸汽缫丝厂数为两间，此数据需做进一步调查核实。

54．广东本地对机器缫丝厂的称呼方式。

55．周国荣：《容桂缫丝工厂的演变》，顺德政协网。

56．广东省地方志编纂委员会编：《广东省志·丝绸志》，广东人民出版社，2004年版，第1—22页。

57．戴璟修、张岳纂：明嘉靖《广东通志初稿》，1561年。

58．屈大均：《广东新语》，中华书局，1983年版。

59．待募的散工市场。

60．顺德《沙滘楚旺房陈氏族谱》，不分卷，广州博物馆藏本。

61．李本立：《顺德蚕桑业的历史概况》，《广东文史资料》（第15辑）。

62．吴建新：《南国丝都——顺德蚕桑丝绸业发展史研究》，人民出版社，2011年版，第50页。

63．引自广州地方志编纂委员会办公室、广州海关志编纂委员会，《粤海关税务司1862—1872年广州口岸贸易报告》，暨南大学出版社，1995年版，第18—64页。

64．引自广州地方志编纂委员会办公室、广州海关志编纂委员会，《粤海关税务司1862—1872年广州口岸贸易报告》，暨南大学出版社，1995年版，第18—64页。

65．刘永连：《近代广东对外丝绸贸易史研究》，暨南大学博士学位论文，2003年。

66．钱天达：《中国蚕丝问题》，上海黎明书局，1936年版。

67．廖崇真：《复兴粤丝贸易的几个方案》，《广东蚕丝复兴运动专刊》，1933年。

68．数据根据国民政府西南委员会、国外贸易委员会编：《广东工商业》第五种《丝》，商务印书馆广州分馆，1934年版。

69．数据根据国民政府西南委员会、国外贸易委员会编：《广东工商业》第五种《丝》，商务印书馆广州分馆，1934年版。

70．刘永连：《近代广东对外丝绸贸易史研究》，暨南大学博士学位论文，2003年。

71. 《顺德龙江志略·卷一·桥梁》，成文出版社印行，1967年版，第16页。

72. 郭汝诚等：咸丰《顺德县志·卷五·建置略二》，中山大学出版社，1993年版，第137—138页。

73. 郭汝诚等：咸丰《顺德县志·卷五·墟市》，中山大学出版社，1993年版，第138页。

74. 周朝槐等：民国《顺德县志·卷三·建置略二》，中山大学出版社，1993年版，第1002页。

75. 考活·布士维著，黄泽普译：《南中国丝业调查报告书》，广州岭南农科大学，1925年版。

76. 广东行业俗语，既蚕茧商贩。

77. 顺德第一次蚕丝展览会编：《顺德县第一次蚕丝展览会纪念刊》，1934年版，第41页。

78. 李本立：《二十年代容奇经济概况》，《广东工商史料辑录》，第269页。

79. 区伯璇：《略谈德胜海与容桂码头》，《桂洲风物谈》第二期。

80. 李本立：《顺德蚕丝业的历史概况》，《广东文史资料》第15辑，第109页。

81. 曾同春：《中国丝业》，商务印书馆，1933年版，第51页。

82. 周朝槐等：民国《顺德县志·卷三·物产》，中山大学出版社，1993年版，第1001页。

83. 考活·布士维著，黄泽普译：《南中国丝业调查报告书》，广州岭南农科大学布告第十三号，1925年版。

84. 考活·布士维著，黄泽普译：《南中国丝业调查报告书》，广州岭南农科大学布告第十三号，1925年版，第104页。

85. 程耀明：《清末顺德机器缫丝业的产生、发展及其影响》，《明清广东社会经济形态研究》，广东人民出版社，1985年版，第254—257页。

86. 考活·布士维著，黄泽普译：《南中国丝业调查报告书》，广州岭南农科大学布告第十三号，1925年版，第103页。

87. 原为蚕种交易的一种携带方式，现用于展示蚕种标本，一般28格，标有仲场、化性、茧色、系统、产卵数、冷藏度、浸泡度等信息。

88. 刘永连：《近代广东对外丝绸贸易史研究》，暨南大学博士学位论文，2003年。

89. 《近代广州口岸经济社会概况——粤海关报告汇集》，暨南大学出版社，1995年版，第356页。

90. 《民国日报》，1926年8月28日。

91. 有部分行业人士称佛山刺绣以“广东顾绣”称，与“广绣”有所不同；亦有人认为佛山地区刺绣亦是“广绣”范围。本次研究尚未找到确凿的证据厘清其异同，因此本书仍然将佛山刺绣归为广绣。

92. 顾绣”又称“露香园顾绣”，中国传统刺绣工艺之一。顾绣是上海地区工艺品中的瑰丽奇葩。起源于明代（1368—1644年）上海老城厢的顾氏家族。顾绣因源于明代上海顾名世家而得名。顾名世曾筑园于今黄浦区露香园路，穿池得一石，有赵文敏手篆“露香池”三字，因以名园（今露香园路，即为纪念此园得名）故世称其家刺绣，为“露香园顾绣”或“顾氏露香园绣”或简称“露香园绣”“顾绣”。它是以名画为蓝本的”画绣”，以技法精湛、形式典雅、艺术性极高而著称于世。

93. 汪宗准、冼宝干：《佛山忠义乡志》（第一卷），1927年刻版，第377页。

94．罗一星：《清代前期岭南二元中心市场说》，《广东社会科学》，1987第4期，第82—92页。

95．吴震方：《岭南杂记》，商务印书馆，1936年版，第3页。

96．汪宗准、冼宝干：《佛山忠义乡志》，1927年刻版。

97．徐珂：《清碑类钞》，中华书局，1984年版。

98．广东省地方志编纂委员会编：《广东省志·丝绸志》，广东人民出版社，2004年版。

99．广东省社会科学院：《明清佛山碑刻文献经济资料》，广东人民出版社，1987年版。

100．陈炎宗、毛为錡：《佛山忠义乡志》，清乾隆十九年刻本。

101．广东省社会科学院：《明清佛山碑刻文献经济资料》，广东人民出版社，1987年版。

102．今蕉岭县，位于广东省东北部，韩江上游，闽粤赣交界处，现属梅州市。

103．彭泽益：《鸦片战争前广州新兴的轻纺工业》，《历史研究》，1983年第3期，第109—116页。

104．于当时佛山镇栅下铺，为一个内河码头。

105．吴荣光：《佛山忠义乡志》，清道光十一年刻本。

106．罗一星：《清代前期岭南二元中心市场说》，《广东社会科学》，1987年第4期，第82—92页。

107．汪宗准、冼宝干：《佛山忠义乡志》，1927年刻版，第369—407页。

108．今叠滘。

109．通“毡”。

110．今罗村寨边。

111．屈大均：《广东新语》，中华书局，1983年版。

112．南海县纺织企业集团公司、南海县毛纺织企业集团公司、南海县化纤丝绸企业集团公司编：《南海县纺织工业志》，1992年版，第133页。

113．汪宗准、冼宝干：《佛山忠义乡志》，1927年刻版，第369—407页。

114．织布机上的一种机件。旧式织布机上的是用竹子做成的，新式织布机上的是用钢做成的，经线从筘齿间通过，它的作用是把纬线推到织口。

115．在道光版《佛山忠义乡志·卷五·乡俗》中记载：鞋帽乡内业此甚多。

第六章　人物纪事

1．《杜阳杂编》，《笔记小说大观》，江苏广陵古籍刻印出版社，1983年版，第145页。

2．清康熙四十四年，彭定求等编校版。

3．陈梦雷：《古今图书集成》，齐鲁书社，2006年版。

4．南海县纺织企业集团公司、南海县毛纺织企业集团公司、南海县化纤丝绸企业集团公司编：《南海县纺织工业志》，1992年版，第185页。

5．机工行会组织。

6．地方治安性质的武装建制，属江浦司巡检辖下。

7．相当于保证书。

8．专营生丝出口贸易的商号的统称。

9．外资在广州开办的经营华洋商品贸易企业的统称。

10．陈启沅：《蚕桑谱》，广东省南海市政协文史资料委员会编印，1994年版，第2页。

11．今韶关境内。

12．当地贮水、引水的农田水利设施，在西樵官山。

13．周雨耕此段介绍引自佛山政府网历史名人介绍页，在志书和文献中未找到其相关介绍。

14．花纱是棉花与棉纱的简称。

15．周之贞：《顺德县志》，成文出版社，1966年版，第213页。

16．李有华、张解民：《顺德历史人物》，广东人民出版社，1991年版，第274页。

17．李本立：《顺德蚕丝业的历史概况》，《广东文史资料》第15辑，第113页。

18．刘伯渊著（1921年）。

19．广东省地方志编纂委员会编：《广东省志·丝绸志》，广东人民出版社，2004年版。

20．考活·布士维著、黄泽普译：《南中国丝业调查报告书》，广州岭南农科大学布告第十三号，1925年版。

21．廖菲：《香云纱起源的史料考证》，《广东蚕业》，2011年第4期，第39页。

22．廖菲：《香云纱起源的史料考证》，《广东蚕业》，2011年第4期，第41页。

23．罗天尺：《五山志林》，商务印书馆，1937年版。

24．郦道元著，陈桥驿译注，王东补注：《水经注》，中华书局，2009年版。

25．王丽娃：《1881年南海丝织工人骚乱事件》，《广东史志》，2015年第4期，第18—21页。

26．广州市地方志编纂委员会办公室：《近代广州口岸经济社会概况》，暨南大学出版社，1995年版。

27．苑书义、孙华峰、李秉新编：《张之洞全集·开设缫丝局片》，河北人民出版社，1998年版，第942—943页

28．佛山地区革命委员会《珠江三角洲农业志》编写组.：《珠江三角洲农业志（四）·珠江三角洲蚕桑业发展史》，1976年版，第15页。

29．佛山地区革命委员会《珠江三角洲农业志》编写组.：《珠江三角洲农业志（四）·珠江三角洲蚕桑业发展史》，1976年版，第4页。

30．杜颂谟：《容桂制丝业调查概况报告》，《仲恺农工学校学生毕业论文集（第一辑）》，1930年版，第17页。

31．《农事月刊》1925年，第3期，第12页。

32．指多化性蚕种，一年八熟。

33．吴建新：《南国丝都——顺德蚕桑丝绸业发展史研究》，人民出版社，2011年版，第159页。

34．郭汝诚、冯奉初：《顺德县志》，据清咸丰三年刊本影印，成文出版社有限公司，第302页

35．吴建新：《南国丝都——顺德蚕桑丝绸业发展史研究》，人民出版社，2011年版，第50—51页。

附　表

1. 数据根据杨宗万 广东省农林学院《广东生丝贸易沿革》。

2. 李泰初：《广东工商业——丝》，1934年版。

附　录

1. 考活·布士维著，黄泽普译：《南中国丝业调查报告书》，广州岭南农科大学，1925年版。

2. 丁德超：《试论近代兴宁土布业的兴衰》，《嘉应学院学报（哲学社会科学）》，2014年第32卷第10期，第21页。

3. 陈真：《中国近代工业史资料·第四辑》，三联书店，1961年版，第195页。

4. 黄国奎、盛继：《兴宁县志·卷三地理下·食货》，嘉靖三十一年刻本。

5. 陈捷：《兴宁纺织业史话》，《兴宁文史》，1991年，第15期，第21页。

6. 南海县纺织企业集团公司等编：《南海县纺织工业志》，1992年版，第69—70页。

7. 姚贤镐：《中国近代对外贸易史资料·第三册》，中华书局，1962年版，第1423页。

8. 彭泽益：《中国近代手工业史资料·第二卷》，中华书局，1962年版，第207页。

9. 汪宗准、冼宝干：《佛山忠义乡志》，1927年刻版，第一卷，第406页。

10. 顺德《沙滘楚旺房陈氏族谱》，不分卷，广州博物馆藏本。

11. 周朝槐等：民国《顺德县志·卷一·物产》，中山大学出版社，1993年版，第952页。

12. 郭汝诚、冯奉初：《顺德县志》，据清咸丰三年刊本影印，成文出版社有限公司。

13. 吕学海：《顺德丝业调查报告》，《中国近代手工业史资料》（第2卷），中华书局，1962年版，第53页。

14. 《农事月刊》，岭南农科大学农学院，第3卷第12号。

15. 卓正丰等：《广东农业调查报告书续编·上卷》，国立中山大学农学院，1927年版，第135页。

16. 郭汝诚、冯奉初：《顺德县志》，据清咸丰三年刊本影印，成文出版社有限公司，第293—307页。

17. 郑梦玉、梁绍献等：《南海县志》道光十五年修本，成文出版社，1966年版。

18. 郭汝诚、冯奉初：《顺德县志》，据清咸丰三年刊本影印，成文出版社有限公司，第307页。

19. 胡朴安：《中华全国风俗志·下册》，河北人民出版社，1986年版，第389页。

20. 胡朴安：《中华全国风俗志·下册》，河北人民出版社，1986年版，第390页。

21. 郭汝诚、冯奉初：《顺德县志》，据清咸丰三年刊本影印，成文出版社有限公司，第293页。

致 谢

本书实为佛山纺织史之上篇，或曰佛山纺织史之古代史。佛山纺织辉煌至20世纪70—80年代到达顶峰，自1949年至今，佛山纺织可书之事甚多，而这部分将一并放于佛山纺织史下篇中。

虽说自身所学专业为纺织，对纺织史亦极感兴趣，且之前已收集资料并准备了数年之久，但当真写起佛山纺织史来依然觉得压力极大。如前文所言，纺织之于佛山可谓半壁，然纺织物品特性使得历史留存之物甚少，技艺流传至今的更少。唯有从各类古籍文献中寻踪觅迹，重组自远古到1949年之前这段漫长岁月中佛山纺织所留之印记。历时4年，至今日方完成上篇。

本书得以完成，非常感谢妻子周彝馨的全方位的协助，没有她无条件的支持，本书没有完成之可能。同时亦感谢家人们长期以来的支持。

感谢李斌博士在写作前期提供专业建议，戢斗勇先生在写作后期提供修改意见。两位专业人士所给之建议和意见对本书之写作非常有帮助。

感谢庞维翰、黄晖涛、冯浩源、陈浩宏、钟苑庄等朋友在本书资料收集过程中所给予的帮助，正是在这些朋友们的帮助下，本书中几个关键例证才得以收集成功。

最后，最诚挚地向所有关心和帮助过我的师长、前辈、亲人、朋友表示由衷的谢意与敬意！

吕唐军

2017年夏